本书获上海市团校（上海青年管理干部学院）学术著作出版计划项目资助

刘宏森 著

后浪可观

一位学者的漫步与沉思

上海交通大学出版社
SHANGHAI JIAO TONG UNIVERSITY PRESS

内容提要

本书内容包括"览观青年""近观青春""静观青研""谛观学术"四卷，主要收录作者近年对当代青年中的一些具体现象和问题的把握、分析和微型评论，以及在开展青年研究和主编青年研究学术期刊过程中，对青年研究、学术研究中的一些现象、实际问题和基本原理的把握、辨析和评论等。部分文章在《中国青年报》《解放日报》《社会科学报》等报纸发表过。其中有很多选题可为青年研究提供借鉴，为授课提供案例。本书适合青年工作者、团干部、青年研究者、思政教师等使用。

图书在版编目（CIP）数据

后浪可观：一位学者的漫步与沉思／刘宏森著. —
上海：上海交通大学出版社，2023.3
ISBN 978－7－313－28314－6

Ⅰ.①后… Ⅱ.①刘… Ⅲ.①青年—研究—中国
Ⅳ.①D432.6

中国国家版本馆 CIP 数据核字（2023）第 031262 号

后浪可观：一位学者的漫步与沉思
HOULANG KEGUAN：YIWEI XUEZHE DE MANBU YU CHENSI

著　　者：刘宏森				
出版发行：上海交通大学出版社		地　　址：上海市番禺路 951 号		
邮政编码：200030		电　　话：021－64071208		
印　　制：上海文浩包装科技有限公司		经　　销：全国新华书店		
开　　本：880 mm×1230 mm　1/32		印　　张：11.25		
字　　数：270 千字				
版　　次：2023 年 3 月第 1 版		印　　次：2023 年 3 月第 1 次印刷		
书　　号：ISBN 978－7－313－28314－6				
定　　价：68.00 元				

读懂当代青少年（自序）

这些年，一些报刊要我写一些短文，对青少年当中的一些现象和问题谈谈看法。这些现象五花八门，诸如孩子殴打父母长辈、大宝抵制二宝、孩子越大越不听话、盲盒风靡、迷恋玄幻作品等等。在阅读资料的过程中，我发现，面对这样一些现象和问题，人们往往会开出一些大同小异的"处方"，诸如对这些孩子要加强教育、引导；家庭、学校和社会要多管齐下，形成教育、引导合力等。

面对这样一些"处方"，我不免有些疑惑：多年来，面对青少年中出现的许多问题，人们没少开出此类"处方"，但是，其具体实效究竟如何？开出此类"处方"的依据何在？

事实上，开"处方"都是有前提的，那就是人们先得搞清楚病症和病因，针对病因提出具体的诊治措施，才能做到对症（病因）下药。加强教育、引导同样也是有前提的，一是要把准问题；二是要把准问题背后的原因。比如说青少年喜欢甚至迷恋玄幻作品的现象。他们喜欢什么样的玄幻作品？这些玄幻作品有什么样的特点？他们为什么喜欢这些玄幻作品？再比如，近年来，社会上一直说要对青少年加强劳动教育，培养他们正确的劳动价值观和劳动习惯。但是，青少年自己对劳动是怎么理解的？劳动教育中存在着哪些问题？这些问题背后的原因有哪些？如果对上述问题知之甚少，甚至一无所知的话，那么，教育和引导该如何进行？

我越来越真切地感受到，要教育引导青少年，首先必须深入研究当代青少年，读懂当代青少年。为此，2018年4月19日，我策划组织了"对象研究与青年思想引领再突破"学术研讨会。本市乃至全国高校思政教育领域、社科研究领域的近20位知名专家经过研讨，达成了高度共识：引领青年工作者必须首先放下身段，真正了解青年的特点、需求、道德、底线。引领青年工作的实效性只能建立在对教育对象有充分了解的基础之上。2019年，我出版了《读懂当代青少年》（上、下卷）一书。取这样一个书名是因为我写这本书的主要目的就是努力读懂当代青少年。为本书写自序的时候，斟酌许久，我再一次写下了"读懂当代青少年"这几个字，作为自序的标题。再一次写下这几个字，说明我依然强烈地感觉到"读懂当代青少年"多么重要，"读懂当代青少年"又是多么不容易！

20世纪70年代末以来，中国青少年研究起步。青少年研究的首要追求应该就是读懂青少年。40多年来，几代青年研究者进行了多方面的尝试。质性研究、实证研究；抽样问卷调查、深度访谈、田野调查，耗费了几代研究者的青春。其中，廉思教授及其团队对"蚁族"等32个青年群体的接续研究、黄海研究员对长沙"街角青年"的深入研究、马中红教授及其团队对青年亚文化的持续研究、田丰研究员对"三和大神"的浸入研究，对于人们更加全面准确地了解和把握青少年，功不可没。除了青年研究者，其他领域的一些有识之士也对青年投以关切的目光，进行了深入的研究。比如我的师弟郭熙志，他在电视台工作期间，拍摄了《工厂青年》等优秀纪实片，帮助人们更加具体地了解和把握青年工人群体的生存现状。

这些研究都有一些共同点。比如，特别关注青少年的生存和发展现状，具有一种强烈的人文情怀；比如，浸淫于青少年群体琐屑的日常生活之中，持续跟踪观察；比如，以强烈的同理心，努力体验青少年的困惑，理解青少年特殊的心理、感情等。这样的研究无疑耗时耗力。为了研究"蚁族"，廉思教授在唐家岭租房，和"大学毕业生低收入聚居群体"共同生活了两年。马中红教授每个星期都带领学生出一期青年亚文化热点问题的研究专报。郭熙志带领拍摄团队，花费数年时间对流水线上的青年工人进行了零距离的接触和研究。他们的努力必将在中国青年研究史上留下浓墨重彩的一笔。

除了像他们这样投入大量精力去了解和研究青少年以外，读懂当代青少年的路径还有不少。比如，高度关注当代青少年中的热点事件、热点人物。对于我来说，关注，不是通过自媒体看看推文了事，而是拿起笔来写出一些短小的评论文章，较为完整、严谨地发表自己的看法。通过这样一些评论文章，积累自己对问题的把握，调整和优化自己对青少年当中一些现象和问题的看法。集腋成裘。积累多了，对青少年了解、理解和把握也就更加优化了，也就越读越懂了。密切关注，因地制宜，及时评论，积累理解，这大概就是我自己努力读懂当代青少年的一种路径和方法吧。

江山代有才人出。一代代青少年层出不穷，生生不息。就此而言，努力读懂当代青少年永远在路上。

目　录

卷三　静观青研 / 195

卷 一

览观青年

做充满自信的脊梁

——《新时代的中国青年》读后

2022 年 4 月发表的《新时代的中国青年》白皮书是中华人民共和国成立以来第一部专门关于青年的白皮书。这部白皮书对新时代中国青年所展现出的良好的综合素质、精神风貌给予了积极而充分的肯定，令人振奋。其中，"更加开放自信地融入世界"等相关内容给人留下了特别深刻的印象。我认为，自信，这是把握新时代中国青年特质的一个关键词。

一、青年自信是国家发展的重要成果

什么叫自信？自信是对自己的言行和社会角色的一种肯定与信任，体现了一种"自我评价"上的积极态度。在新时代中国青年身上，自信体现在很多方面——他们不迷信国外的物质和文化成果，而发自内心崇拜、从精神深处认同中华民族悠久灿烂的文明；他们不自我矮化，而敢于平视前辈、权威；他们积极主动地参与各种社会事务，充分发挥自己在掌握新技术、熟悉时尚文化等方面的优势，进而服务社会；他们不再像前辈那样内敛，而乐于、敢于通过互联网等多种平台"秀"自己的各种才艺，表达自己的观点，更加充分地自我表现；他们敢于对职场陋习说不；他们不自我设限，不囿于现有的生产生活方式，大胆探索尝试，创造了许多新的业态，对社会生活的发展产生了深远的影响……新时代青年的自信不仅是人们片段零碎的主观感受，也与相关青年研究的结果一致。近期，由复旦发展研究院传播与国家治理研究中心、上海信息安全与社会管理创新实验室、哔哩哔哩公共政策研究院联合发布的《中国青年网民社会心态调查报告（2009—2021）》显示：新时代中国"青年群体思想观念和行为具有多样性，他们开放、自信，乐于在互联网上展现自我"①。

新时代中国青年的自信中，有全球视野的开阔，而无坐井观天的逼仄；有平等交流交往的坦然，而无手足无措的局促。这是一种极其珍贵的心理品格。

《新时代的中国青年》深刻揭示了这种强烈自信的来源——"新时代中国青年生逢盛世、共享机遇"。当今中国经济社会的高速发展，使当代中国人从"去哪儿都新鲜"到"去哪儿都习以为常"；从"只在家门口转转"到"哪里都能去逛逛"；从"有什么看什么"到"想看什么有什么"……这就为新时代中国青年生存发展创造了坚实的基础，为新时代中国青年更加自信提供了厚实肥沃的土壤。

新时代青年的自信、自信的新时代青年，这是中华民族最近几十年"站起来""富起来"奋斗历程中取得的最大成果之一。

二、自信是民族振兴的重要体现

1934 年 9 月 25 日，鲁迅先生撰写题为《中国人失掉自信力了吗？》的著名驳论，与当时的社会状况直接相关。"九一八"事变

---

① 《"90 后"网民社会心态调查："躺平一代"系误解，"奋斗"是当代青年主旋律》，https：//share.gmw.cn/edu/2022-04/27/content_35694850.htm。

后,社会上有人大肆散布对抗战前途悲观的论调,认为中国完了。其悲观的重要依据之一,就是他们认为中国人失掉了自信力。1934年8月27日《大公报》的社评《孔子诞辰纪念》就是悲观论调的代表:"民族的自尊心与自信力,既已荡焉无存,不待外侮之来,国家固早已濒于精神幻灭之域。"面对种种鼓噪,鲁迅先生冲冠一怒,写下了这篇名作,雄辩地指出:"我们从古以来,就有埋头苦干的人,有拼命硬干的人,有为民请命的人,有舍身求法的人""这一类的人们,也何尝少呢?"既然"这一类的人们"从古以来就不少,那么,中国人并未、从未失掉自信力。

新时代中国青年充满自信的群体形象向世界展示了古老中华民族崭新的形象和良好的精神风貌,让人无比振奋。新时代中国青年豪迈地告慰着鲁迅先生的英灵——他们充满自信,生动诠释着中华民族伟大复兴进程中取得的积极进展。

三、在奋斗中把握自信的真谛

在鲁迅先生的眼里,有自信力的中国人就是那些"埋头苦干的人""拼命硬干的人""为民请命的人""舍身求法的人"。他们是"中国的脊梁"。新时代中国青年充满自信,但能不能成为"中国的脊梁",这是一个需要全社会认真思考、需要新时代中国青年以实际行动去完成的答卷。

笔者认为,当下全社会都要认真思考如何防范新时代青年涉世越深,可能自信越少、越"无棱无角"的问题。就像《中长期青年发展规划(2016—2025年)》所指出的那样,中国青年在身心健康、教育、思想发展、就业创业、婚恋、休闲娱乐、社会参与、权益维护等多个方面,都面临着不少问题和压力。同时,社会有其运行的各种"显规则""潜规则"。种种问题、压力、规则,会不会使新时代中国青年在日复一日的辛劳中，逐步磨平了"棱角"，弱化了自信？习近平总书记 2013 年 5 月 4 日在同各界优秀青年代表座谈时强调，全社会要"为青年驰骋思想打开更浩瀚的天空，为青年实践创新搭建更广阔的舞台，为青年塑造人生提供更丰富的机会，为青年建功立业创造更有利的条件①"。这是促进新时代中国青年健康发展的一种战略思考！

新时代中国青年要认真思考如何自信而不"无知无畏"。当今时代存在着"文化反哺"现象。但是，我们却不宜放大青年"文化反哺"的影响力，更不能把"文化反哺"视为对"文化代代相传的规律"的颠覆。当今时代，青年不再是"中老年人的附庸"，但也不能无视中老年人的种种经验和忠告。事实上，青年不仅要从优秀传统文化中汲取营养，得到滋养和哺育，而且要担负起优秀传统文化传承的重任。因此，新时代中国青年接受优秀传统文化的哺育极其重要。忽视了这一点，很容易陷入"无知无畏"的虚假自信。

新时代中国青年要认真思考如何自信而不"无规无矩"。现实生活中，一些青年奉行"说走就走"，常常一言不合便拂袖而去，显得很是"自信"。但这种"自信"只是一种任性而已。前些年，《人民日报》曾经刊文指出："看看当下，青年人似乎少了些任性的尝试、任性的探索、任性的挑战，多的往往是任性的抱怨、任性的谩骂、任性的批评。②"任性，可不就"无规无矩"吗？新时代中国青年应该自信，而不应该任性。

要成为充满自信的"中国的脊梁"，新时代中国青年要"内外兼修"，不断充实、提升自己。全社会要协力为青年打开"更浩瀚

---

① 《习近平在同各界优秀青年代表座谈时的讲话》，央视网，http：//news. cntv. cn/2013/05/05/ARTI1367711267920266. shtml。

② 李壹观：《青年应该怎样任性》，《人民日报》：https：//www. workercn. cn/245/201412/31/141231132603339. shtml。

的天空"、搭建"更广阔的舞台"、提供"更丰富的机会"、创造"更有利的条件"。只有这样,新时代中国青年才能不断在奋斗中,从种种"少年狂"中,淬炼、打磨出真正的自信。

(《中国青年报》2022 年 6 月 16 日第 6 版)

在"需要"和"被需要"之间

笔者的几十位学生成了"小白菜①"。回到课堂,课间聊起世博志愿服务的感受时,他们不假思索地说:"被需要的感觉最强烈。"

一、"被需要"的感觉最强烈

上岗前,"小白菜"们接受了"志愿者角色与使命""岗位基本知识和技能""礼仪训练""应急处置训练""沟通与接待训练""领导力训练"等内容的培训,但对志愿服务究竟需要他们干些什么,他们并不十分明确。进入世博园区和园外城市志愿服务的各个站点后,"小白菜"们发现,他们"被需要"之处既出人意料又数不胜数——游客和路人需要他们像"人肉搜索机""活地图",甚至像"百科全书"一样回答各种问题,需要他们指点迷津,甚至帮着推轮椅、看孩子、买可乐;工作人员需要他们做随叫随到的"临时工",搬运的"棒棒军",一天煮 600 杯咖啡的"免费小工"、维持秩序的"人墙"和外国人的翻译……

---

① "小白菜"是 2010 年上海世博会青年志愿者对自己和同伴的昵称。

二、"小白菜"习惯于"需要"的充分满足，
"被需要"是其难得的人生经历

多年来，"小白菜"们很少如此"被需要"过。从小到大，他们的"被需要"主要限于"乖一点""读好书""好成绩""好名次"等极有限的几个方面。在绝大多数情况下，他们更多充当的则是"需要"者——衣食住行及其生存发展的各个方面，都对家庭和社会提出了种种"需要"。

一般来讲，成长的过程就是"需要"被满足的过程。成长中的人，必然会有各种各样的"需要"，这再正常不过。不过，不同于前辈的是，"小白菜"这一代人，其种种"需要"的满足程度也许是前所未有的：长身体，需要充足的营养，父母就多方打探、深入研究，精心为他们构建好了"维生素体系"；时尚潮层出不穷，大人始终以饱满的热情，使他们的玩具库、文具库、衣橱中形成与时俱进的时尚品牌系列……"小白菜"甚至还没想到、还来不及表达自己的"需要"，无数的"需要"便在他们不经意之间充分地"被满足"了。

"被满足"意味着不忧匮乏短缺，只需现成受用；"被满足"意味着不必扶弟携妹，尽管独自享用；"被满足"意味着可以不闻"风声雨声"，只要"书声朗朗"；"被满足"意味着自然而然索取，无需尽心尽力奉献。于是，在需要不断"被满足"中长大的"小白菜"被骂为"脑残的90后""娇生惯养的垮掉的一代"。

以此为背景，世博志愿服务中"被需要的感觉"，便被放大为最强烈的感觉。在层出不穷、预想不到的种种"被需要"面前，"小白菜们"第一天新鲜，第二天累，第三天烦，第四天习惯，第 N 天爱上。

一位叫"会思考的芦苇"的志愿者说：志愿者精神就是"更高

的被尊重的需要和自我实现的需要"。由"被需要"的感觉而生发出"被尊重的需要和自我实现的需要"，"小白菜"对人生和生活的理解在丰富、在升华。

三、悦纳未来的种种"被需要"是
"小白菜"人生的课题

在未来的岁月中，"小白菜"们势必会越来越多地"被需要"。家庭、社会都会将越来越多的"需要"摆在"小白菜"面前——岗位的职责、事业的召唤、家庭的分蘖、子女的养育、老人的赡养、社会的义务……同时，作为独生子女，"小白菜"们也势必将面临种种特殊的"被需要"：被更多的老人需要，被更严重的环境问题需要，被更严峻资源问题的破解需要，被更激烈的国际竞争、人际竞争需要……

由此看来，世博园区内外"被需要"的经历是一次具有象征性的人生演习，是"小白菜"们极其珍贵的人生财富。然而，如何使这种人生财富增值，使这种强烈的"被需要的感觉"保鲜，悦纳和应对未来人生中层出不穷应接不暇的种种"被需要"？如何在未来"被需要"的时候，做到"我们在你身边"，冲得出，打得响？

很显然，"小白菜"们已经开始了思考。我的一位学生写道："我们是被父母捧在手心中呵护着长大的一代，是饱受争议的'80后、90后'。在身为'白菜'的日子里，我们用实际行动回应质疑，用汗水镌刻青春的记忆。这16天里，我们秉承志愿者精神，在奉献、友爱、互助中共同进步！"

这样的思考令人欣慰！然而，16天激情余绪尚未平息状态下的思考能持续下去吗？"奉献、友爱、互助"的价值和"被需要的感觉"有多强的穿透性，使"小白菜"们在未来的人生中，感受到更多

"被需要"的快乐？从只知"需要"，到感受并认识到"被需要"，这是成长中的一次跨越。然而，在"小白菜"成长的历程中，悦纳和应对更多的"被需要"，则必然要求他们经历和完成一次次蜕变。蜕变总难免自我否定的迷惘和痛苦，难免重塑自我的艰难。

　　在帮助他们完成蜕变、重塑自我方面，家庭、学校和社会应该有怎样的作为呢？

（《中国青年报》2010 年 7 月 26 日）

新生代,在虚拟与现实的交错中成长

青少年心理专家陈默老师对当下青少年中"弱现实感"现象的描述①具有较强的召唤性,唤起了不少人相关共同的经验和感受。陈默指出:青少年"在现实生活中难以体会到意义感,个人度过的时光是被安排好了的,久之无主动寻求自主生活内容的需求,整个生活处于被动状态,在虚拟世界里得到情感体验,不会也不能处理现实事务的当下都市青少年的一种存在感受。这是当下青少年与前几代人相比所具有的明显特征。"这里包含着几个层次:一是青少年个人的生活处于被动状态,既没有自主生活的需求,也没有自主处理现实事务的能力;二是青少年因此在现实生活中难以体会到意义感;三是青少年只能去虚拟世界中需求情感体验和意义。陈默在其《高焦虑养育者、高焦虑学习环境、高竞争同伴关系……当下青少年"弱现实感"的十大成因》②一文中,历数了"面对高焦虑的养育者""高焦虑的学习环境"等当下青少年"弱现实感"的十大成因,回答了"弱现实感"的由来根源等问题。对于人们更深入地把握当下青少年面临着的生存和发展等方面的问题,陈默老师的描述具有较强的启示性意义。

---

① 陈默:《当下青少年"弱现实感"的十大成因》,《光明日报·教育家》,https://weibo.com/ttarticle/p/show? id=2309634776020673692179。

② 参见 http://www.360doc.com/content/21/0429/09/1220004_974690558.shtml。

一、"弱现实感"是不是一个严谨的概念?

"弱现实感"或许还只是对现象的一种描述,还不是内涵与外延都很明确清晰的严谨概念。如何使"弱现实感"成为一个严谨的概念,这是需要人们进一步深入思考的问题。很显然,要搞清楚"弱现实感"这一概念的内涵和外延,人们可能首先还必须细致辨析"现实""现实感""弱""虚拟世界"等词汇的涵义。这是因为,同样的词汇对于父母长辈和青少年来说,往往具有不同的涵义。比如,对于父母长辈来说,"现实"往往意味着小到油盐柴米酱醋茶、职场和家庭之间的平衡,大到社会形势、国际风云。而对于青少年来说,"现实"或许就意味着父母长辈对他们"十八般武艺样样精通"的要求,意味着从小就无休止参加各种兴趣班的疲于奔命,意味着千军万马在高考独木桥上的拥挤,意味着毕业后求职难的窘迫,意味着买房难、求偶难、育儿难的未来。未来虽然未来,却是他们已经看得见的学长学姐们正面临着的、青少年自己不久也会面临着的种种实际状况。对父母长辈面临的现实,青少年或许感觉很"弱",但对他们自己面临着和将要面临的现实,他们真的不了解,真的"现实感"很弱吗?"弱"是一个相对的概念。那么,"弱"又相对于谁而言的呢?不少人感觉青少年"不会也不能处理现实事务",但是,居家防疫期间,许多青少年按照网上教程 DIY 出许多令父母长辈眼前一亮的食物和器物,这算不算"处理现实事务"?父母长辈感到棘手的许多问题,青少年往往手到擒来,不费工夫,这算不算"处理现实事务"?如果即便如此,依然断言他们"不会也不能处理现实事务",那么,"处理现实事务"指的又是什么?

虚拟世界其实并不能被简单视为现实世界的对立面。马克思说:"最蹩脚的建筑师从一开始就比最灵巧的蜜蜂高明的地方,是他在用蜂蜡建筑蜂房以前，已经在自己的头脑中把它建成了。"头脑中建成的蜂房是虚拟的，却直接影响到现实中蜂房的建造。这就启示我们，虚拟世界与现实世界你中有我，我中有你，两者间的关系十分缠杂——虚拟世界既源自现实世界，又深刻影响着现实世界，成为当今现实世界的一个有机组成部分。当今世界上，随着科学技术的发展，线上线下交错，现实、虚拟更加深入地相互渗透与融合。在虚拟世界中寻找路径、工具和方法"处理现实事务"，已经成为一种现实常态。在这样的情况下，"在虚拟世界里得到情感体验"，一定就是"弱现实感"的表现吗？

对概念的界定和把握，从来就不仅仅是语言或文字问题，更是认知水平问题。从根本上说，唯有不断提升对"弱现实感"现象的认知水平，人们才能更好地界定清楚"弱现实感"这一概念。而要提升对"弱现实感"现象的认知水平，我们有必要在细致辨析"现实""现实感""弱""虚拟世界"等词汇涵义的基础上，进一步弄清楚以下几个方面的问题：一是"弱现实感"的表现形态有哪些；二是"弱现实感"的基本特点有哪些；三是"弱现实感"的意义价值，也就是其影响有哪些；四是"弱现实感"的由来根源怎么样。陈默老师揭示了青少年"弱现实感"的十大成因，即说清了"弱现实感"的由来根源，这就为人们进一步准确把握"弱现实感"这一概念的内涵与外延奠定了良好的基础。

二、沉浸虚拟世界就意味着远离现实？

某种意义上讲，"在虚拟世界里得到情感体验"或许是青少年的一种特征。多年来，一代代青少年从文学艺术所创造的虚拟世界之中得到情感体验。进入互联网时代后，人们面临着以互联网技术为基础的越来越丰富多彩，越来越引人入胜的虚拟世界。作为互联网时代的"原住民",当代青少年沉浸于在互联网技术基础上发展起来的虚拟世界之中,这是非常自然的事情。这既与青少年自身的特征有关,也与青少年是种种虚拟世界的主要创造者这一角色直接相关。

青少年沉浸于虚拟世界,并非只是"在虚拟世界里得到情感体验",事实上,这也是他们参与现实的一种形式。多年以来,青少年通过虚拟世界中的途径、工具和方法,响应党政号召,表达爱国热情,投身重大工作、重大活动,服务社会……这些已经成为他们标志性的行为方式。

青年文化是青少年创造的虚拟世界的外在表现形式之一。改革开放40多年来,青少年创造的丰富多彩的青年文化,对社会生活形成了巨大的影响,甚至在很大程度上引领着社会文化的发展,越来越受到社会的广泛关注和认同。"文化反哺"等现象就是青年文化影响社会生活的突出体现。种种青年文化形态中充满了青少年的奇思妙想,包含了许多新创意、新点子。现实生活中的许多新事物、新方式、新业态,往往都来自青少年的种种新创意、新点子。新创意、新点子离不开想象力。想象力基于现实,却又超越现实。现实既为想象和创意提供了不绝之源泉,也在一定程度上限制着人们的想象和创意。超越现实既意味着跳出事物现有的形态和特质,对事物进行重新建构;也意味着尽力摆脱现实的干扰乃至羁绊。探索和创新不是一件容易的事情,常常需要人们在得不到多少支持,甚至有时候还要面对职场的负担、家庭的困难等种种现实问题造成的压力,又难以立竿见影得到现实回报的情况下,殚精竭虑,衣带渐宽终不悔,为伊消得人憔悴。青少年中新创意、新点子层出不穷,一定程度上也与他们较少受到现实的干扰、牵制和羁绊,可以尽情发挥想象力直接相关。较少受到现实的干扰、牵制和羁绊,这是不是也是"弱现实感"的一种表现? 如果是的话,"弱现实感"大概不应该被一棍子打死吧！

毋庸讳言，对许多青少年沉浸其中的虚拟世界，许多父母长辈既不了解其中的基本状况，也不了解其中的规则，更不了解真正吸引青少年沉浸其中的因素有哪些。在此情况下，抱怨，甚至批评青少年"在虚拟世界里得到情感体验""弱现实感"，恐怕多少有点偏颇、轻率。

三、如何应对"弱现实感"现象？

笔者曾在一篇题为《想象力：创新能力培养的"切入口"——青少年创新能力培养思考之一》的论文中提出：想象力的核心问题，"是在现有知识和经验系统中的此事物与彼事物之间建立新的联系。新的联系一旦建立，往往就意味着新的科研成果、新的艺术作品、新的生活事物的诞生。"

瑰丽的想象力离不开现实的滋养。事实上，不少青少年想象的成果中存在着不够接地气，生命力羸弱的问题。唐三和千仞雪，七玄门和野狼帮，神风学院和史莱克学院，修真和穿越……翻云覆雨，神出鬼没，天马行空，却缺乏现实的厚实根基。广州大学中文系教授、博士生导师陶东风认为，玄幻文学所建构的世界是与现实完全不同的"架空世界"，在这个世界，没有不可能发生的事情。玄幻文学不但不受自然界规律（物理定律）、社会世界理性法则和日常生活规则的制约，而且恰好是完全颠倒了自然界和社会世界的规范。他指出，虽然玄幻作者们可以把神出鬼没的魔幻世界描写得场面宏大、色彩绚烂，但最终呈现出来的却是一个缺血苍白的技术世界。当然，玄幻文学只是青少年创造的虚拟世界中的一小部分，过度沉迷虚拟世界的青少年也许是个别现象。但是，缺乏甚至回避对现实的关注和参与，却是当下青少年成长中必须正视的问题。近年来，不少大学生慢就业、缓就业、不想婚恋、怕担责任等行为,确实不乏"弱现实感"之嫌。就此而言,陈默老师对"弱现实感"现象的把握值得特别关注。

如何引导青少年不再沉迷于虚拟世界,改变"弱现实感"的状况?

笔者以为,首先要做的不是对青少年进行说教,不是"加强教育",而是父母长辈要检讨自己在青少年"弱现实感"形成过程中起过什么样的作用?有没有因为怕青少年在现实中遭遇危险,便为他们加装了"玻璃房"?有没有只要他们考上好学校,就包办了他们的一切人生事务?

其次要了解他们所创造的虚拟世界,了解他们从虚拟世界中能够得到什么样的"情感体验",了解他们何以要从虚拟世界中得到"情感体验",了解他们何以不能从现实世界得到"情感体验"。当下不少青年研究的成果,比如马中红教授团队、廉思教授团队的研究成果,对这些问题其实都有很深入的研究和把握,值得父母长辈学习借鉴。唯有如此,父母长辈才能真正了解他们内心世界的脉动,才能由此把握住他们"整个生活处于被动状态""不会也不能处理现实事务"背后的深层原因,才能对症下药,更好地帮助他们更多关注现实,了解现实,担起种种现实的责任;也才能帮助他们从现实中汲取更加丰富的营养,创造出气血更加饱满、生命力更加旺盛的虚拟世界,从而在促进现实世界变得更加美好的过程中,发挥出更大的青春力量。青少年不仅要融入当下的现实,更有改变现实,使现实世界更加美好的责任。

长期以来,不了解青少年中种种现象和问题的真实状况,不深挖其背后的种种原因,就要求"加强教育",这样一种思维方式、表述方式十分普遍,但难免笼统、浮泛,由来已久,大概要改一改了。

(光明日报社《教育家》2022 年 10 月 8 日)

未来可期

几年前,女儿说要做蛋挞给我们吃。她网购了面粉、配料,还买了一台小电子秤。很快,她就做出了特别好吃的蛋挞。她以前几乎没有下过厨做过饭,这个蛋挞倒是做得像模像样,不逊色于店里买的。我们的惊奇难以言说!问她怎么会做蛋挞的,她说跟网上学的呀,网上有配方、有步骤,照着做就行了。

这几年,尤其是疫情防控期间,从微信里面见过许多年轻人晒出的美食照片,蛋糕、面包、蛋挞,甚至还有一些菜肴,花花绿绿的,卖相很是不错。从他们配的文字可知,这些美食都是他们根据网上的介绍学着做成的。

网上的配方大都比较细致,面粉多少克,酵母多少毫克,糖多少,水多少,牛奶多少,奶油多少。年轻人用电子秤,用量杯,严格按照配方规定投放原料和配料,还用带警示音的计时器掌握时间,一切都照网上说的办。他们的制作其实是按照别人提供的配方进行复制。那些配方是别人根据自己的实践经验记录整理而成的。年轻人用自己 DIY 的成果证明了别人的配方是可验证、可复制、可推广的。实践的成果可验证、可复制、可推广,应该是很科学的。

年长者常说年轻人经验不足,做事情让人不太放心。但是,他们能根据网上的配方做出饭菜,做得还很不差,并且很健康、很营养。年轻人在经验方面确实没有多少积累和优势,但是,他们在按照科学规范办事方面,却很有心得。因此,他们拿出了让经验丰富的年长者都望尘莫及的实实在在的成果。

当下不少年轻人不再轻易相信前辈的经验和告诫。他们更注重前辈的经验和告诫是否可验证、可复制、可推广。盐若干、糖少许、酱油适中之类难以量化的经验，若不能被他们验证，再权威的人告诫他们，他们大概率也不会轻易相信。口号再响亮再漂亮，如果不能通过他们的验证，他们未必会在意，更不会相信。

年长者常说年轻人做事情莽撞。但是，很多年轻人做事之前爱做攻略。他们通过多种途径搜集各种相关信息，从多种方案和做法中，遴选、提炼出适合自己情况的方案。出发旅游前，他们早已安排好衣食住行的每一个步骤、每一个环节、每一个细节，甚至连旅游地民宿附近水果的市场价格都搞得清清楚楚。

你可以说他们按照网上的信息做事未免有些按图索骥、依葫芦画瓢、照猫画虎、胶柱鼓瑟。然而，谁年轻时不是这样学着做事的呢？年长者年轻时从前辈那里学会了盐若干、糖少许、酱油适中，而他们则学到了可验证、可复制、可推广的方式。他们学到的不仅是他人的经验，更是规范、严谨的态度和价值。规范、严谨的态度和价值是科学素养的核心内容。

这一代青年的科学素养不容小觑！比前辈更加完整、系统的教育经历，让他们中的大多数人更习惯于以是否可验证、可复制、可推广的眼光、标尺和方式方法去面对世界，面对问题，处理问题。是骡子是马，牵出来遛遛才知道；是宝典还是邪术，他们不会轻易相信吆喝，更在意自己的验证。在科学素养不容小觑的这一代青年面前，死板的教条，很难再有魔镇他人身心的法力；空洞的口号，很难再有迷惑更多听众的舞台；甜腻的鸡汤，很难再有扩大市场的余地。

这一代青年的影响力不容小觑！未来因他们而可期！

（子行空间，2022 年 5 月 31 日）

年轻奥运健儿们的审美风格值得发扬光大

东京奥运会的一大特点是年轻选手们的颜值都很高。姑娘特别好看，小伙儿特别英俊。他们运动水平很高，行为举止也很可爱、很美好。在我眼中，中国运动员尤其如此。走上本届奥运会赛场的中国运动员，虽然未必都是美女、帅哥，但他们的言行在给人们巨大视觉冲击的同时，也使人们感受到了审美的冲击和心灵的震撼。百步穿杨、水波不兴，他们展示了严谨、精准之美；疾若流星、力拔山兮，他们展示了速度、力度之美；奋起直追、绝不放弃，他们展示了情怀、精神之美。总之，中国奥运健儿的言行举止有机融合力量与智慧、刚健与阴柔，展现出了力量之美、阳光之美、清新之美，体现出令人耳目一新、心驰神往的审美风格。真可谓——

一招一式，展示速度、力度、风度，演绎高、快、强的奥运精神；

一言一行，体现可爱、规范、善良，诠释真、善、美的人伦理想。

对奥运健儿身上体现出的种种美好，人们不吝溢美。奥运健儿体现出的这种审美风格，无疑将对当下社会生活中，某些较为模糊的审美观念、较为杂乱的审美行为，形成强大的冲击。

中国奥运健儿身上展现出的美是立体的，很难用现有美学的条条框框去衡量。通过"美学"课，人们得知，"美"是美学最基本的概念，可分为自然美、社会美和艺术美。美的外延极其广泛，包括很多具体形态和风格。按照美学家们的说法，美指"优美"，大致就是人们通常所说的好看、漂亮，但美的形态绝不仅限于好看、漂亮,还包括"丑""喜剧""悲剧""崇高"等多种具体形态。确实,随着人类审美实践的发展,人类对"美"的认知早已超越了"优美"——好看、漂亮之类,而是延伸到了更加多元、复杂微妙的层面。欧米哀尔、卡西莫多绝对算不上好看、漂亮,但"他们"身上融合了"丑""悲剧"等多种审美形态和风格,谁能否认"他们"的审美价值?然而,肖若腾玩出"吊环 wink",引粉丝尖叫;杨倩纤手比心,令全场解颐;全红婵要用奖金给妈妈看病,惹闻者唏嘘;苏炳添每晚 10 点准时睡觉,让网友自惭……对这样一些美好的行为,如何用"美学原理"去解释?应该用什么样的美的尺度去丈量呢?

美的尺度从来就不是预设的,而是对人们的审美实践、审美经验进行归纳、总结、提炼的产物。新一代中国奥运健儿展现出的美,不仅仅是这些姑娘、小伙儿异想天开、灵光乍现的产物,更是改革开放 40 多年来,中国人审美创造取得的积极成果。一茬茬姑娘、小伙儿,自觉地、天然地肩负起审美探索的重任,无疑是艰难跋涉在审美创造前列的群体。理论是灰色的,而生命之树常青。面对人们生动鲜活的审美探索、审美实践,面对新一代中国奥运健儿展现出的美,人们该做的,首先不是以现有美学理论削足适履地进行解释,而是展开具体深入的研究,在此基础上,进行归纳、总结、提炼,然后传播和发扬光大。

(《中国青年报》2021 年 08 月 12 日 05 版)

闲话兵哥哥走俏

十月一日国庆阅兵,中国军人的英姿在网上引发无数点赞和议论,用网友的话说就是:"哈哈哈哈,看见评论区一片口水。"网友们对此津津乐道:"刚毅的目光,刚毅的脸庞,刚毅的军姿。这才是中国男儿!这才是中国栋梁!这才是中国盾牌!向他们致敬!""要个头有个头,要身材有身材,要样貌有样貌,要气质有气质,最最关键是一身正气,政治过硬,工作也不错,国家已经把过关了。""今日迷倒美眉一片,明日为国决战疆场!""最漂亮的是我军士兵们那一张张刚毅冷峻的脸庞,那挺立如松的站姿,那炯如双炬的目光,人民看了好自豪好放心。我则边看边祈祷:战争滚蛋!别去伤害这些好孩子!"有网友则直接定论:"中国最帅天团——威武之师!"

网友们还由中国军人的英姿,直言不讳"喷"起这几年饱受非议的"娘炮":"让那些娘炮的星们坠落吧!""从此不追星!只追兵!""让娘炮们哭去吧!"

"评论区一片口水"可不仅仅指人们话多,"口水"也可以是所谓"哈喇子",说得文绉绉一点儿,就是"馋涎"。评论区内的,大多还是一些年轻人,特别是一些女孩子。面对同龄小伙子们的军姿帅气,有些女孩子不免有些馋,有些犯"花痴",以致于有人说评论区"花痴甚多"。她们直言:"我喜欢那个有酒窝的。""小酒窝哥哥,有心跳加速的感觉,呵呵。""今天大家不分姐妹,都是军嫂哦。""都别动我的男朋友。奏（走）开奏（走）开,都是我的。"有人很自豪:"国家送我一枚帅哥,已经十年了。"有的则有点遗憾:"觉得自己结婚早了,哈哈。"她们调皮地把受阅军人方阵说成"未婚夫方队","现在正向我们走来的,是未婚夫方队!""啥也不说了!我差不多给自己选了一个方队的老公了……""未婚夫先暂借给国家,记得还就行。""我的祖国母亲正在检阅自己的女婿呢。"

还有一些人没犯"花痴",而是憧憬着以后做兵爸爸、兵妈妈,甚至兵爷爷、兵奶奶。"不是帅哥都上交给了国家,而是国家、部队把他们改造成了帅哥。""我儿子今年四岁了,根据我们夫妻的基因判断,也是一名妥妥的帅哥…""抓紧培养我家帅哥上 80 周年阅兵典礼。""看完,想要个男孩儿,长大后让他去当兵,成为国家有用之人!""下一个十年大庆,我的小孙子就有可能进入方阵序列中,我期待着,这一天的到来。"

阅兵式和大联欢已经结束,兵哥哥们各回各营了。曲终人散,灯火阑珊,姑娘们大概率不会小心脏还在狂跳,嘴角还拖着银亮的涎线了吧。在"外貌协会"成员众多的时代,很难有哪一种外貌之美可以一招鲜吃遍天的,大多只能各领风骚三五年,甚至三五天。天安门前,长安街上,兵哥哥们散发着荷尔蒙浓度极高的阳刚之气,踏着提神的正步,铿锵走来,让男男女女老老少少眼前一亮,精神大振。然而,兵哥哥们的小酒窝很浅,装不下多少美酒,能让姑娘们迷醉多久?隔着屏幕,兵哥哥们一身威武。但寻常日子里,兵哥哥们终日风里雨里训练,晴天一身汗,雨天一身泥。没有屏幕阻隔,那满身泥水、汗腥,有多少姑娘能够忍受?

姑娘们的小心脏是极其敏感的,所以,她们很容易哭,也很容易笑。比如,有个别姑娘"宁在宝马车里哭,也不在自行车上笑"。这样的姑娘自然是极个别,但她关于哭和笑的理念,却大概也暗合了不少姑娘的小心思。不是所有的姑娘都贪恋宝马车,但你不能否认对宝马车的爱恋、对自行车的嫌弃在当今社会生活中暗流涌动了很多年。兵哥哥们会开坦克，会开装甲车，甚至会开飞机，然而，坦克、装甲车和飞机，都不是兵哥哥私人拥有的，也极少有兵哥哥拥有宝马车，让姑娘能"在宝马车里哭"。会走正步、会开坦克，当然自行车也骑得很溜的兵哥哥，如何才能让姑娘们一见他就"心跳加速"，一直"花痴"下去呢？

踏上长安街的那一刻，兵哥哥们走俏了。然而，兵哥哥们能俏多久？

20 世纪 50 年代、70 年代，兵哥哥走俏过，但没有一直俏下去。本来，工农兵学商，三百六十行，只要有一身正气，有本事，有担当，有作为，行行都可以出状元，行行都可以走俏的。如果还有高颜值，那就锦上添花了。如果还生了两只迷死人不偿命的小酒窝，那就再好不过了。

然而，兵哥哥们"俏也不争春"。明天清晨，军号声依旧会在军营上空响起，召唤出铿锵的跑步声和洪亮的口令声。

（子行空间，2020 年 9 月 10 日）

"秀发"壮美

新型冠状病毒肆虐，不少"诗人"诗兴大发，无数应景"诗作"纷纷出笼。一行行文字中，大话、空话充斥，鲜有激动人心的佳句、佳作，甚至还有不少"××××眼中的血丝，已织成迎春的花卉"之类的文字。种种声嘶力竭、矫揉造作、空洞陈旧之作，令人肉麻，引人诟病。究其原因主要有三：其一，这些"诗人"才情本低；其二，这些"诗人"缺乏对严峻形势的切身感受，缺乏对抗疫前线、抗疫英雄真实状况的切实感受，难免隔靴搔痒，只能依靠一点可怜的想象和从枯肠中刮出的一点陈词滥调，凑成几句分行的汉字；其三，既少才情，又缺"生活"，却不甘寂寞，想蹭点抗击灾难的热度，发点自己的声音。我前几日曾忍不住撰写一文《警惕"消费灾难者"》，以"消费灾难"一词，对这一现象进行了揭露。

全民抗击瘟疫这一特殊时刻，并不排斥诗歌，并不排斥诗人为抗疫英雄鼓与呼、向灾难中的同胞送去温良。然而，诗歌创作毕竟是有门槛的。除了对创作的题材有真情实感以外，诗人更要有其他过人之处：以意象凝聚、整合和表达心中强烈充沛的情感。不能否认有些"诗人"心中也有强烈充沛的情感，然而，那些声嘶力竭、充满陈词滥调的"诗作"却毫不留情地现了他们在诗歌创作上才情捉襟见肘的老底。

在一片聒噪中，上海评弹团艺术家写的一段评弹作品《秀发》，却如一阵清风，令人耳目清新。兹照录全文于后：

《秀发》

（评弹唱词，评弹《秀发》，上海评弹团创作。作词：吴新伯；
作曲：陆锦花；编曲：纪冬泳；混音：卜一凡；演唱：陆锦花）

今夜

我决意剪短了长长的秀发

合上那粉红色的妆盒

心中有千万个不舍

那泪花却只在眼眶里闪烁

今夜

我决意剪短了长长的秀发

背起了行囊迈开步伐

虽说是医者的又一次冲锋

最担心爸妈的不舍与牵挂

今夜

我决意剪短了长长的秀发

去对付魔鬼的肆虐

不见硝烟拼生死

白衣战士何恋这无用的长发

今夜

我决意剪短了长长的秀发

背起了行囊迈开步伐

虽说是医者的又一次冲锋

最担心爸妈的不舍与牵挂

今夜

我剪短了，剪短了长长的秀发

去对付魔鬼的肆虐

踏平泥泞成大路

白衣战士何恋这无用的长发

我已剪短了　剪短了长长的秀发

等着那……

等着那

等着那花开芬芳春来时

到那时

到那时

我再蓄青丝再留这长长的秀发

到那时　春暖花开万物苏

我再蓄青丝再留这长长的秀发

我打开妆盒

再蓄青丝再留这长长的秀发

　　这样的评弹作品以全民抗击瘟疫，无数医护人员逆行驰援武汉这一悲壮景象为背景。在这一"宏大叙事"的背景下，评弹团的艺术家们抓住复旦大学附属闵行医院90后护士刘文进剪掉长发这一细节，以此作为"切入口"，充分展现刘文进以及其他医护人员义无反顾、驰援武汉的精神风貌。在"不见硝烟拼生死""背起了行囊""踏平泥泞""冲锋"的语境中，"今夜"被"剪短了"的"长长的秀发"，便俨然体现出了强烈的象征意味，象征着女孩子的甜美，象征着女护士的决绝，象征着女战士的壮美。女护士是无数医护人员中的普通一兵，也是当今中国寻常百姓中的一员，因此，这被"剪短了"的"长长的秀发"，便成为一种浸透了当今中国人抗击疫情坚强精神汁液的意象。

从女护士、女医生们纷纷剪去长发这一小小细节入手，以小见大，反映当今中国人的精神风貌，这样的创作手法其实并非《秀发》主创者们的独创。事实上，无数艺术品之所以能够给人们留下深刻的印象，甚至青史留名，正是因为艺术家们基本都是这样通过捕捉意味深长的细节，从中提炼出鲜活而蕴藉的意象，反映宏大社会生活景象的。不信，你可以去看一看《药》中华老栓从康大叔手上买来的"人血馒头"；看一看《老人与海》中作为硬汉子精神象征的大马林鱼骨架；看一看艾特玛托夫《一日长于百年》中的"曼库特"；看一看《变形记》中的那只"大甲虫"；看一看《末代皇帝》中的那只两次出现的"蝈蝈"；看一看《刮痧》中男孩背上的"刮痕"；看一看《红樱桃》中楚楚背上的纹身；看一看《中国，我的钥匙丢了》中的那把"锈迹斑斑了"的"钥匙"……在我看来，这些意象是这些艺术品脱颖而出、被人们关注并记住的关键，也是这些作品在历史地平线上露出的桅尖。

然而，捕捉有意味的细节，需要眼力，更需要耐力。耐力来自人们对世态人情持久的观察和体验。从细节中提炼和创造意象，需要创造力。创造力离不开天分，更离不开持久而专心的训练与涵养。上海评弹团的艺术家们显然有这样的眼力、耐力和创造力。也许，评弹不太热，反而让这些坚守评弹舞台、甘坐冷板凳的艺术家们静下了心，训练与涵养眼力、耐力和创造力。

聒噪的"诗人"们显然恰恰缺乏这种眼力、耐力和创造力，却偏要胡乱划拉些急就章去蹭热度，去添乱。如此，你不出丑谁出丑！你不讨骂谁讨骂！

（子行空间，2020 年 2 月 9 日）

带着技能去"突击"

在全国各地抗击疫情的斗争中,"青年突击队"这个似乎久违的名称重新出现在公众面前。据报道,疫情爆发以来,全国涌现了5.2万余支"青年突击队",111.8万余名团员青年加入其中。"青年突击队"队员为抗击病魔贡献了青春的热情和力量,也让人们看到了一些值得欣慰的现象。

当今青年胸有社会责任。日常生活中,面对生存发展中的种种不如意,当今青年可能会在网上吐一点槽,发一些牢骚,然后,便忙着玩玩游戏,欣赏欣赏音视频,晒晒图片。他们或许不太关注、不太谈论社会现实中的问题,不会把社会责任挂在嘴上。然而,他们并不像很多人说的那样缺乏责任感。一遇到危机事件,或重大事件,他们绝不袖手旁观,而是迅速行动起来。2008年抗震救灾、服务奥运,2010年志愿服务上海世博会……广大青年都主动积极参与,被社会誉为"大有希望的一代"。这一次,当今青年也没有让社会失望。2.6万名青年组成了3 000多支铁路青年"青年突击队"坚守在铁道线上,有力保障了抗疫人员和物资的运输;3 047名武汉医疗卫生界团员青年组成"抗疫先锋"青年突击队,为抗疫第一线注入了强大的青春力量;322名员工组成的6支"青年突击队",24小时轮班昼夜鏖战,优质高效建成火神山医院;大学生组成志愿服务团队,为一线医护人员子女提供线上家教、心理陪伴,等等。看着他们迅速集结、勇当先锋、敢打头阵的年轻身影,谁还会睁着眼睛瞎说他们缺乏社会责任感？

当今青年有技能会办事。早在抗疫初期，"饭圈女孩"就成为网上的一道特殊风景。如果说铁路、医务、建筑、教育等领域的"青年突击队"，主要由单位、行业等传统形态的组织系统组成，突击队员们从事的主要还是与本职相关的工作，那么，"饭圈女孩"们则主要依托松散的自组织，通过网络动员、募集资源等途径，参与抗疫行动。她们没有打出"青年突击队"猎猎作响的旗号，却也发挥了"青年突击队"的作用。她们在抗疫物资募集、捐赠组织、派送过程中，充分展现了自己在物料制作、活动策划组织、多方即时联络、多方力量整合等方面的丰富经验，不可忽视的号召力、行动力、管理能力，以及低成本、高效率、规范透明的行事风格等。这些不仅使她们参与抗疫斗争的行动更加高效，一定意义上讲，也为"青年突击队"丰富内涵、创新形式，提升工作的专业化水平，提供了非常有益的借鉴。

前不久，和一位青年研究专家聊起"饭圈女孩"。我提出，管理更多是纵向的，是依靠科层制，自上而下，或者自下而上的垂直体系来运行的。而治理，主要是通过横向的联合、整合互不隶属的组织和个人之间的力量与资源，共同完成某项工作。治理，尤其是在有现代信息技术加持的情况下，能节约大量人力物力成本。这些"饭圈女孩"的行为方式，一定意义上是未来社会行为方式的某种预演，对于社会治理的推进和不断完善，有着很强的借鉴意义。毫无疑问，"饭圈女孩"这一代年轻人在社会上挑大梁后，必将把她们这种低成本、高效率、规范透明的行动能力和行事风格，带到社会生活的各个领域中去，必将在很大程度上挤压科层制体系（官僚体系）运作的空间，必将在很大程度上使不规范、不透明的社会陋习受到更多的排斥。所以，未来值得期待！

"青年突击队"是一种发挥青年作用、教育青年的传统形式。

抗疫中的"青年突击队",既体现了组织有号召、青年有行动的传统特质,又展示了新时代的特点:当今青年积极听从社会召唤,热诚地以自己的技能和特长服务社会,回应社会需求。很显然,要推进新时代"青年突击队"建设,就必须在保持传统特质的同时,重视与弘扬新时代青年参与青年突击行动体现出的这些特点。

把握青年技能和特长。当今青年生长在物质生活条件十分优渥的社会环境中,大都接受过、经受着系统的教育。很多人有自己的特殊兴趣爱好,也有一些技能和特长。当今青年往往会以沉默对待行政命令,却不大会拒绝贴近其兴趣爱好、能够发挥其技能和特长、服务他人、奉献社会的机会。这是动员当今青年参加"青年突击队"的极其宝贵的主观条件。然而,当今青年有哪些具体的兴趣爱好、技能和特长? 如何了解和把握? 谁去把握? 从理论上讲,团干部是团员青年之友,在回应这些问题方面责无旁贷。他们理应深入团员青年之中,在零距离接触团员青年的过程中,全面深入地了解团员青年,尤其是基层团员青年个体和群体的实际状况、喜怒哀乐。只有这样,团组织和团干部才能对团员青年兴趣爱好、技能和特长等方面的状况心中有数,为推进"青年突击队"建设,特别是其专业化能力建设,做好必要的基础性工作。否则,遇到危机或重大事件,临时抱佛脚组建起来的"青年突击队",激情有余,其工作的专业化水平却往往难以得到保证。

完善"青年突击队"运行机制。"青年突击队"是应急的组织形态。虽然不是常设的正式机构,但其"突击"应急的性质,却要求"青年突击队"在需要的时候,拉得出,打得响。这就要求"青年突击队"借鉴民兵预备役部队等的做法,形成一整套完整、系统、高效的运行机制。

在新的形势下,"青年突击队"由具有不同兴趣爱好、技能和特长的团员青年组成,客观上吸纳了不同社会领域、社会阶层和文化圈层的团员青年。对于共青团组织来说，"青年突击队"不仅是自己建立、领导的青年组织，也是团组织联系多种青年外围组织的重要平台和抓手。因此，强化"青年突击队"运行机制，不仅有利于团组织更好地带领广大团员青年奉献社会，也有利于共青团更好地把握团组织与各种外围青年组织之间的关系。当然，这些问题需要另文深入研讨。

（子行空间，2020 年 5 月 22 日）

青春和"青春版"

　　这几年,闲暇散步的时候,喜欢戴着耳机欣赏一些扬剧唱段。那些唱段是从网上搜到的。几年听下来,翻来覆去搜到、听到的,主要还是一些名演员的作品。前几天,想听听新人的演唱,就用"扬剧新生代""扬剧新秀"等关键词上网搜索。偶尔看到一个扬剧"青春版"《百岁挂帅》视频。一看就放不下了。

　　据介绍,2007 年,为解决扬剧事业后备人才匮乏、断层问题,扬州文化艺术学校时隔 15 年再次开班招收扬剧学员。被录取的扬剧学员均由政府买单免费入学,并系统接受戏曲专业技能和基础理论教育。2014 年,其中的 13 名学员被送到中国戏曲学院表演系多剧种班扬剧班攻读本科学位。在扬剧历史上,从戏曲专业技能和基础理论多维度系统培养本科学历的演员,大概是不多见的。剧种的兴旺,往往是以优秀年轻演员的层出不穷为标志的。有了优秀的演员,一般就会有优秀的新作品。好演员和好作品相辅相成,相得益彰,往往就能把一个剧种带火。扬剧要振兴,同样需要大批优秀年轻演员。看来,扬州市扬剧界还是有眼光、有魄力、舍得花钱的。

　　这出"青春版"《百岁挂帅》大概是 2018 年上演的,算是这些 20 岁上下的年轻人本科毕业演出的作品。他们个个年轻靓丽,能唱能念能做能打,基本功很不错。天波府内脍炙人口的演唱有板有眼;十二寡妇出征时的金戈铁马,一招一式皆干净利索,给我留下了非常深刻的印象。从网上看过他们在戏校老师指导下,练习"小花枪""刨刀"等基本动作的视频。老师尽心尽责,他们自己也努力,基本功扎实也就顺理成章了。

记住了其中的几个小演员。第一位是彭楷仪。她演的是柴郡主。那一段"你不提发兵事倒也罢",韵味醇厚。第二位是赵倩。她演的是佘太君。这是我第一次见到她的演出。这个小老旦一出场,就把我给镇住了。她举手投足十分沉稳,演出了佘太君的沉稳、老辣、大气。《万岁爷你对杨家过于夸奖》那一段,我以前听惯了祝荣娟演唱的版本,乍听赵倩的演唱,还很不习惯。不过,一位20岁左右的女孩能够唱成这样,已经很难得了。第三位是李楚祺扮演的范仲华。李楚祺把这个丑角扮演得活灵活现。第四位是徐梦雪。这个小姑娘主攻花脸,在该剧中扮演八贤王。我看过她扮演杨白劳的视频。那一段"见喜儿沉沉睡好梦方成,她怎知今夜晚大祸临门",被她唱得荡气回肠。扬州市扬剧团副团长张卓南点评她的演出时坦言:"老师都被你感动了。相当投入。"

又在网上找他们毕业后几年演出的信息,有点失望,网上的信息不多。彭楷仪和赵倩的信息相对多一些,但也只有寥寥几条。其中,有赵倩演唱《杨开慧·绵绵古道连天上》的视频。这大概是在安徽天长市戏迷俱乐部组织的演唱会上演出的实况,不知道算不算商业演出。她没有穿戏服,算是清唱,好像也没有专业的乐队,只有电脑里的伴奏音乐。视频大概是戏迷用手机拍摄的,效果不好,镜头拉不近,看不到她的近景,更看不到她的特写。拍摄者周边嘈杂声不绝于耳。演出环境之不佳可想而知。网上信息少,一般与她们演出机会不多直接相关。可以想见,在剧团里面,她们这些职场菜鸟,一定算小字辈,目前还上不了大戏,更当不了主角。

平常日子里,她们大多数时间大概忙着练功,有机会就跟着前辈走走穴,参与一些唱堂会之类的商演,积累一点临场的经验,顺便挣点小钱。

走下《百岁挂帅》璀璨的舞台,置身戏迷活动、堂会等嘈杂的商演环境,他们这两年经历了怎样的人生场景转换?

他们青春逼人,手上攥着大把的时间。然而一年又一年,练练基功,跑跑龙套,唱唱堂会,走走穴,他们的大把时间、青春年华,还能剩下多少用在创作新剧目上面呢?

2011年3月5日,扬州举办了"扬剧大师李开敏从艺五十年晚会"。作为一代名演员,李开敏早已青春不再。然而,毫无疑问,作为扬剧艺术家,李开敏先生等优秀扬剧演员,在传承和创新方面均交出了优良的答卷,从而拥有了很长的艺术青春期。正是因为他们的努力,扬剧才避免各种灭顶之灾。现如今,扬剧旋律在扬州大小公园的亭台水榭里,在扬州人家寿辰婚嫁的堂会中绵绵不绝,如旱季溪流涓涓。李开敏先生等艺术家的艺术青春由此不断保鲜,不断延续。

作为本科层次的新一代扬剧演员,彭楷仪、赵倩们事实上承载着弥合剧团年龄断层、延续扬剧香火的使命,更肩负着让扬剧旋律的涓涓细流汇成浩浩汤汤大江大河的责任。彭楷仪、赵倩们不仅要把《百岁挂帅》等前辈艺术家的艺术"青春版",把那些令游子乍听便热泪盈眶的优美旋律传承下去,更要在《百岁挂帅》的基础上,创作出新剧目,把"大开口""小开口""梳妆台"和"银柳丝"唱给新的时代,唱向更大的空间。唯有创作出自己的新剧目,他们才能真正拥有自己的艺术"青春版"。有眼光、有魄力的扬州市扬剧界如何优化制度、环境,鼓励和支持他们打造自己的艺术"青春版"?

他们成长的道路还很漫长,未来还有很多课题、挑战等候着他们。自然,他们也可能遭遇种种坎坷。然而,李开敏先生等前辈艺术家漫长的艺术生涯中,坎坷少吗?

(子行空间,2020 年 03 月 14 日)

奋斗者是健康的

十多年前一个星期六的上午，我看到一位磨刀老人在我们楼下为左邻右舍磨剪子，戗菜刀。这种景象现在已经少见。我叫女儿带上相机，立马跟我一起下楼去采访这位老人。女儿那时候上初中，业余参加学生记者团活动。

说是老人，这位磨刀师傅其实也才60岁出头。他在安徽乡下老家是有几个孙子孙女，已经三代同堂，自我感觉已是老爷子。他从家乡来到上海松江，每天一大早离开出租屋，往市区方向沿街串巷，招揽生意。他说乡下有几亩地，种着很轻松，农闲来上海，帮人家磨刀赚点小钱贴补家用，攒点压岁钱，大年夜发给孙子孙女。他说，人总要做点事，赚多赚少不是最重要的。我女儿问，您每天要走很多路吧？师傅说，来回60公里吧。那么远！女儿倒吸一口凉气。师傅淡然一笑：习惯了。走走路，磨磨刀，不觉得远。

女儿据此写了一篇题为《磨刀老人》的文章，发表在一家少年报。后来，她参加"恒源祥杯"全国中学生作文大赛。题目是《路》。拿到题目，她一下子无从着手。但很快，她想到磨刀老人每天都要走那么多路，又想到他从小到老，栉风沐雨，养活一家老小。他的磨刀之路和人生之路，走得磕磕绊绊，却又踏踏实实。于是，女儿一下子找到了感觉，以磨刀老人的故事为基础，生发出了自己对走好人生之路的理解：每个人都要在自己的人生路上明确目标，踏踏实实，一步一个脚印，坚定走下去。她的文章得了上海赛区一等奖。

磨刀手艺今日已经式微。磨刀师傅走街串巷的景象今天也很少见了。但是，类似的平凡老人却随处可见。这些年，受影视媒体的导引，不少年轻人更多关注各路炫目的明星。其实，人生景象如明星台上般炫目者，既是少数，也只是片刻。况且，那些炫目和光彩常常是包装出来的。而大多数人都是磨刀老人般的普通人。普通人的人生景象常常是和艰苦奋斗紧密联系在一起的。带女儿采访磨刀老人，就是要让她从磨刀老人的故事中，接上真实生活的地气，感受普通人的艰辛和追求。

平时，我们坚持教导女儿从柴米油盐酱醋茶，从学习一些日常技能技巧中，感受生活的不易和奋斗的精神。显然，我们的教育是有成效的。她16岁考进西安交大，独自在西安生活了4年。毕业后，又去荷兰留学2年。几年来，她学会了照顾好自己，学会了督促自己完成各项工作。现如今，她又完全靠自己的努力，进入一家国际知名公司工作。据说，很多人进入这家公司一两年后就受不了压力而辞职。我们跟女儿说，在这家公司工作会很辛苦的。她说，在哪里工作都是辛苦的啊！

是的，都是辛苦的！她从磨刀老人等普通人的身上，已经感受到了生活的艰辛，也做好了迎接艰辛努力奋斗的准备。奋斗是一种健康的心态。她很健康！我们欢喜！

（《上海家庭发展》2019年第3期）

逼仄的青春世界

——《野宴》青年形象琐议

　　青年是社会的未来和希望,自然也是乡村的未来和希望。李景文先生的长篇小说《野宴》①塑造了一系列乡村青年形象,值得特别关注。

一

　　《野宴》中的芸芸众生中,青年给人们留下了深刻的印象。从全书看,主要青年人物包括戴维、荷子、月禾、冷艳、藕香、尤水、时毛毛等。这些青年又大致分为四类:戴维、荷子;月禾、冷艳、尤水;藕香;时毛毛等。

　　戴维与荷子是全书的男女主角,作者落墨最多。他俩一个帅气干练,一个秀外慧中,都正直、善良、有理想、有抱负。也许正因如此,他们一见钟情,再见生情,最终成为生死不渝的恋人。一定意义上讲,李景文在他们身上灌注了他对青春、对美好的珍爱之情。他们成为李景文心目中青春美好的化身、青春理想的载体。戴维是位干练的警察,但毕竟是个年轻小伙子,面对着村里"纠缠的净是些拎起来不像粽子,掼下来不像糍粑的事"(《野宴》,第

---

① 李景文:《野宴》,上海文艺出版社 2010 年 2 月版。

77 页），他其实是无能为力的。他非但得不到朗威风、赢不倒等上司基本、必要的支持，反而处处受到羁绊、掣肘和算计。面对赵押宝这样的老油条、月禾这样的心机女，他没有足够的经验与其周旋。他所拥有的，只有理想、热情和冲劲。在广袤的乡土中，他的理想、热情和冲劲实在微不足道，只是黑夜中萤火虫的一星半点微光。他非但不能完成清资任务，甚至连维护本来干干净净的自我形象都成为一种奢侈。他唯一能做的，只是最终把自己当成炮弹，在惩戒坏人的同时，粉碎自己。荷子是淤泥中生长出的清香荷花，在这片乡土中，有点卓尔不群。然而，她却更多只是一个被人们消费的传奇——乡亲们消费着她的名声，油腻男人们在猥琐想象和话语中消费她可望而不可即的美貌。她生长于这样一方土地，却无法在这方土地上生存发展下去。

月禾、冷艳、尤水都世故、圆滑。"机关算尽太聪明，反误了卿卿性命"，大概可以概括他们的基本情况。他们在乡土粘稠深厚的淤泥之中长大，举手投足之间，也散发着浓重的淤泥气息。他们的思维方式是乡土的，无论掺杂了多少新名词流行语语素；他们的行为方式是乡土的，无论上下包裹了多少时尚装束。从根本上说，他们的一切都受之于乡土，最终，他们也湮没沉沦于乡土。说他们成也乡土，败也乡土，当不为过。

藕香年纪轻轻做了少奶奶，也安于做一个少奶奶。然而，不思进取者，要安安稳稳一辈子做个少奶奶本来就不易，更何况她嫁给了时毛毛，所托非人呢。

在乡土中，时毛毛是个"官二代"，除了在父亲的余荫下为非作歹以外，他可谓一无所长，也一事无成。他不安于乡土，事实上也无法真正融入乡土。逃离乡土或许是他合乎逻辑的选择。

以野鸭乡为基本背景的乡土社会，实际上是朗威风、赢不倒、时局长们逐鹿杀伐的名利场。在这里，青春世界逼仄，青年没有多少生长发展所必需的空间,难成气候。最终,他们要么落荒而逃:戴维去广州追逃,荷子去北京读书;要么懵懵懂懂逃离乡土,比如冷艳。为了得到更大的"发展"空间,她舍弃戴维,跟着时毛毛去了广州,最终却是被人卖了还帮着人贩子数钱;要么亡命之逃,比如时毛毛;月禾、尤水、藕香留在了野鸭乡。然而,经历了野鸭乡的种种变故后,他们事实上只能在朗威风、赢不倒们争权夺利的缝隙中,苟延残喘。

20世纪80—90年代以来,越来越多的年轻人离开乡土,走进城市,登上建造摩天楼的脚手架,形成了中国现当代历史上规模空前的人口迁徙大军。青年越来越少,"386199部队"撑市面的乡土日益"空心化"。一代又一代青年背着蛇皮袋,背井离乡,仅仅是因为在城市更好赚钱、生活更舒适吗?《野宴》向我们描绘了那个年代乡土社会中青春世界逼仄的真实图景,向人们提供了一些很有价值的线索,有助于人们准确把握青年在乡土生存发展的空间日益逼仄与其逃离乡土之间的内在逻辑。我以为,这是《野宴》最重要的价值之一。

二

霍尔在《青春期》中提出,青少年是社会和历史发展的产物,是工业革命对有技术劳动力需求和教育的结果。工业社会出现以后,才有青年的存在。这样的见解难免令人狐疑——在人类发展的历史长河中,工业社会以来的数百年只占很小的一段。如果说青年是工业社会的产物的话,那么,在工业社会之前漫长的古代社会中,难道就没有青年,或者说,青年就没有自己的历史?我觉得这里事实上存在着混用"年轻人"和"青年"这两个概念的问题。毫无疑问,"年轻人"意味着人类个体正处于人生中的特殊阶段。

这个阶段是随着人类的诞生自然存在的。"年轻人"古已有之，而"青年"的出现则要晚近得多。很显然，"青年"是"年轻人"，但"年轻人"却未必就是"青年"。如果说"年轻人"是一个年龄意义上的概念的话，那么，"青年"则不只是一个年龄的概念。除了意味着年轻，"青年"还意味着一种特殊的生理心理特点、价值追求、文化特质，意味着与其他共时态群体之间存在着种种社会性差异。"青年"由"年轻人"转化而来，其意义却超越了"年轻人"。总之，"青年"不仅是一种年龄的概念，更是一种文化的概念。

问题在于，"年轻人"是如何转化为"青年"的？在传统社会里面，"年轻人"分散在各个部落和各个家庭里面，向家长、前辈学习各种生存和发展的技能。在此情况下，"年轻人"还没有体现出一种超越年龄的文化和社会阶层意义，还不是"青年"。"年轻人"转化为"青年"，与"年轻人"聚集的形式和组织形态（比如学校、工厂、互联网等其他平台）直接相关。通过聚集，原先分散的"年轻人"得以相互交流，相互启发，甚至相互冲突。在交流、启发乃至冲突中，其原本各异的思想情感、价值理念激荡在一起，以远超一加一等于二的态势逐步交融，从而融合形成了种种为聚集在一起的众多成员普遍接受和内化的新的思想情感、价值理念——青年文化诞生了。由此，"年轻人"聚集为一个新的社会群体，"青年"诞生了。

在野鸭乡，戴维、荷子等年轻人自幼通过学校等平台聚集，习得了许多远远超越各自家庭中所能给予的种种社会文化因子。比如戴维，作为一名公安学校毕业的学生，他的正直、善良、有理想和抱负等优秀的根性，无疑与他在家庭中所受到的长辈的影响有关，更与他学生时代在校园这个聚集平台上所受到的教育直接相关。他所受到的影响和熏陶使他在野鸭乡的青年中显得有些鹤立鸡群。但是，自从挂职做了野鸭乡乡长助理，他既失去了原先警队这个聚集平台,又难以和尤水、赵押宝、月禾们共同搭建出新的聚集平台。这就使他不可避免地陷于孤独之中,难以在和其他年轻人通过思想情感、价值理念的交流、启发乃至冲突中,涵养出新的思想情感和价值理念。幸运的是,戴维遇到了荷子。他俩同声共气,但毕竟势单力薄。野鸭乡的其他年轻人出了校门、回到故土以后,同样面临着原先在校园里形成的思想情感、价值理念非但不能继续生长发展,反而在日复一日的庸常生活中,一点点稀释、逐渐弥散的窘境。野鸭乡的年轻人分散在各个角落,除了学校和零星的企业单位,他们普遍缺乏聚集的必要平台。相对而言,野鸭乡的传统势力则根基极其深厚,又和权力混血,形成了由赢不倒、朗威风、时运飞等官人织成的密不透风的关系网,他们牢牢把持着权力和野鸭乡地面上的一切话语权。在种种关系网的强力挤迫下,野鸭乡的年轻人自然难有广阔的生存空间。事实上,在朗威风们的话语中,戴维等往往更多被称为"年轻人"。

青年生存和发展的空间是靠青年自己争取,而不是依靠前辈恩赐得来的。青年争取生存和发展空间的资本,主要就是文化资本。从固定电话,到 BP 机、小灵通、大哥大、手机、智能手机、互联网移动终端,随着社会的发展和技术的进步,青年在社会生活中的话语权越来越大。在父辈面对新款手机一筹莫展之时,今天的青年三下五除二,就能让新款手机炫目运行起来。今天的青年在很多方面,特别是在新技术新时尚领域,越来越多地对前辈进行着"文化反哺"。同时,随着互联网的发展,特别是智能手机融入人们的生活以后,线上线下的生活已经成为当代青年生活的两个主要场域。与线下生活相比,线上生活中,青年最大限度地脱离了成人世界的经验系统,生活在一个完全不同的世界中,形成了一套全新的话语体系。在这种情况下,成人世界的许多经验、规则、规矩等等,都很难再像以往那样,规约、限制青年的线上生活。与此同时,青年线上生活的状况和方式,也逐渐影响和渗透到了人们的线下生活中,并且在很大程度上左右着包括成人在内的人们的线下生活。总之,当青年群体发展出很多新事物、新业态的时候,前辈们瞠目结舌之余,对青年的看重乃至敬畏难免潜滋暗长,并且不可避免地在青年面前气短起来。

而在 20 世纪 80 年代末到 90 年代初的野鸭乡,BP 机还是时尚、过渡性、标志性的通讯工具,并没有太多技术含量和要求。野鸭乡的年轻人会使用 BP 机,朗威风和赢不倒,甚至赵押宝、大狼们都同样可以使用。戴维们拥有的,朗威风们或许早就拥有了。戴维们会的,朗威风们很快也会了,戴维等"年轻人"在朗威风们的心中还有什么稀奇的呢? 戴维们还缺乏对前辈进行"文化反哺"的更多资本和能力。缺乏能力,便缺少必要的空间;缺少广阔的空间,要么逃离,要么留在缝隙中苟延残喘。今天的野鸭乡大概早已被互联网和智能手机覆盖了。然而,还有多少青年留在野鸭乡呢?

通过围绕清资发生的种种人间悲喜剧,揭示野鸭乡青春世界逼仄背后的深层原因,这是《野宴》的又一重要价值。

三

李景文很善于讲故事。在情节线索的摆布方面,在场景的描绘和渲染方面,在以语言体现人物的个性方面,他都驾驭得十分自如,甚至十分老道。比如,戴维和荷子、月禾、花青菜一起"野宴"的场面,他的笔下杯盘乒乓、喉管汩汩、言辞机锋,写得煞是生动,活灵活现。这当然与李景文特殊的经历有关。李景文曾于1996 年到扬州江都小纪镇挂职,担任镇长助理,主要负责"清资"工作。挂职期间,他耳闻目睹了无数的人和事、很多的现象和细节,也体验到了很多的喜怒哀乐、悲欢离合。毫无疑问,这段生活经历构成了他写作《野宴》的重要基础。然而,虽然生活是艺术创造之源,艺术创造却并非对生活经历的简单记录,而是要"高于生活"的。所有人事实上整天都生活在"生活"中,艺术家和平常人一样,谁都不缺"生活"。艺术家之为艺术家,其最为重要的一种禀赋,就在于他能从"生活"——经验世界中创造出意象,以意象表达他对世界和人生的认识和感受。故事往往是经验世界的一种呈现形式,是意象存活的背景和土壤。意象之诞生,往往就意味着艺术家对经验世界进行了成功的整体把握。艺术家的所思所想都寓涵在意象之中。鲁迅先生的"阿 Q"和"人血馒头",都是一见心一动、再思思难透的意象,是艺术创造的经典范例。创造意象是艺术家整体把握种种现象和细节、情绪和情感的主要方法和途径,也是艺术家取舍、提炼的核心依据。如果说概念是社会科学家分析和把握世界和人生的主要成果的话,意象则是艺术家孜孜以求的核心目标。

就像有评论家所指出的那样,李景文"有很好的文学理论修养"。他深谙艺术创作的基本规律,对意象的提炼,有着非常强烈的理论自觉。因此,《野宴》不是李景文特殊生活经历的简单记录,戴维更不是李景文的化身。李景文并不满足于在《野宴》中仅仅展示野鸭乡的美食、野鸭乡生活中的种种琐屑。他更勉力去做的,还是试图用"野宴"作为一个核心意象,串联他心中那些发酵、融合了的现象和细节、情绪和情感。以"野宴"为意象,体现了李景文超越讲故事这一浅表层面,追求深层艺术意味的努力。问题在于,正如评论家所说的那样——"作者赋予标题的寓意的转喻功能还不够"。"野宴"这个意象还难以帮助人们更好地把握住李景文想要表达的认识和感受。

意象提炼的过程是一个极其复杂、微妙的过程。多年来,文艺心理学研究者们试图运用心理学的方法，对艺术家取舍、提炼各种经验中的素材的过程进行具体的研究，然而，以人们对人的精神世界这个小宇宙的现有理解能力，人们还难以真正说清楚这个过程的具体情况。毫无疑问，李景文当然不会对自己耳闻目睹的一切都照录不误，而是必然有所取舍和提炼的。那么，到他动笔创作这部小说之前，有哪些现象和细节、哪些情绪和情感被他过滤掉了？又有哪些被他保留了下来，与他经验世界中来自其他地方的现象和细节、情绪和情感拌合在一起，发酵、融合成为新的现象和细节、情绪和情感？他如何从种种新的现象和细节、情绪和情感中提炼出一个可以串联整体的意象的呢？对此，不仅读者难以搞明白，即使作者李景文自身也难以讲清楚。

我们或许只能从这本作品书名诞生的曲折过程，间接理解他提炼意象的过程。书名是作者对种种现象和细节、情绪和情感进行取舍和提炼的结晶，也是作者对自己作品的核心内涵、作品主要内容的基本价值判断和作品情感主脉的高度概括与整体把握的产物。据说，李景文先后想过以下几个书名——"清资""乳晕""裸奔的红蜻蜓""野鸭湖"，最终定名为《野宴》。书名变化的过程，清楚地展示了李景文对自己经验世界中的种种现象和细节、情绪和情感，不断形成新的整体把握，又不断根据新的整体把握进行重新取舍和提炼的过程。这个过程比较曲折。在我看来，这种曲折，从根本上说并非因为推敲文字，而恰恰因为他的整体把握一直处于变化之中，直接影响到了取舍和提炼。而《野宴》这个书名，其实也未必就意味着他的整体把握已经清晰、走向单纯，取舍和提炼过程已经结束。评论家间海燕指出："我总觉得《野宴》这个很好的标题，作者还没有完全把它的象征性提到一个很理想的境界，作者想把标题的象征性、隐喻性表现出来，但是表现得又不是太到位，就是说作者赋予标题的寓意的转喻功能还不够。作者表现了人生世界的失范、人们行为的无常这些状态,但作为全书标题并为作者认为紧贴小说主题的'野宴'这一主题词的象征意味还是稍嫌不足,作者未能就这一标题给出更多的意义空域和阐释维度。"诚哉斯言!"野宴"与清资何干? 与戴维、荷子、朗威风、赢不倒何干? 与人心、人性何干?"作者赋予标题的寓意的转喻功能还不够",我以为这与李景文的整体把握——他对"野宴"和作品中的种种人与事之间内在逻辑联系的把握尚未完成不无关系。据说李景文酝酿此书达 10 年之久。酝酿,其重点就在于整体把握即将写入作品的种种人和事之间内在的逻辑联系。这个过程很多时候十分漫长。加西亚·马尔克斯酝酿《百年孤独》长达数十年。很显然,对于李景文来说,这个整体把握、提炼意象的过程漫长而有些痛苦。就像他自己在"后记"中所说的那样:"这部小说搁置在我的案头已过了五年,它一直如鲠在喉,是我心中的痛!"

这样的"痛"来自李景文多年来心中的纠结。这种纠结就是:他最关注人心和人性,又最看重青春视角和青春世界,但如何把这两者无缝对接起来却并非易事。在不少场合,李景文坦言自己最关注人心和人性。扬州大学教授、著名诗评家叶橹也指出:"在我们的现实生活当中,的的确确有很多东西叫人无奈又没有能力去改变。""我觉得景文写这部小说,他的内心深处一定充满了很大的一种痛苦。"《野宴》透过权力、金钱、情欲等"野宴"场面,努力揭示人性的美好、丑恶和复杂。李景文成功地向我们展示了 20 世纪 80 年代末到 90 年代初这一变革时代中,绵延千百年的传统文化和新中国成立以后的"革命"文化如何交织、融合成为一种特殊的乡土文化;这种文化如何笼罩了野鸭乡的每一个角落,如何浸润出了人们独特的思维和行为方式,如何消解了共同价值的凝聚而使人心成为一盘散沙,如何侵蚀和挤压了戴维等青年身上所携带着的种种新文化因子呼吸存身的空间。然而,与此同时,在无意识中,李景文对青春视角、青春世界又特别看重。挂职时,李景文自身还是青年,对"野鸭乡"逼仄的青春世界,对戴维、荷子的挣扎,对月禾们的扭曲,有着切身的,甚至刻骨铭心的特殊感受。他把戴维和荷子等立为主人公,这就在事实上确立了一种独特的青年视角。然而,李景文对此视角的选择有多少自觉意识呢? 戴维等青年如同强力磁力圆心,李景文则仿佛被一股磁力吸引着一样,在说清资、谈琐事的过程中,时常不自觉地细细捋起戴维、荷子、月禾、阿秀、冷艳之间剪不断理还乱的情丝,花费巨量笔墨叙述、描写情爱、性爱。以致于有评论家甚至认为他"借清资的外衣来写情爱、写欲望"。此论虽然有些极端,却也揭示了李景文不自觉地被青春视角和青春世界强力牵引的事实。于是,一面是他有意识地揭示真善美与假恶丑之间的纠缠与冲突,一面又是他关注的天平更多无意识地向着野鸭乡逼仄的青春世界倾斜,时不时晃悠几下。如何用"野宴"这个还有些含糊不清的意象,把这两个方面——也就是李景文在后记中所说的"双向观照的复线视角"——更加有机、更加自然地整合起来,这也许是需要李景文继续"痛苦",继续提炼,勉力完成的工作。当然,这也是笔者写作这篇文字时最"痛苦"的地方。这是作者和评论者必然共同面对的问题。而笔者作为评论者,并不比作者更加高明。

（子行空间,2018 年 4 月 6 日）

翟天临学术不端事件的闲言絮语

一、光打死老虎其实很无趣

平心而论,翟天临犯的不是什么惊世骇俗的大事情。在当下,像他这样混个博士文凭的,大有人在,已经算是稀松平常的了。如果较真的话,当今政界,甚至学界,有多少博士是经得起推敲的?要推敲说容易很容易——从知网上查一查他们的博士,看一看其学术论文、学术成果的含金量;说不容易也不容易——那些文章是他们"亲自"写的吗?

翟天临无疑是个注水的博士。很多注水的博士也知道自己是水汪汪的,但他们选择了悄悄拿文凭,悄悄戴博士帽,悄悄穿博士服。与他们相比,翟天临就显得很轻浮了。他在网上晒他的博士装、博士后录取通知书,嘚瑟一番。面对网友的质疑时,还轻飘飘地问知网是什么?老话说得好,人轻浮,就有祸。翟天临这就倒了霉了。他不好好做人做事,倒在了自己的轻浮与嘚瑟上。

问题在于,翟天临何以会轻浮如此?除了演员喜欢表演,喜欢晒这样晒那样这种"天性"以外,跟他从根本上漠视规则,视规则如无物有直接关系。本来,他所在的圈子里面有自己的规则。这些规则,圈内人都必须谨守,不得破坏。至于圈外的规则,比如北电关于博士毕业条件的规则、毕业答辩的规范、招生的规定等等,都是圈外的,都是下位的,圈内的规则才是上位的。下位的难道不应该服从上位的吗？那个圈子的能量是非常大的。只要他们想要的，学位、名誉、地位、女人、金钱等等，运作一番都可以轻易得到，想要什么就有什么。长期混迹于这样一个圈子当中，翟天临必然很快就对圈内的种种规则烂熟于心，久而久之，就忘了还有圈外的世界，还有圈外的规则，圈外的规则是阳光灿烂的，圈内的规则则是见不得阳光的；就忘了博士学历学位是要多年寒窗之苦才能得到的。他把不可对外人道也的圈内便利当成了理所当然。得到了，晒一晒，给自己多圈点儿粉，也是理所当然。不过，他这一嘚瑟不仅害了自己，也害了圈内的大佬，让大佬们中间的种种潜规则被暴露了出来。他不仅成了圈外规则的破坏者，也成了圈内规则的破坏者？他还能在圈外延续这些年的风光吗？他还能继续享受圈内的种种好处吗？

圈子造人。一个把圈内规则凌驾于圈外规则之上的圈子，往往会让圈内人不知圈外天之高地之厚而无所畏惧。翟天临就是这样一个小圈子的产物。实事求是说，在那个小圈子里，翟天临只是个跟在大佬后面拣点面包碎屑的小角色。所以，翟天临该骂，但人们最该做的，不是只盯着这一只死老虎穷追猛打，而是把那些小圈子暴露在阳光下，像端野蜂窝一样给端掉。端掉北电的一个个小圈子其实不难，然而，小圈子端不胜端。这些年来，围绕博士帽早已形成了一个个小圈子。这些小圈子大都以权力为半径，由腿勤的秘书、屈膝的校长院长导师奔跑运作形成。这些小圈子事实上已经和各种官圈利圈勾连在一起，形成了一荣俱荣、一损俱损的利益链条。这些链条不仅紧箍着种种小圈子内部的利益，而且常常在需要的时候，突然展开，变成呼呼生风的铁链，毫不留情地打向一切可能有损于圈内人利益的人和事，让他们头破血流。翟天临已经认怂，群起而攻之，难免有打死老虎之嫌。

诸君痛骂翟天临时大义凛然，然而，面对那根串联一个个小圈子的铁链,你的眼睛是眨还是不眨?

二、太阳照样升起

> 资料:2019 年 2 月 19 日,北京电影学院再次就"翟天临
> 涉嫌学术不端"等问题发布调查进展。学校学术委员会与学
> 术仲裁委员会认定翟天临博士研究生期间发表的论文存在学
> 术不端情况。将撤销翟天临博士学位,及取消陈浥博士生研
> 究生导师资格,且二人均表示同意。其他问题目前仍在调查
> 中。(新浪娱乐)

在元宵节喝晚酒吃晚饭之前,卒丢出去了,卒和车都心安了。对于小卒子翟天临,博士文凭丢了,惩罚差不多也就到底了,第二只靴子落了地,还能咋样?今天晚上,翟天临会敷敷脸。前些日子,他没少往自己脸上狠狠招呼过:"叫你嘚瑟!"现在,做不成博士了,还得做演员。脸是演员的饭碗。尘埃落定了,得好好安抚安抚它。至于肠子被悔青了,那也没有办法,让青色慢慢地、一点点褪去吧。

对于很多的车们,有翟天临这个小卒子在前面吸引人们的注意,他们大可渡过险滩和激流,平安地着陆,放心地吃饭喝酒。觥筹交错之际,酒酣耳热之时,捎带着总结一番翟天临带来的教训,谋划一番取得各种顶子的新办法。在他们的地盘上,明天,太阳照常升起。

(子行空间,2019 年 2 月 21 日)

"钟美美"周边,水其实很深!

名叫"钟美美"的 13 岁东北男孩,近期接二连三引起公众关注。

先是他模仿老师的几段视频让一众网友乐不可支。这个初二学生的模仿能力超强。老师抱病上课、接主任电话、生气发飙、数落谈恋爱的同学等行为和做派,尤其是很多细节,被他模仿得活灵活现,惟妙惟肖。有网友留言称:"这孩子简直是'老师附体'了""从这个孩子身上看到了自己老师的影子""完美重现了小学到高中的老师""长大以后,可以进军娱乐圈,是个表演天才"。也有网友称其有"影帝级演技,影后级表演"。

其后,没多久,"钟美美"的大量视频下架。2020 年 5 月 29 日,"钟美美"曾发视频表示:我不想发那些了,我想换个风格,也是表演,但是不模仿老师了,我看他们挺多看腻了。然后,又有传言"钟美美"被当地教育局约谈。6 月 2 日,"钟美美"回应媒体称,被约谈是谣言,他以后还会有老师的模仿视频更新。当下,"钟美美"不再模仿老师,而去"模仿景区卖票员"和"盘点六一运动会的那些人"了。

至此,"钟美美"在我的心目中,还是一个善于观察、把握细节、聪明机灵的男孩。而视频下架的事实和他被约谈的传言,则又让人们脑补了一下他目下的处境:莫非恶老师、庸官员压制好孩子? 当地教育部门否认跟"钟美美"本人联系过,以及向他施压,但是,很多人认为,"钟美美"受压制虽然查无实据,却大概率是事实。很显然,一些老师从他的模仿中,看到了自己的影子,看到自己在学生心目中原来是这副尊容,心中一定不会很爽,更不会为自己的学生如此有才华而欣慰开心的。老师们不爽,官员也不会爽,问题就会很严重,就会在学生周遭形成一种大家都不爽的氛围。初二学生还很天真,很可能还感受不到老师和官员心中的不爽,但是,他的父母长辈大多可是饱经风霜老于世故的。他们会在老师和官员脸上露出不爽之前,便能预知到氤氲在他们心头的阴云和雾霾。他们往往会赶在老师和官员之前,先让孩子收敛、收手,甚至让孩子主动道歉。

不知道"钟美美"的父母长辈有没有赶在老师和官员之前让他收敛、收手?

孩子们的创造性,甚至天性就是这样被扼杀的。视频下架和"钟美美"的回应,或许提供了一个缩影和鲜活的案例。

我关注"钟美美",是因为他的模仿很真实。"钟美美"的模仿在包括我在内的许多网友中产生了强烈的共鸣。模仿,而不是创作,这就揭示了一个遮掩不了的事实:有些老师就像"钟美美"模仿的那样,不爱生、不敬业、不文明。集种种不可敬于一身的这种老师也许是少数,然而,这种种不可敬,却很难说就没有散见于不少老师身上。有种种不可敬在身,老师们如何让学生们从心底里尊敬他们?老师和父母长辈与钟美美们互为背景和环境。以这样的老师和父母长辈为背景和环境,钟美美们如何成长为有爱心、很敬业、讲文明的"时代新人"?

我关注"钟美美",还因为钟美美们很聪明。他们不仅会惟妙惟肖模仿大人,也极善和大人打交道。面对父母长辈的唠叨,甚至压制,他们常常表现得很乖巧,不会硬去顶撞。他们越来越善于跟父母长辈虚与委蛇,同时,会在心里筑上一堵墙壁,他们在墙里头,而把父母长辈关在墙外头。很多父母长辈抱怨孩子越大越不听话，越疏远隔膜。中间有墙了，当然疏远隔膜。

问题是，这堵墙是孩子单方面筑起来的吗？横亘在父母长辈和孩子之间越来越高的墙，实际上是父母长辈先打了根基，和孩子一起筑成的。父母长辈抱怨、唠叨，甚至以"我是你妈""我是你爸""我是你老师"等种种权力压制钟美美们的时候，就是带动孩子一起筑墙的时候；父母长辈要求孩子成龙成凤，对自己却放任自流的时候，就是带动孩子一起筑墙的时候。

钟美美们的老师多少有点躺着中枪的意思。然而，郁闷之余，是不是还得扪心自问，自己嘴角咧到后脑勺、唾沫飞上学生小脸蛋的那些姿态做派，在学生面前究竟有多少美感？自己何以会成为模特儿，为这个熊孩子"钟美美"提供了那么多不花钱的素材的？自己的所谓"师道尊严"是不是恰恰就是在带动学生筑墙？

不过，偶然从新浪网上看到的一则信息，却让我感到我其实很天真。让老师们"躺枪"的，未必就是"钟美美"。这则题为《男孩"钟美美"模仿老师走红被约谈？回应来了》①的文章说："记者试图通过账号上留下的电话联系钟美美，但是电话中一位自称是他经纪人的人称，钟美美利用空闲时间拍视频，平时还得上课学习。针对网传'被约谈''删视频'，上述经纪人没有回应，他说钟美美现在没什么问题，'活得好好的'。"

"钟美美"有经纪人？那些模仿老师的视频，是不是这个经纪人跟"钟美美"一起做出来的，或者，干脆就是经纪人策划、设计，让"钟美美"表演的？如果是这样的话，那么，模仿老师就不是孩子的游戏之作，而是一桩经过刻意设计、包装、营销的生意了；"钟

---

① 《男孩"钟美美"模仿老师走红被约谈？回应来了》，红星新闻，https：//news. sina. com. cn/o/2020-06-03/doc-iircuyvi6496412. shtml.

美美"就只是一个被经纪人牵着线的前台木偶。"钟美美"看上去,更像一个艺名吧;"钟美美"可能就要让很多点赞者失望了,他的所谓创造力、才华等等,可能就要打不少折扣了。谁也难以说清楚,其中掺杂了多少经纪人的创造力和才华。

2018年,中国社会科学院田丰研究员在《80后与05后:父爱老调重弹的逻辑演绎》①一文中披露:"一项在东北四线城市进行以小学生及其家长为对象的调查数据分析显示:接近七成的小学生有观看短视频或者直播的行为,有三分之一左右的小学生将来想成为游戏主播、才艺主播、搞笑主播等。"这个来自黑龙江鹤岗的"钟美美",是不是那些孩子中脱颖而出的一个?围绕着钟美美们,东北的一些四线城市,是不是已经形成了一条由经纪人、各类少年主播,以及挖掘、培养、包装、营销等构成的产业链?这些模仿老师的视频的出笼,是不是这条产业链的一次成功营销?

看来,"钟美美"周边,水其实很深!

(子行空间,2020年6月5日)

---

① 田丰,吴子洋:《80后与05后:父爱老调重弹的逻辑演绎》,《青年学报》2018年第3期。

不讲道理

我一直相信天下之大,大不过一个"理"字,有理走遍天下,无理寸步难行。所以,每每遇到一些明显不占理却又能够振振有词的人,我总是十分好奇:无理之时,他/她会怎么说话? 2016年元旦期间,一名女乘客在上海地铁上吃泡椒凤爪,数粒骨头残渣散落车厢,在遭到指责后,她与周围乘客产生言语冲突,还拿出手机与视频发布者对拍。看到这样的信息,我的好奇心进一步被激发:面对指责,她怎么说?

该女子的基本观点是自己没错,却受到别人的指责,"我"理应反击。其论据是:第一,地铁车厢是公共环境。既然是公共环境,"我"当然有权利用。第二,"我"只是在地铁车厢这个公共环境中进行一个"简单的饮食",补充一下体力。第三,"我"在地铁上吃凤爪,既没有产生大小便、香水、呼吸药等的气味,也没有把垃圾扔向别人。即使掉一两粒残渣,也没有影响到一步之遥的周围乘客。总之,"我"的行为完全没有影响到公共环境。第四,素昧平生的一男一女一少以人身挑衅的行为要求"我"改正一件没有犯错的事情,就差一点没打到"我"脸上,"我"当然有基本的警戒感或是自卫感,希望对方停止挑衅的行为。第五,对方拍了"我"的照片传到网上并大肆中伤,这客观上已经构成了对"我"的侵权。

当然,这几点是笔者为她总结出来的。毫无疑问,她的论据是避实就虚、含含糊糊的。其一,公共环境自有相应的规矩。在地铁上不能吃东西和扔垃圾就是一例,这已经成为人们的常识。对此,该女子避实就虚,并未正面回应自己是否违反了这一规矩和常识,只是反复强调自己"简单的饮食"行为没有影响到周围的环境。其二,含含糊糊,"很可能有一两粒碎屑掉到地上",用了个"很可能",既不断然否定,也不明确肯定,含含糊糊中力图小事化无。其三,偷梁换柱,强调吃凤爪没有散发大小便、香水、呼吸药等气味,故意虚拟一些极端情况,以凸显自己行为影响的微不足道,从而混淆和掩盖自己行为性质的恶劣。照此逻辑,偷猎者如果强调自己射杀的只是一只藏羚羊,而不是人类,也可以逃避法律的严惩了。其四,把别人的指责偷换为对自己的人身攻击,强词夺理。一言以蔽之,她的论据不足以支持自己的观点,观点自然也就难以站得住脚了。无理却依然强词夺理,毫无认错之意,这就是不讲道理。

有意思的是,《新京报》近日发表的《一包凤爪背后的地域歧视与文明》中,作者的基本观点是应该反思的不是鸡爪女而是歧视外地人的上海人。其依据是鸡爪女只是微不足道的个案,而把这起小小的地铁摩擦上升为舆论事件,则反映了上海人喜欢给外地人贴标签,搞地域歧视的不宽容。说实在话,阅读这样的文字,除了看到论点和论据之间的同义反复以外,实在读不出多少理据。这样的文字只有邪乎情绪的宣泄,而无有理有据的论证。一句话,也是不讲道理的。

不讲道理一方面固然与那些人思维混乱有关,但更与其为了一己私利、罔顾社会公德、罔顾规矩规范直接相关。不讲道理是一些人在自己糟蹋出的道德废墟上混世的一大法宝。当今社会中,人际冲突之时,网络骂架之时,渎职贪腐官员应付质询之时,不讲道理的现象屡见不鲜。当然,很显然,凤爪女在地铁上的不讲道理更多是一种应急反应,并非事先设计了台词和 pose,精心准备好的。但应急反应,恰恰能够说明她耳濡目染之下,早已养成了不讲道理的习惯。遇到对自己不利的情境,这种习惯就使她条件反射地信口雌黄。

不讲道理的人多了,社会就会成为秀才遇见兵有理讲不清的社会。生活在这样的社会环境中,是一件令人悲哀、忧虑,甚至恐慌的事情。对待那些不讲道理的人,如我这般呆里呆气地讲道理,也非良策。应该让他/她也遇见兵——兵者,按照法律法纪实施严格的惩罚也。若对凤爪女施以重罚,将其旁若无人吃凤爪、对他人恶语相向的尊容公之于众,使之一夜成名,看她还敢不敢继续强词夺理。

今天,她已经成名。成名后,她是不是变得讲道理起来呢? 不得而知。

(子行空间,2019 年 1 月 26 口。写于 2016 年 7 月)

不讲道理是"喷子"的通病

中戏女教师尹珊珊最近在网上狂喷《战狼2》,提出了它的"五宗罪":

第一宗罪是没人性。反政府军见人就杀,没有政治觉悟和信仰,吴京心理变态;第二宗罪是过于暴力。场面太暴力,不适合孩子观看;第三宗罪是毫无逻辑,例如雇佣军杀雇主,谁来给佣金啊?她不理解;第四宗罪是人物设置不合理。怎么不合理?她没细说,只是讲张翰这个人物设置十分荒唐且愚蠢;第五宗罪是剧本太垃圾。她把《战狼2》和美国的《勇闯夺命岛》进行比较,认为《战狼2》根本不值得一提。美国人塑造的反派更立体,美国电影能带来反思,因此,美国电影更伟大,而《战狼2》则是垃圾。

对一部电影,自然是仁者见仁、智者见智,每个人都可以有自己的看法。不过,任何一种看法的表达,都应该包括这几个要素:第一,你的具体看法是什么,也就是你的观点是什么?第二,支持你观点的依据(论据)是什么?你的论据包含哪些事实,按照什么逻辑进行?第三,怎么样把你的论据和你的观点有机地结合起来。一般来讲,这是人们发表看法时必须具有的几方面内容。

就此而言,尹珊珊更多地只是在罗列"五宗罪",却疏于证明这"五宗罪"是如何成立的。她说这部影片没人性,那何为人性?影片中如何表现得没人性?反政府军应该有什么样的政治觉悟和信仰?政治觉悟和信仰与人性何干?对此,她未作说明。她说剧本垃圾，那么垃圾在哪里？她说这个故事没有任何的真实情感，不能流芳百世。这是不是剧本是垃圾这个基本判断的依据和理由？这部电影刚刚出来，凭什么说它不能流芳百世？对这些问题，尹珊珊只是在讲自己的看法，却没有必要的依据。

她"狂喷"的腔调和做派在当今社会中其实是人们早已司空见惯的。因为她的"狂喷"代表了现在很多人的通病。这种通病就是一些人喜欢说自己的"看法"，而他的"看法"往往是笼统含混的，落到纸上稍稍细看，是东一榔头西一棒，不明确、无联系的；他的"看法"很抓人眼球，甚至耸人听闻，却常常缺乏依据，只是在胡说八道。简单说：有"看法"，无依据，其实是不讲道理！不讲道理是"喷子"的通病。

网上有人讲现在的教育问题很严重，让年轻人崇洋媚外了。在我看来，还远远谈不到崇洋媚外的层次。中戏女教师"狂喷"所反映的问题主要并不在于崇洋媚外，首先还在于她的基础太差。虽然拥有了博士文凭，但思维水平、认知水平很低。只有莫名其妙、并不清晰的所谓"看法"，连观点都不明确，更谈不上过硬的论据了。没有明确的观点，只能不知所云；没有过硬的论据，只能胡说八道。有人说，她作为一个中戏教师在评论一部电影的时候，应该提出一些专业性的意见。说实在话，这对于她来说，勉为其难了。

（子行空间，2017 年 8 月 18 日）

资源匮乏：三和青年①的面子和里子

田丰携其弟子林凯玄新近出版了一本好看的书《岂不怀归：三和青年调查》②。蒙他赐书，近日拜读，感受良多。

三和青年的生存状态，直接源于其生存资源的匮乏。资源匮乏既是他们的面子，也是他们的里子。

首先是维持生命所需基本资源的匮乏。三和青年常常处于无食无衣无居的凄惨状态。这种状态的核心问题就是维持生命所需基本资源的匮乏。

其次是其赚取维持生命所需基本资源能力的匮乏。这种能力实质上就是一种资源，大致可分为体力和智力两个方面。从体力上看，他们年轻，却未必一定力壮。长期漂泊的生存状态，不合理的作息，饥一顿饱一顿，营养不良，经常露宿街头的生活条件，使其体能状况并不能成为他们在人力资源市场上抢手的特殊资源。从智力上看，他们至少接受过小学、初中教育，有些人可能还接受过高中教育，然而，他们大都缺乏必要的劳动技能训练，既不能稼穑，又不能操控机械设备进行工业生产；他们身处信息时代，是互联网

---

① "三和青年"是一群在深圳三和人力市场找工作的年轻农民工。他们居住在人才市场周围的城中村里，以"日结"（每天结算报酬的工作）为生，常常是"做一天玩三天"。他们对身无分文、失去工作、过一天算一天的状态没有多少不安，彼此之间经常以此调侃，甚至鄙视有稳定工作的人。

② 田丰、林凯玄：《岂不怀归：三和青年调查》，海豚出版社 2020 年 7 月出版。

时代"原住民"中的一员，却缺乏来自三和以外的关于青年成长、人生发展的更多信息。他们只能通过三和的劳务市场和三和青年间的道听途说，捕获一些被中介和人力公司垄断的招聘、三和地区住宿等方面的信息。如此，他们既无薄技在身，又缺乏其他可以换来钱的信息、点子、经验等等。他们甚至还比不上那个年少的"业务青少年"见多识广、经验老到。这就使得他们只能依靠出卖体力的简单劳动，通过日结这一简单方式，换取少得不能再少的资源，使自己未来数日能够在锱铢必较、精打细算中继续活着。

最后是其自强不息改变自身命运的意识、斗志、勇气等方面的匮乏。意识、斗志、勇气等都是人类生存发展所必需的重要资源，也是人类自身成为"万物之灵长"的重要原因。三和青年大多懒散，"只要身上还有吃饭的钱就不去找工作"。因为缺乏意识、斗志、勇气，他们"把自己视作被城市抛弃的人群，他们指责工厂、中介黑心，实际上都是在为脱离社会寻找足够有说服力的理由"。"他们普遍对学习技术持抵制态度，且有一套说辞：如果去学技术和知识，首先要有一定的资金，没资金哪儿来的工夫学知识学技术？如果是跟着别人干活学技术，不发工资我们活不下去，倒贴钱让我们学人家肯定不愿意。""如果政府或有关机构提供免费培训，他们是否愿意学？他们语出惊人：'自己已经老了''懒散了这么多年，离开学校就再没学过什么'。""他们大多把人生艰辛归因于社会的阴暗，抱怨缺少后台、背景和关系，很少有人检讨自己对学习的抵制和妄想不劳而获的态度。"这就是他们的里子。

同样混迹于三和地区，那位年仅 18 岁的"业务青少年"，之所以可以吃穿不愁，可以住单间，可以每天一身光鲜地来到三和谈"业务"，与他有了十分明确的人生目标，有了依靠努力改变自己命运的意识、斗志、勇气直接相关。这种意识、斗志、勇气，是他获取生存，乃至谋求发展的资源的资源。比起那些不思进取的三和青年,他其实也就多了这么一点点资源。

更加深层的问题显然在于,同样是当代青年,这些三和青年何以未能从小就养成这种意识、斗志、勇气? 家庭、学校、社会,在给予这些孩子衣食住行基本资源的同时,何以未能帮助他们集聚起改变自己命运的意识、斗志、勇气等更加重要的资源?

这些更加深层的问题,就是里子中的里子了。

(子行空间,2020 年 8 月 28 日)

让留守儿童走出爱的缺失

这两天正值春节返程高峰。返城务工人员成为这波人潮的主要构成群体。日前，媒体上刊发了一组留守儿童与父母分别的照片，那场景令人心酸不已。对于这些孩子来说，年过完了，意味着又一次漫长的别离与等待。

这两年，有关留守儿童的悲剧时有发生，也引发了社会高度关注。国务院日前印发《关于加强农村留守儿童关爱保护工作的意见》，要求从家庭尽责、政府主导、全民关爱、标本兼治等多个方面入手，全面加强农村留守儿童关爱保护工作。这个意见很及时，为保护关爱留守儿童支起了一片天空。《意见》中所提及的几个着手点，既涉及当下各方治标之力，又考虑到了长远发展这一治本之策。问题在于，谁来整合各方治标之力、谋划与推进长远发展？很显然，政府主导乃是关键。政府主导既与其他三者并列，又对其他三者具有督促、整合、谋划和推进的作用。

留守儿童问题的背后，往往都隐含着孩童的无助、家庭的无力、弱势者生存艰难等复杂问题。帮助他们是人道要求，也是人类社会良知的体现。政府一方面要督促个别忽视监护子女职责的父母担起责任；另一方面，要整合多方力量，帮助那些有心无力的家庭落实好各种应对之策，解决孩子留守后的生存、安全和发展等实际问题。代表社会呵护好留守儿童，正是政府体现其社会良知守护者价值和作用的重要载体和途径。这几年屡屡发生的捞尸事件中,人们不仅声讨漫天要价者,也对相关政府部门提出了尖锐的批评,这恰恰体现了人们对政府充分发挥主导作用,更好地守护社会良知的期盼。

社会事务,既关乎当下,又涉及未来。从当下看,社会的条线、块面、群体和个体之间存在着许多缝隙,需要政府适时整合凝聚、跟进补位。在社会成员越来越原子化、社会越来越碎片化的今天,政府的整合凝聚、跟进补位功能更加重要。这是政府社会事务管理职责中的应有之义。留守儿童面临的问题,恰恰是家庭、学校、社会之间的许多缝隙所造成的。

留守儿童是一个社会问题,也与社会未来发展息息相关。因此,解决这个问题,不能头痛医头、脚痛医脚,必须进行统筹考量。李克强总理指出:"最重要的,还是通过推进农民工市民化、引导扶持返乡创业就业等措施,从源头上减少留守儿童。"这就提出了破解农村未来发展、留守儿童等问题的治本之策。而实现这一点,需要各级政府谋划和协调好地方经济社会发展的大计,特别是城乡协调发展、城镇化稳步推进等问题,使当下与未来发展之间柔滑啮合,顺利对接。

当然,政府主导并不等于政府包办,在解决留守儿童的问题上,政府还是应该充分整合发挥各种资源的作用,帮助留守儿童及其家庭排忧解难。社会是个卧虎藏龙之地,蕴藏着极其丰富的人财物资源。只要政府善于整合,关爱保护农村留守儿童的工作完全可以形成众人拾柴火焰高的局面。

有人曾经说过,如果没有全体农村留守儿童的幸福,数千万个普通家庭的小康就会打折扣。能否妥善解决留守儿童问题,关乎城镇化进程中的"补短板"成效。正如《意见》中所指出的:"农村留守儿童问题是我国经济社会发展中的阶段性问题,是我国城乡发展不均衡、公共服务不均等、社会保障不完善等问题的深刻反映。"问题的解决不可能在一朝一夕间完成,对于困难要有充分的估计,但是切不可旁观,更不能驻足不前。从小处实处落手,群策群力,让留守儿童走出爱的缺失、保护的缺位,这恐怕就该从当下开始做起吧。

(《解放日报》,2016 年 2 月 18 日,笔名:子行)

让青年生得起、愿意生、生得出

自古以来,年轻人洞房花烛夜之后,人们就期待着未来某一天,新房内会飘出婴孩响亮的啼哭声。这种心理预期是人们在漫长的历史中,由无数水到渠成的经验积累形成的。然而,现如今,在不少人家,婴孩的啼哭却未能如期而至。一些数据令人有些揪心:自 2016 年国家开放二胎政策以来,我国人口出生率不升反降。2017 年比 2016 少生了 53 万人,2018 年比 2017 年又少生了 223 万人。2019 年,全年出生 1 465 万人,人口出生率为 10.48‰,是我国自 1949 年以来出生率的最低值。这样的状况为人们始料不及,引起了党和政府的关切。

青年是人口再生产的主力军。人口出生率的高低,与青年的现实状况,尤其与不少人面临着生不起、不愿生、不能生的尴尬直接相关。

生不起。这和今日生育孩子的开销越来越大直接相关。2009 年,有学者通过实证研究提出:"孩子消费的支出占普通家庭消费的 40% 至 50%。"2010 年,上海青年研究中心公布的研究成果显示,因育儿经济压力大,近七成上海青年不愿生二胎。国家统计局发布的相关数据显示,2017 年出生的一孩 724 万人,而二孩数反超一孩 159 万人。这是推行"全面二孩"政策以来,二孩出生数首次超过一孩出生数。数据显示,新夫妻的生育意愿低于已生育过的老夫妻。《中国青年报》2018 年的一项调查中,90.6% 的受访青年认为生育二孩需要社会提供扶持……李克强总理在十三届全国人大三次会议期间披露，"有 6 亿人每个月的收入也就 1 000 元"。如此低收入水平的人口中，不乏青年。他们养育一个孩子都很困难，遑论两个？

不愿生。智联招聘发布的《2017 年职场妈妈生存状况调查报告》称，数据显示，超过 4 万名首访职场女性中，有一半职场女性尚未生育。主要原因是生育对女性在职场中的发展会产生较大的负面影响，不少女青年由此不敢轻言生育，甚至不愿生育。

不能生。中国人口协会 2012 年的调查显示，中国的不孕不育者已经超过 4 000 万，中国育龄夫妇的不孕不育率从 20 年前的 3% 攀升到近年的 12.5% 左右。在快速增长的不孕不育患者中，25 岁至 30 岁的青年居多。毫无疑问，不能生困扰着不少青年，已经成为出生率下降的重要原因之一。

青年生育状况直接影响到我们民族自身的存续发展，必须得到全社会的充分关注。要透过青年生不起、不愿生、不能生等现象，把握其背后潜藏着的青年价值理念、生活方式不尽合理，以及食品安全、环境保护、社会支持不够有力等各方面的深层次原因。在此基础上，把促进青年生得起、愿意生、生得出作为一项国家层面的战略性工程，从强化社会政策建设入手，加大在教育、医疗、住房、女性职业发展、日常照料等多方面支持的力度，系统谋划，整体推进。唯有如此，才有更多新生婴儿响亮的啼哭，成为民族复兴的嘹亮号角！

（《上海家庭发展》2020 年第 4 期"卷首语"，发表时题为《响亮婴啼与民族复兴号角》）

及时鼓掌 且慢欢呼

今年的全国两会上，团中央专门提交了《关于将青年发展相关内容纳入国家"十四五"规划的提案》（以下简称《提案》）。这一举动在全团引起很大反响，激起掌声一片。窃以为，对团中央提交这一提案，我们应该及时鼓掌，但，且慢欢呼。

全国两会是我们国家政治生活中一年一度的大事，是谋划、部署经济社会发展大计的最重要的平台之一。在这个平台上，经济社会发展的各种重要议题在这里讨论、审议通过，各种社会阶层的呼声和意见在这里汇聚、互动。把青年发展的议题提交到这样一个平台上，为青年像妇女、儿童、残疾人等群体那样，赢得全国人民更多关注和更大支持，这体现了这一届团中央领导集体对青年发展的关心，对服务青年、引导青年、组织青年职能的担当，对自身代表亿万青年参政议政这一特殊角色的珍惜。所以，要为共青团中央领导和共青团、青联界别的委员代表们的有担当及时鼓掌。

自1997年青岛市尝试编制青少年发展规划以来，"十五"至"十三五"期间，全国各地纷纷展开编制、实施青少年发展规划的探索和实践，努力将青年发展规划作为专项规划列入经济社会发展规划体系。各地的探索和实践，为2017年4月《中长期青年发展规划（2016—2025年）》的制定和颁布，积累了丰富的经验。《提案》的提交，在这种探索和实践过程中具有重要的标志性意义。国务院参事室特约研究员、中国青少年研究中心原党组书记、主任郗杰英作了精辟的概括："将青年发展相关内容列入国家层面的总体规划时机已经成熟了。"所以，要为各地编制和实施青年发展规划的探索和实践及时鼓掌。

然而，鼓掌之余，且慢欢呼。

团中央提交的《提案》能否被会议采纳，青年发展的相关内容能否被列入国家层面的总体规划，会后能否得到落实，尚须代表、委员们讨论、审议。所以，且慢欢呼。

青年处于人生的起步阶段，经济基础薄弱，经验不足，人脉不广……生存和发展所需物质和精神资源的短缺是这个阶段的重要特点。青年生存和发展中的种种问题是果，资源短缺和匮乏则是因。要促进青年发展，就必须让青年得到必要，乃至全方位充足资源的支持和保障。制定青年发展"规划"，如果不从资源配置和支持入手，是难以帮助青年破解种种生存发展问题，实现促进青年发展目标的。把青年发展相关内容列入国家层面的总体规划，关键还在于从国家层面对青年发展予以制度性的资源配置和支持。《提案》提交，甚至被采纳后，能否为青年发展整合到更多制度性的资源支持，尚不得而知。所以，且慢欢呼。

青年发展是个漫长的过程。对青年发展的资源配置和支持，必须是源源不断、制度化进行的。资源的配置和支持历来涉及不同的利益主体和利益关系。要使青年发展源源不断地得到更加充分的资源支持，就必须以相应的法律制度予以保障。而法律制度的核心问题是对人们之间的利益关系，尤其是资源控制、分享等方面的权力和权利进行明确规定。这需要不同利益主体在局部利益和整体利益、当下利益和长远利益等方面的问题上，达成高度的共识。毋庸讳言，事实早已证明，人们之间的利益关系，尤其是资源控制、配置、分享等方面的权力和权利的明确，往往都要经过不那么顺利，甚至很艰难、很漫长的"博弈"过程。《提案》被采纳后，何时能有一揽子服务青年、引导青年、支持青年的具体政策出台、实施,尚难预料。所以,且慢欢呼。

在当今社会中,青年作为骨干和核心力量直接影响着新兴、朝阳产业的发展;作为主要发动者,直接影响着社会生活的面貌和风尚;作为主导性消费群体,直接影响着社会的生产;作为具有较高收入的社会阶层,在社会生活中具有了越来越多的话语权。种种因素的叠加,使他们已经成为我们现实社会生活的代表性,乃至于标志性阶层。对这样的现实,不久前的《后浪》热情洋溢地作了几乎算得上前所未有的确认。然而,"后浪"们更加在意的,却是自己如何走出正"深陷其中"的迷茫、忧伤、压力、痛苦等。这是促进青年发展必须特别关注的重点问题!

(子行空间,2020 年 5 月 27 日)

做"清澈和纯粹"的团干部

在庆祝中国共产主义青年团成立 100 周年大会上,习近平总书记回顾了共青团百年奋斗史,对共青团组织、团干部和广大中国青年提出了殷殷期望。其中,他要求"团干部要铸牢对党忠诚的政治品格,高扬理想主义的精神气质,心境澄明,心力茁壮,让人迎面就能感受到年轻干部应有的清澈和纯粹"。学习习近平总书记的讲话,我认为他向团干部提出的"清澈和纯粹"的要求具有特别重要的意义。

一、什么是"清澈和纯粹"?

什么是清澈? 清澈,形容清而透明;澈,指水清。清澈不是一个新词,今天却因为拥有感人故事背景而体现出了特殊的意义。2020 年 6 月中印边境对峙事件中,00 后战士陈祥榕坚守国境线,寸步不让,壮烈牺牲。生前,他曾经写下八个字的战斗口号:"清澈的爱,只为中国!""清澈"由此成为新时代青年中的一个热词。什么是纯粹? 原意指不掺杂异质物质。清澈和纯粹两者之间有着紧密的内在联系。因为纯粹、没有杂质,因此清澈、心境澄明。纯粹是内在依据,清澈、心境澄明是外在表现。当然,纯粹是相对的。纯粹并非成分单一的"纯之又纯",而是有机、有序融合多种成分的结果。对于领导干部来说,无论经历了多少挫折、打击,他依然保持为人民服务的初心，依然把为人民服务放在首要、核心位置。这样的人就是纯粹的人，就是毛泽东同志在《纪念白求恩》中所说的那种"毫无自私自利之心"的、"一个纯粹的人"。

"让人迎面就能感受到年轻干部应有的清澈和纯粹"，这样的表述既生动形象、很接地气，又情真意切、语重心长，充分体现了中国共产党赞美青春、爱护青年的特殊感情；从一个侧面体现了中国共产党对百年来共青团前赴后继奋斗历史的崇高评价。

二、如何才能"清澈和纯粹"？

习近平总书记要求广大团干部，"要自觉践行群众路线、树牢群众观点，同广大青年打成一片，做青年友，不做青年'官'，多为青年计，少为自己谋。要培养担当实干的工作作风，不尚虚谈、多务实功，勇于到艰苦环境和基层一线去担苦、担难、担重、担险，老老实实做人，踏踏实实干事。要涵养廉洁自律的道德修为，心有所畏、言有所戒、行有所止，不断锤炼意志力、坚忍力、自制力，做一个一心为公、一身正气、一尘不染的人。"习近平总书记不仅从"群众路线""担当务实""廉洁自律"等多个方面阐明了"清澈和纯粹"的基本内涵，也深刻揭示了"清澈和纯粹"与三者之间内在的逻辑关系：团干部只有坚持走"群众路线"，只有"担当务实"，只有"廉洁自律"，才能真正以"清澈和纯粹"的"清新形象"更好地服务青年，从而更好地引领和组织青年，有效带领广大青年听党话、跟党走。

三、"清澈和纯粹"与去"四化"

习近平总书记在讲话中强调"群众路线""担当务实""廉洁自

律"这几个方面，体现出了很强的现实针对性。现实生活中，一些团干部无心做青年友，一心只想做青年"官"。他们的心灵里哪里还有空隙容得下广大团员青年的需求、年轻干部的责任担当、人民公仆的廉洁自律！达·芬奇说："眼睛是心灵的窗户。"一些团干部心灵充满了瓜连蔓引、食宿相兼的种种杂质，与纯粹早已沾不上边。眼睛再年轻，眸里也射不出清澈、澄明的光。少数团干部的言行严重挫伤了大多数团干部一心一意推进共青团工作的热情。

2014年底，党中央发出关于加强和改进群团工作的通知。2015年2月，中央巡视组向团中央反馈巡视意见时提出共青团要去"四化"。这样的意见无疑是切中肯綮的。毫无疑问，"机关化""行政化""娱乐化""贵族化"问题在一些团干部身上或多或少都有所表现。"四化"的核心问题在于一些团干部忘记为人民服务的初心，只想做青年"官"，不愿做青年友；只为自己谋，不为青年想。一些团干部不够"清澈和纯粹"，既是"四化"的结果，也是"四化"阴魂不散的原因。

习近平总书记要求广大团干部"让人迎面就能感受到年轻干部应有的清澈和纯粹"，这实际上就是一种提醒和告诫：共青团组织去"四化"强"三性"依然在路上，任重而道远。

四、"清澈和纯粹"与"从严治团"

不久前颁发的《新时代全面从严治团实施纲要》提出，要用五年左右的时间，"通过持续努力，全面树立新时代共青团清新形象"。什么样的形象是新时代共青团组织的"清新形象"？很显然，"清澈和纯粹"就是对新时代共青团组织"清新形象"的最好解释。共青团组织的"清新形象"，来自团干部、团员、团组织的共同塑造。其中，团干部必须在新时代共青团组织"清新形象"树立的过程中发挥主导、模范作用。团干部只有在思想、能力和作风等各方面努力做到"清澈和纯粹",新时代共青团组织的形象才能"清新"起来。

强化基层普通青年的监督评议作用。要使团干部保持"清澈和纯粹",把心思集中到不断强化服务青年,从而更好地引领和组织青年,有效带领亿万青年听党话、跟党走上来,共青团组织就必须认真落实《新时代全面从严治团实施纲要》等文件提出的各项要求,勇于自我革命,从严治团。《新时代全面从严治团实施纲要》提出了许多举措。比如,形成"共青团信息公开工作机制""建立分级督查督导的工作机制""开展青年评议的工作机制"等。实事求是地看,这些举措都很实、很具体,具有很强的可操作性。问题在于,如何在实际工作中严格执行并不断完善这些机制?尤其是如何真正做到"把青年的满意度作为衡量团组织工作成效的重要参考"?如何保障基层普通青年在督查督导中的知情权和话语权?事实上,基层青年从团组织的服务、引导等工作中有多少获得感,对团干部是否"清澈和纯粹"最有发言权。因此,强化基层普通青年的监督评议作用是促进团干部保持"清澈和纯粹"的关键环节。

强化对团干部选拔任用的管理。团干部是团工作的主体力量,也是党政干部的重要来源。近年来一些党政干部违法犯罪的事实警示人们,必须严把团干部的选拔任用关。团组织对此显然有着较为清醒的意识。《新时代全面从严治团实施纲要》提出,要"始终坚持新时代好干部标准",从"改革完善团干部的选拔、培育、管理、使用机制""严管团的领导机关干部""加强团干部教育培训""改革考核评价机制""建立团干部工作目标责任制,健全团干部问责和监督执纪机制"等多方面建章立制入手,"着力锻造忠诚干净担当的团干部队伍"。"忠诚干净担当"的就是"清澈和纯粹"的。毫无疑问，这些举措都是在总结经验、吸取教训的基础上提出的。问题的关键还在于落实。只有把这些举措真正落到实处，并不断完善，才能促进更多"清澈和纯粹"的团干部健康成长，在推进党的青年工作的过程中建功立业。

（发表于 2022 年 5 月 16 日"上观新闻"。发表时有删节）

《规划》落地关键在于资源落实

　　国家《中长期青年发展规划（2016—2025）》（以下简称《规划》）是中华人民共和国成立以来首次制定出台的国家层面的青年发展规划，无疑具有重要里程碑意义。《规划》颁布以来，人们普遍叫好的同时，更加关注"规划"的各项内容如何真正落地这一问题。只有将"规划"的内容一一落地生根，才能开出青年积极发展的鲜花硕果，使"里程碑"意义得以历史地确证。而将"规划"落地的关键，在于落实青年发展所需种种资源的支持。资源是一切有助于人类个体和组织生存与发展、工作和事业推进与提升的各种主客观条件。缺乏必要资源的支持，青年发展难免步履维艰，甚至成为空话。

一、资源落实是推进青年发展的前提和关键

　　青年群体人数众多，是一个十分庞大的群体。根据对 2013 年全国 1‰抽样数据未经加权的估算，学者们提出，我国 14～35 岁青年人口约为 44 940 万人，占全国总人口的 33.03%[①]。由约 4.5 亿青年组成的这个庞大群体，被人们戏称为"按绝对人数已一跃成为

---

　　① 邓希泉：《中国青年人口与发展统计报告（2015）》，《中国青年研究》2015 年第 11 期。

世界上的'第五大国'"。毫无疑问,对于中国社会的当下和未来发展来说,这样一个年轻力壮、生气勃勃的群体是极其宝贵的基础性资源。需要指出的是,由于青年尚处于人生的起步阶段,他们面临着生存和发展中的许多问题与困难。而资源短缺——经济基础薄弱,经验不足,人脉不广等,则是造成诸多问题和困难的根本原因。不久前,洛阳青年与广场舞老人之间发生冲突,其重要原因之一就在于青年活动空间这一发展资源的短缺。现实生活中,不少青年成为"宅男""宅女",也往往与其周边学习、交友、娱乐等方面的资源短缺有关。因此,青年自身生存发展也需要资源,亟须得到各种物质、精神资源的大力度支持。

青年群体庞大,资源需求巨大而短缺。国家制定"中长期青年发展规划",其根本目的是促进青年更好地发展。笔者在《中长期青年发展规划的资源意义解读》[①]一文中指出:"促进青年发展,资源问题居于十分重要的地位。"因此,"从资源支持入手,可以有效破解与满足'青年的现实问题和迫切需求'。对于青年及其人生发展来说,资源支持,是雪中的温煦炭火,也是肥马的鲜嫩夜草。""规划"落到实处的前提和关键,在于资源支持首先要落到实处。

二、资源支持先要对准青年需求

由 4.5 亿青年组成的庞大群体,必然意味着其生存发展的资源支持面临着极大的困难、问题和压力。青年生存和发展的资源需求,主要集中于身心健康、教育、思想发展、就业创业、婚恋、休闲娱乐、社会参与、权益维护等多个方面,既包括物质资源,也包括精

---

① 刘宏森:《中长期青年发展规划的资源意义解读》,《中国青年报》2017 年 6 月 5 日 B2 版。

神资源。物质资源往往可以量化,较好把握,而精神资源则常常不太好把握。比如青年发展所需的思想资源,往往难以量化,把握的难度不小。广大中国青年通过家庭、学校和社会等多种途径的持续灌输、教育,通过教材、课本等载体和形式,在中国特色社会主义政治、思想理论资源的滋养下成长。这些政治、思想理论资源构成了青年思想世界的重要内容。然而,面对纷繁复杂的社会现实,面对充斥于线上线下、现实和虚拟空间中的种种社会思潮,青年难免会有困惑。要帮助青年破解这些困惑,就需要更加优质、更加丰富的思想资源。

要使资源支持落地,人们首先就要对青年群体资源需求的状况做到心中有数。唯有如此,资源支持才能做到有的放矢。值得注意的是,青年是动态变化中的概念,其生存和发展的需求也处在变动不居的状态之中。因此,要准确把握青年的资源需求状况,就必须开展广泛深入的调查研究。

在调查研究过程中,要重视对不同青年群体资源需求状况的了解和把握。对社区青年、农村青年、流动青年等亚群体资源需求状况的把握是其中的一个难点。他们是青年群体的重要组成部分。多年来,由于管理系统不够明确具体等原因,他们一定意义上成了管理中的盲区,其信息常常难以被准确掌握。而他们中的不少人恰恰是资源匮乏者。这就要求有关方面在通过自上而下的行政体系进行调查、统计、研究的同时,深入社区和相关企业,实地排摸这些青年的实际情况,努力减少对其相关信息和情况的疏漏,为把他们纳入资源支持系统打好基础。

要使调查能够真实反映实际状况,青年发展指标的研究制定真正切合实际,不仅需要发挥专家的作用,精心设计,认真实施调查研究方案,更需要有关方面坚持走群众路线,真正深入青年群体之中。毫无疑问,在深入青年群体、收集、整理、分析相关数据和信息,全面准确地把握青年需求,为党政部门给予青年发展资源支持提供必要依据等方面,共青团组织责无旁贷,也大有可为。

三、资源支持要落实到具体工作之中

促进青年发展涉及到社会的方方面面。中央各部委、各地区党政部门掌控并拥有分配、整合、使用各种资源的权力和便利,在落实对青年发展的资源支持方面,无疑责任重大,具有举足轻重的作用。质言之,以资源支持促进青年发展,是各相关部委和各地区党政部门职责和工作的题中应有之义。

要使"规划"真正落地,一要看各相关部委、各地区党政部门把推进青年发展的内容分解、细化为党政工作要点和日常工作中的哪些具体工作内容和项目;二要看各相关部委、各地区党政部门工作要点中,是否明确了对促进青年发展相关项目资源支持的具体内容。明确资源支持的具体内容,这是各相关部委和各地区党政机构落实"规划"要求的最重要的体现与途径。因此,工作要点等政策文件中有关资源支持的具体内容,是考查党政部门促进青年发展有无实实在在举措的重要指标和重要考查点。光有口号、项目,却无资源支持的具体内容和具体举措,落实"规划"要求、促进青年发展就难免落空。比如,相关部委、地方党政部门的工作要点中,只有包含了制定和完善"强化体质健康指标的硬约束"(这是制度资源),以及有序推进的具体安排;只有包含了积极整合资源,"在城乡社区建设更多适应青年特点的体育设施和场所,配备充足的体育器材,方便青年就近就便开展健身运动"的具体措施和步骤,才是积极主动促进"青年健康"。再比如,相关部委、地方党政部门的工作要点中,只有包含了"推动完善促进青年就业创业政策体系"的具体内容;只有在"实施青年就业见习计划""推动青年投身创业实践""加强青年就业权益保障"等方面,明确和落实了人、财、物等各种必要资源支持的内容,才是在促进"青年就业创业"领域有所作为的重要体现。

"规划"提出,"对本规划实施情况"要"进行年度监测、中期评估和终期评估"。检测评估的重点和关键,显然在于各相关部委、地方党政部门为青年发展提供资源支持的实际状况。接下来的问题是谁来监督、检测和评估?我以为,最权威的监督、检测和评估来自青年群体。青年受益,青年满意,青年发展就是"规划"真正落地的最好体现。青年是生命力、生长力最旺盛的群体。只要给予他们必要、及时的物质资源和精神资源支持,他们就会茁壮成长,长势喜人。

（《中国共青团》2017 年第 7 期,总第 413 期）

"青年为了"与"为了青年"的复调演进

——五四运动一百年的启示

五四运动一百年来,为了促进民族解放、国家富强、社会发展、人民幸福,"'五四一代''大革命一代''抗日一代''解放一代''建国一代''改革一代'等不同时代广大青年",积极投身新民主主义革命、社会主义革命和建设、改革开放的伟大事业中,前赴后继,屡建功勋。同时,一代又一代中国青年在波澜壮阔的百年奋斗历程中,经了风雨,见了世面,健康成长。"对于中国青年来说,五四运动具有特殊意义。其特殊意义之一,就是在五四运动前后,中国青年第一次以社会先锋——'新青年''进步青年'的群体形象,登上了中国社会发展的前台。"这里,一方面,是"青年为了"促进社会变革和发展前赴后继,建功立业;另一方面,则是社会变革和发展"为了青年"搭建舞台,使他们成长为社会变革和发展中的重要生力军乃至主体性力量。回首五四运动以来中国青年发展的历程,我们可以清楚地看到,这一百年,既是"青年为了"的一百年,也是"为了青年"的一百年。如同两个既各自独立、又相互依存的旋律,"青年为了"与"为了青年"有机结合,协调演进,同步展开。从这个意义上讲,一百年来中国青年发展的历程,就是"青年为了"与"为了青年"复调演进的历程。

"青年为了"与"为了青年"之间的关系,其实质是手段和目的的关系。手段和目的是人类活动中两个互相联系的因素。借助于一定的手段实现一定的目的,这是人类活动的一个重要特点。其中,目的是人类行为所追求的未来结果,从根本上决定着人们行为的方式、途径。手段在实现目的的过程中则具有不可或缺的功能意义。缺乏手段的支持,目的无以实现和成立;缺乏目的的指引,手段也缺乏方向和意义的支撑;一般情况下,手段先要成为目的自身,才能更好地发挥作用。"青年为了"意味着青年是手段,"为了青年"则意味着青年是目的。五四运动一百年来,"青年为了"与"为了青年"复调演进的历程,留下了许多可资后世借鉴的重要启示和宝贵经验。

一、"青年为了"唱响百年青春颂歌

"青年为了"指青年是一种手段,或者具有手段意义。担当、使命、责任、义务、作用、价值、功能等,都是"青年为了"作为一种手段的意义的别样表达。其实质是指青年在社会变革和发展过程中发挥着特殊的重要作用。五四运动一百年来的事实充分印证了这一点。

(一)重视青年特殊作用

青年处于人生最年轻力壮的时期,反应敏锐,有热情,有朝气,易于接受新事物,往往走在社会活动与社会运动的前列,发挥特殊的不可或缺、不可替代的作用。对中国青年在社会变革和发展中的作用,梁启超、陈独秀、李大钊等都给予了高度重视,都在不同的篇章中热情讴歌了青年和青年的作用。"中国共产党自成立始就非常重视青年之于政党的价值、功能和作用。""青年是中国共产党的始终依靠和赢得的对象。"江泽民指出:"我们党历来高度重视青年,始终把青年看作祖国的未来和民族的希望。毛泽东同志曾生动地把青年比作早晨八九点钟的太阳,指出青年是整个社会力量中的一部分最积极最有生气的力量。邓小平同志也指出，青年一代的成长，是我们的事业必定要兴旺发达的希望所在。"胡锦涛指出："我们党的队伍里始终活跃着怀抱崇高理想、充满奋斗激情的青年人，这是我们党历经 90 年风雨而依然保持蓬勃生机的一个重要保证。"胡锦涛强调："一个有远见的政党，总是把青年看作是推动历史发展和社会前进的重要力量。"2018 年 5 月 2 日，习近平在北京大学考察时要求："新时代青年要乘新时代春风，在祖国的万里长空放飞青春梦想，以社会主义建设者和接班人的使命担当，为全面建成小康社会、全面建设社会主义现代化强国而努力奋斗，让中华民族伟大复兴在我们的奋斗中梦想成真！"所有这些，都体现了中国共产党对五四运动一百年来，中国青年在促进社会变革和发展中作用（"青年为了"）的精到概括、高度重视和认同。

（二）发挥青年特殊作用

五四运动一百年来，中国青年通过扮演很多重要角色发挥了其手段作用。主要包括以下几种角色：

冲锋陷阵的战士。毛泽东认为青年学生在五四运动中起了先锋模范作用，开始成为唤起民众的先锋队。一百年来，在青年运动、国内革命战争、抗日战争、解放战争和抗美援朝中涌现出以青年为主体的无数英雄、烈士，为争取民族解放、国家独立抛头颅洒热血，功勋卓著，已经形成了高山仰止的英雄、烈士长廊。

经济建设的先锋。主要包括在社会主义建设中涌现出来的劳动模范、革新能手、青年突击队，以及以"新长征突击手""中国十大杰出青年""青年岗位能手""中国青年五四奖章""优秀团员""青年创业奖""农村青年致富带头人""青少年科技创新奖""优秀青年志愿者""优秀少先队员和辅导员""大学生自强之星""最美青工"等获得者为代表的优秀青年。

道德风尚的楷模。主要包括体现了社会主义社会所崇尚的新道德、新风尚的先进分子。其中,以雷锋为代表和标志的一系列青年典型人物,都以先进青年的美好社会形象,对全社会道德风尚的优化产生了极大的影响。

攻坚克难的能手。如陈景润、女排姑娘、在各行各业事业发展水平提升过程中发挥了不可或缺,甚至主要作用的青年。

志愿服务的模范。主要包括积极参与各类志愿服务活动,在多种重大社会建设和社会活动中发挥不可或缺作用的青年。

……

有为才有位。因为一百年来在社会变革和发展中发挥了不可或缺、不可替代的重要作用,中国青年"不再仅仅是跟在长辈身后唯唯诺诺的后生小辈,而是已经具有了被社会特别而广泛关注的群体地位,成为中国社会生活和社会发展过程中的重要角色,甚至主角。"[①]

需要特别关注的是,一方面,21世纪以来,当代青年已经成为骨干乃至于主体性力量,引领、推动着当今许多朝阳产业的发展;作为主要发动者,有力推动着当今社会生活面貌、风尚的变化和更迭;作为主流性、主导性的消费群体,有力推动着当今中国社会生产和社会经济的发展……现实昭示人们,"在以现代信息技术等新兴经济、文化产业为基础的社会条件下,青年,不仅仅代表着未来和希望,也越来越多地代表着我们所面对着的现实。"[②]另一方面,由于人口变化等多种因素的综合影响,中国青年未来将承担更大的责任。联合国秘书长青年特使艾哈迈德·欣达维指出:"只占中国人口总数20%的青年人群,肩负着其他80%人口的未来。"踏着

① 刘宏森:《"新现实":当代青年代表着未来,也日益代表着现实》,选自《读懂当代青少年》(上),华东理工大学出版社2019年3月版第5页。

② 刘宏森:《"新现实":当代青年代表着未来,也日益代表着现实》,选自《读懂当代青少年》(上),华东理工大学出版社2019年3月版第3—4页。

五四一百年来前辈青年的足迹，当代中国青年一定会在实现"两个百年"奋斗目标的征程中，谱写"青年为了"更华彩的乐章。

二、"为了青年"谱写关爱青年心曲

目的和手段之间的关系十分复杂。手段常常是人针对自己的某种目的创造的。在一定时空条件下，手段本身需要得到精心打造，即某种手段的创造本身往往首先是目的。唯其如此，手段本身才能在人们追求和实现另一个新的目的的过程中大显身手。磨刀不误砍柴工。刀是砍柴的手段。只有首先把刀磨得又快又光（目的），刀才能更好地发挥砍柴（手段）的作用。青年处在特殊的人生阶段，在生理、心理、思维、学识、从业、婚恋、兴趣、爱好、娱乐等多方面，普遍有着特殊的要求和权益，需要得到社会各界的特别关注和相关资源的支持。青年是手段，但首先是目的。只有首先更好地"为了青年"，也就是按照国家和社会发展的要求、结合青年的特点，更好地培育、呵护、关爱青年，促进他们首先在德智体美劳等方面健康发展，才能更好地实现"青年为了"。青年只有具备"为了"的坚实基础——强健的体魄和充盈的精神世界，才有能力在社会变革和发展过程中发挥更大的作用。"党和国家事业要发展，青年首先要发展。"关爱青年，促进青年发展，应该受到前瞻性重视、全局性支持。

（一）"为了青年"成为共识

五四一百年来，青年及其发展越来越受到社会多方面的关注。比如，给青年提供更多更好的受教育机会，就是社会关爱青年的重要方面之一。20世纪上半叶，晏阳初、陶行知、邰爽秋、梁漱溟等学界著名人士，"拒绝政府的高薪职位，抛弃舒适的城市生活，脱下长衫，下到农村基层，创办学校，推行平民教育事业"，让一切失学青年都有机会上学,甚至上大学①。中国共产党成立以来,一直注重对青年的教育和培养。党的教育方针注重把培养合格接班人和建设者放在极其重要的位置。2018 年 9 月,在全国教育大会上,习近平提出,教育要把培养社会主义建设者和接班人作为根本任务,培养一代又一代拥护中国共产党领导和我国社会主义制度、立志为中国特色社会主义奋斗终身的有用人才。这就为"为了青年"指明了方向。

同时,中国共产党还十分关注青年特殊的利益。毛泽东1938 年与世界学联代表团谈话时指出:中国青年们的特殊任务是什么?就是争取自身的特殊利益,例如改良教育与学习等等。中华人民共和国成立后,中国共产党从教育、卫生、就业等多方面关心青年成长发展,形成了全党关注青年、关心青年、关爱青年,倾听青年心声、鼓励青年成长、支持青年创业的局面。习近平在庆祝中国共产党成立 95 周年大会上强调,各级党委和政府要为青年驰骋思想打开更浩瀚的天空,为青年实践创新搭建更广阔的舞台,为青年塑造人生提供更丰富的机会,为青年建功立业创造更有利的条件。

(二)青年发展成就斐然

五四运动一百年来,中国青年在经风雨见世面中茁壮成长。特别是改革开放 40 年来,"改革开放深刻改变了中国,也深刻改变了中国青年一代,从根本上为青年发展拓宽了空间、创造了条件,推动青年在报效祖国、服务人民、奉献社会的过程中实现着自身的成长发展。"

当代青年发展取得的成就是多方面的:青年基本生活条件不

---

① 郭衍莹:《我所亲历的民国时期平民教育》,http://www.yhcqw.com/34/12616.html。

断改善，物质生活水平显著提升，极大提升了青年一代的健康水平。青年整体受教育程度处于我国历史上最好水平，综合素质得到极大提升。青年就业机会更加充分、选择更为多样，创新创业活力和顽强奋斗精神充分彰显。青年精神文化生活丰富多彩，发生了翻天覆地的巨大变化，青年的文化创新活力竞相迸发。青年展现出强烈的社会责任感，社会参与热情高涨、参与渠道不断拓宽。青年国际交往日益频繁，更加理性自信地认识世界、走向世界。团中央第一书记贺军科认为："中国青年发展水平实现了质的跃升，在教育、就业等青年发展的核心领域，已经超前于我国经济社会发展的总体水平，可以说是实现了优先发展的一代。这为我们国家和民族未来发展储备了最重要的潜力、积攒了最强大的'后劲'"。

三、落实"规划"实现青春中国理想

青年尚处于求学时期、职业初期，人生刚刚起步，因此，不同时代的青年普遍面临着经济基础薄弱、经验不足、人脉不广等现实问题。这些问题使他们的生存和发展面临着很多困难。身处全球化和科技发展一日千里的新时代，相对于前辈青年，当代青年视野更开阔，对生存发展资源的认知更多元，需求更多样。正如党的十九大报告对我国社会主要矛盾的表述那样，当代青年同样面临着生存发展的特殊意愿和需求与资源支持和保障的相对匮乏之间，存在着不可忽视的矛盾。这是亟须打破的瓶颈。

（一）让青年得到更多资源支持

现实生活中，青年在教育、健康、就业创业、文化生活、社会参与、权益保护等方面面临着种种问题和困难。这些问题都直接关系到青年的生存和发展。从根本上讲，这些问题的产生都与资源短缺和匮乏这一深层原因直接相关。因此，联合国秘书长青年特使艾哈迈德·欣达维说:"要应对和解决这些挑战,我们必须在年轻一代身上投入更多。这是保持发展步调的关键。""对于青年及其人生发展来说,资源支持,是雪中的温煦炭火,也是肥马的鲜嫩夜草。前些年,人们在对青年优先发展问题的讨论中,对此已有深刻的认识:促进青年优先发展,首先就是'资源分配上的优先'。"需要指出的是,对于青年发展来说,资源、投入不仅仅意味着物质和资金的支持,而是要让青年共享到更多改革开放的成果,从物质和精神等多方面,让青年得到必要,乃至充裕的资源支持和保障。

(二)将"规划"要求落到实处

2017年4月,党中央、国务院制定出台了《中长期青年发展规划(2016—2025年)》。"这是新中国历史上第一个青年发展规划,是指导新时代中国青年发展事业的纲领性文件,在我国青年发展事业进程中具有重要里程碑意义。"其里程碑意义主要就在于国家把动员全社会力量"为了青年",纳入了制度建设的轨道。

需要指出的是,青年发展所需资源散布于社会的方方面面,需要协调好各种利益关系,整合好各个党政部门、群团组织和社会的资源力量。《规划》提出:"在党中央统一领导下,设立推动规划落实的部际联席会议机制,共青团中央具体承担协调、督促职责。"这就明确了共青团在整合资源过程中的特殊作用和功能。共青团组织要更好地发挥这种作用,一要善于走近、走进青年,准确把握青年心声和诉求,并及时反映给相关党政部门,取得理解、达成共识;二要充分发挥团组织参政议政的功能,从政策制度、法律法规的制定和完善层面,强化青年发展的政策制度保障;三要善于整合党政部门、群团组织和社会方方面面的资源力量。

政府是社会良知的守护者、社会事务的主持者、各种社会资源的主要掌控者,在强化法律制度建设,努力打破现行资源管理体制,形成适应青年发展实际需求的资源配置和管理新体制,更好地

"为了青年"方面起着主导性作用。各级政府要强化"为了青年"的意识，从年度工作计划、实事项目、财政预算和其他资源整合、引导全社会达成"为了青年"的共识等多方面入手，把"为了青年"落到实处。唯有党政和全社会共同努力，才能更好地形成"为了青年"和"青年为了"复调演进的良性循环，从而为实现"两个百年"奋斗目标，为使李大钊等革命者热望的青春中国理想化为现实，奠定坚实的基础。

（《党政论坛》2019 年第 5 期，发表时题为《"五四精神"与青年发展》）

及时的提醒和鞭策

2017年8月26日,群团改革工作座谈会传达了习近平总书记对群团改革工作的重要指示。习近平强调,各群团组织要结合自身实际,紧紧围绕增强"政治性、先进性、群众性",直面突出问题,采取有力措施,敢于攻坚克难,注重夯实群团工作基层基础。这里,直面问题、攻坚克难和夯实基础是几个关键词。直面问题是基础和前提,有力措施是手段,夯实基础是目的。对于共青团改革来说,在2015年党的群团工作会议召开2周年之际,习近平的批示实际上是对共青团改革的一种提醒,一种鞭策。

首先,要看一看团的凝聚力是否有效增强了。共青团改革是群团改革的重要组成部分。其基本目标是共青团能更好地组织、凝聚和带领亿万青年跟党走,充分发挥生力军作用,为实现中华民族的伟大复兴作出贡献。自2015年以来,各地共青团组织积极响应党的号召,努力推进改革。上海、重庆两地先期试点积累了不少经验,逐步在全团推开。现如今,很多地方的团组织机构大幅精简了;"1+100"、挂兼职形成了制度,团干部和基层团员青年的联系多了;团组织新的工作项目纷纷出台了:服务青年创业创新、爱心暑托班、百万青年成长计划、青少年爱国主义主题教育活动、青年中心建设、团队衔接、青少年公益志愿行动、青少年海内外交流、青年就业启航……然而,一家饭店,菜单再精美,菜名再炫目，大厨和小二再忙碌，若端不出几道好菜，终是枉然。各地团组织纷纷推出的改革措施，在更好地凝聚广大青年方面，究竟发挥了哪些作用，取得了哪些实效？这才是共青团改革最为核心的方向性问题，需要各级团组织头脑清醒，紧盯不放，避免"买椟还珠"的现象。

其次，要看一看服务青年是否被放在了应有的基础性位置。长期以来，团组织在广大青年中的吸引力和凝聚力不高、团工作有效覆盖面不广等问题困扰着共青团。破解这些问题难以毕其功于一役。我们应该清楚地看到，只有真正赢得青年的信赖和认同，团组织才能在青年中逐步形成更大的凝聚力和影响力。而要赢得青年的信赖和认同，共青团就必须充分发挥其职能，使广大青年从团组织和团工作中真正受益。多年来，团的职能被归纳为组织、引导、服务和维权等四个方面。从逻辑上讲，共青团长期面临着的一些问题，与团组织职能的发挥不够充分直接相关。值得人们思考的是，团组织职能的发挥为什么不够充分？在我看来，这与人们对四大职能相互间逻辑关系把握上存在着一些问题不无关系。一般情况下，人们往往把四大职能视为并列的关系。然而，稍一辨析，我们就可以发现，这四大职能之间并非简单并列的关系，而是有着目的与手段之区分的。其中，组织职能（即把广大青年组织起来听党话跟党走）是团组织和团工作的基本目的。而服务、维权、引导等则实现"组织"职能的主要手段。只有通过服务、维权、引导等，才能有效地把青年组织起来。同时，服务、维权又是引导的手段，引导更具有目的意义。也就是说，只有服务好青年、更好地维护青年的合法权益，才能更好地引导青年，最终才能更有效地组织青年。因此，服务青年是基础，是共青团组织在广大青年中有更大凝聚力和影响力的关键。共青团改革就是要使服务青年真正落到实处，使青年不断增强对团组织的信赖和认同，从而不断增强团组织的凝聚力和影响力。

因此，考察两年来共青团改革发展的情况，固然要看团组织和团干部深入基层、联系青年的情况，固然要看青年中心的硬件和台账，要看各种工作项目的方案，更要看团组织和团干部把握青年实际、回应青年需求、服务青年发展的现实状况，团组织和团干部向广大青年提供了哪些服务和帮助，以及广大青年对这些服务和帮助的真实认知、感受和评价。

最后，要看一看《中长期青年发展规划》落地的实际情况。服务青年需要得到多方面资源的支持和支撑。而资源支持不足，使团组织在服务青年过程中，往往处于有心无力、力不从心的状态。这是共青团长期面临着的突出问题之一。今年上半年，国家发布了首个《中长期青年发展规划》。《规划》明确要求党政和全社会必须为青年发展提供必须的资源支持和保障。从根本上说，"规划"是共青团改革非常重要的配套文件，其重要意义之一，就在于使青年工作、青年发展有了资源支持的制度性保障。在此情况下，共青团理应乘势而上，全力以赴，积极争取党政部门和社会各界的支持，努力实现"规划"内容和要求的落地，构建资源支持网络和体系，切实增强团组织为青年服务的能力。具体而言，就是团组织要主动出击，在党政的支持下，把各项改革举措和"规划"的落实紧密结合起来，捋顺方方面面的资源关系，把纸面上的各种资源，转化为广大青年真正看得见、感受得到的种种实际利益和帮助。在这些方面，团组织做得怎么样了？

党的群团工作会议召开两年来，各级共青团改革纷纷展开、逐步推进。构建资源支持网络，强化服务青年能力，切实增强团组织对广大青年的凝聚力，所有这些方面，都要求团组织和团干部们狠抓落实。改革需要抓落实，而不能做虚功。做虚功不仅浪费时间和大量资源，而且会使改革方向跑偏。因此，在共青团改革正从试点走向全面推开的重要时刻,习近平总书记的重要批示,既是对各级团组织的一种及时提醒,也是对狠抓改革举措落实的一种及时鞭策。

(2017 年 9 月)

卷 二

近观青春

现成饭，好吃！

2020年春节，女儿煎炒炖炸，做了午餐和晚餐，我们吃上了现成饭。好吃！

和千家万户一样，这一段日子，我们宅在家里避疫，没有多少事情，就琢磨一日三餐吃些什么。做什么菜，需要了解每个人的口味，也需要想象力，这是一件颇费脑筋的事情。我们做饭做菜，年复一年，虽然总想变些花样，但难逃思维定势，做来做去也就那些花样，放来放去也就那些调料。女儿算厨房新手，却给我们带来了新的口味。比如牛羊肉，我们一般习惯红烧白煮，她却弄出多种花样：烤羊排、干锅牛肉、涮肉片。一年到头，我们家的烤箱长期休息。她掌勺后，烤箱就结束了休假，忙着烤羊排、烤红薯。除了牛羊肉，她做的菜品中还多了牛蛙、鳝筒之类。这些食材平时是不大进入我们家厨房的。我们做菜主要依靠葱姜蒜、老抽生抽调味。她做菜用的调料很是不同。一阵锅铲叮当，孜然、豆豉辣酱、沙司、花椒、蚝油等的香气满室氤氲开来。

她让我们家的餐桌上不再只有老几样撑市面，而是新美味唱主角。

对她有一手好厨艺，我们并不奇怪。前几年，她在欧洲留学。每天攻读之余，她都要自己动手解决一日三餐问题。不多久，她渐渐哑摸出做菜的乐趣和门道，尝试着变换花样。欧洲城市中有不少华人开设的超市，里面有一些基本的中华料理调料，老抽生抽、镇江香醋、广东蚝油、贵州老干妈之类。偶尔还有一些冰冻基围虾。她采买一点回来，做一顿红烧肉、茄汁大虾。她还像很多年轻人一样，按照电视上、网络上的一些信息，学做蛋挞、饼干等网红点心和菜肴。我曾经在一篇小文章中说过："孩子进入托儿所以后，事实上就开启了在很多方面与家长愈行愈远，成为一个独立个体的过程。孩子的种种变化更多是在家长视野之外发生的。"确实如此。我家的这位小厨娘就是在我们视野之外练成的。

下厨辛苦，但有好厨艺却又是一件幸福的事情。之所以是幸福的，从最表面层次上看，是因为好厨艺能够带给人极大的口福。但好厨艺带给人的幸福又绝不仅仅限于口福。从根本上说，好厨艺可以很好地维系家人的胃和心。

10多年前，有家期刊邀我撰文，对当时人们争论不休的"80后"家庭"零家务"问题发表点看法。我虽从小就跟着学做家务，但仔细思考家务问题尚是第一遭。

家务是家庭事务吗？其实，家务并不是家庭带来的，其实质乃是每一个家庭成员自身生存发展必然涉及、必须做好的事务的集合。家务主要包括三个层次的内容：一是烧烧煮煮、洗洗涮涮、擦擦抹抹等日常事务，这是一些"80后"家庭所谓"零家务"所指的主要内容；二是家庭基本建设事务；三是婚丧嫁娶、生儿育女等家庭发展等事务。很显然，家庭基本建设、家庭发展等方面的家务不能由他人代劳。而烧烧煮煮、洗洗涮涮、擦擦抹抹等日常事务，从根本上说，也是不能完全由别人，比如家政服务人员代劳的。之所以如此，是因为烧烧煮煮、洗洗涮涮、擦擦抹抹的家务，实质上乃是对自己和家人及其生活、发展的一种经营方式和途径，一种亲情"抚摸"，乃至深情"抚摸"。让家政服务人员亲情"抚摸"，显然是不合适的。

如何理解这种亲情"抚摸"，乃至深情"抚摸"？我在后来发表的那篇题为《"家务"辨》的文章中说道:"为家人做上一饭一菜,实际上就是以饭菜为媒介,亲情抚摸乃至深情抚摸家人的口腹、味蕾,传递一种关爱。这是钟点工、家政工作者难以提供的。""妻子的纤纤玉手抚弄熨平丈夫的衬衫领子之时,谁说不正是在通过营造一个平整舒适的环境和关爱的氛围,深情抚摸他的脖子呢?""年轻爸爸殷勤地为小儿洗尿片,谁说不是在为小儿的小屁股营造一个干爽舒适的环境,让它远离红屁股呢?"

都是一些大白话,但大概也算得上大实话吧!本来,每个人的人生都是离不开油盐柴米酱醋茶的。有了一手好厨艺,孩子至少可以使自己的人生中经常鲜香之气氤氲吧!

（子行空间,2020 年 02 月 05 日）

"区政助理"演绎"少年中国策"

　　《给我一双慧眼——社区卫生服务体系中的未成年人视力管理研究》

　　《有效治理宠物犬在公共场所的排泄物——道德宣传、法律制约、设施健全的三位一体方案》

　　《徐汇实验小学课外读物现状调查及解决方案》

　　《徐汇区老年人在线学习现状调查及推进方案研究》

　　《疫情常态化下中学生家庭亲子关系调查及其应对策略研究》

　　《以儿童为导向的社区微改造——以斜土街道江南新村为例》

　　《文旅融合视角下上海特色旅游路线的建设研究》

　　《关于通过学习"四史"加强青少年网络政治素养的具体实施方法的探究》

　　《探究徐汇区"建筑可阅读"现状与发展对策》

　　《互联网盲道建设路径探究——基于视障人士线上阅读途径的调查研究及改善意见》

　　……

　　这是"少年中国策""2020年徐汇区第九届学生'区政助理'竞选活动"中,10个进入决赛的项目的题目。

2020年12月25日下午，10个课题组的中小学生们，次第登台展示各自的研究成果。展示的内容是丰富多样的，展示的形式是精彩生动的。看着、听着台上同学们多姿多彩的展示，台下的评委们——来自团市委、区人大、区政协、区政府的领导，以及来自高校的教授们，无不欣慰，赞赏之色溢于言表。

这些项目具有一些鲜明的特点。

一是选题接地气。这些选题都来自学生们对周边生活的细致观察和切身感受。日常生活晶莹的露珠在字里行间晃悠。这是他们对日常生活中种种需要改进、需要完善的问题有所发现的产物。

二是尽责主人翁。对选题所涉及的人和事，学生们投入时间、精力和热情，调查研究，把握问题，分析原因，提出改进之策。他们不是两耳不闻窗外事的娇小囡，而是关心他人、关注社会的尽心尽责的主人翁。

三是研究有见解。通过调查研究，学生们对所研究的问题，都形成了各自独到的见解，提出了行之有效、可操作的建议。决赛现场，甚至有嘉宾提议某个研究团队与相关机构合作，把他们的研究转化为产业项目。

四是体现同理心。学生们善于换位思考问题，能够体谅老人不会使用智能手机，不会用手机打的、购物、缴费等的苦恼，理解老人记忆力差、精力不够等方面的困难，理解视障人士无法进行线上阅读的苦恼。相关课题研究的过程及其成果，充分体现了他们的同理心，以及对他人的友善和关爱。

决赛中，选手们各司其职，配合默契，充分体现了关注社会、勇担责任、施展才华的精神风貌。

他们大多是"05后"。

"学生区政助理"竞选，是徐汇团区委、区教育局、区学联、区红理会等单位联合主办的活动。2020年举办的已是第九届。主办方的目的是"着重发挥少先队员建言献策的积极性"。在我看来,举办这样的活动,其积极意义已经远远超出了主办单位的预期。从学生角度看,这样的活动有助于培养他们的调研能力、口头表达能力和写作能力。更重要的是,有助于培养他们的探索精神、创新精神、团队协作意识、社会责任意识、奉献意识。

从社会角度看,举办这样的活动,在区人大、政协、教育局、团委,以及相关领域之间,形成了机制化的联动和共振。毫无疑问,这将有力促进徐汇区各界共同关注青少年成长发展,共同为青少年发展给予更加充裕的物质和精神的支持。

共青团肩负着引领青少年的重任。对于共青团组织来说,如何更有效地引领青少年,需要探索和实践。开展"学生区政助理"竞选活动,让青少年在校外学习、实践中接受教育和引导,这是徐汇区共青团努力推进的一种探索和实践。

决赛现场学生们的优异表现,领导和专家们满面的欣慰、赞赏说明,这种探索和实践切口好、载体好、形式好,十分成功!

（子行空间,2020 年 12 月 25 日）

听"00后"说

不久前,应邀走进某高校课堂,对学生创新项目进展和汇报情况进行点评。据授课教师介绍,全校 100 名学生选修了这门课。这些学生分成 30 多个课题组。按照每个课题组 5 分钟计算,当天需要差不多 3 个小时才能完成。任务很重!从 6 点到 9 点多钟,3 个多小时,23 个课题组完成了汇报。教学大楼内,绝大多数窗户都已黑了灯,只剩下这一个教室还灯火通明。授课教师说,剩下的下周再汇报。

3 个多小时,边听边思考,准备点评的内容,很忙,脑子里被塞得满满当当。随后抽空粗粗梳理了一下。

一、值得肯定的地方

(1)大多数项目的选题皆贴近学生生活和社会发展的实际,体现了学生对现实的关注。比如:圆通的发展对于当代大学生发展的启示、校园一网通的构建、校园共享单车发展的新模式、控温水杯、小组学习专项加入超星平台、果蝇行为控制的神经回路、水下机器人雏形分享、太阳能电板的自动跟光、优化校园垃圾分类时间等。其中,一个关于教室内学生坐位的习惯与学习成绩之间关系的研究,切入口选得非常别致,数据很翔实,比对的结果也很有说服力,给我和其他点评专家留下了很深的印象。

（2）部分课题组的研究有平时在问题和素材、论据等方面的积累，体现了相关学生对问题的关注度比较高，学以致用的意识也比较强。比如控温水杯、果蝇行为控制的神经回路、水下机器人雏形分享、太阳能电板的自动跟光等课题的研究者们，对这些问题已经关注了比较长的时间。汇报时，他们也提供了很丰富的论据材料。

二、需要进一步优化和提高的方面

（1）部分选题过大。这些选题中涉及的问题很多，牵涉面比较广，学生还不能从中选择合适（指与研究规模和个人能力相适应）的具体问题。比如昆曲的发展及其对现代社会的影响、佛系思想对大学生的影响、人工智能与心理健康、浅谈国产电影的发展、地区本土文化的保护等问题。选题过大，往往表现为选题中的重要概念外延太广。大多数学生还不能运用增大内涵、缩小外延等方式，把握合适的概念进行研究。

（2）部分学生汇报时只会读稿子，还不善于根据汇报时间长短，灵活调整汇报的内容和方式。比如汇报"昆曲的发展及对现代社会的影响"课题的学生，把绝大多数时间花费在对昆曲的产生、发展、新昆山腔的出现等知识点的介绍上，缺乏独立思考。

（3）学生的合作意识与合作能力还需要进一步加强。一是100人分成30多个课题组，个别课题组甚至只有1个人，不利于提升学生的团队合作意识。二是有些课题组中的成员各管一块，未能形成合力，缺乏对整个课题研究内容的整合与协调。汇报时各唱各调也就在情理之中了。

（4）相对而言，理工科学生在研究的选题、课题演进的逻辑，以及组员之间的合作等方面，整体上比文科学生稍微强一点。

后来跟授课教师微信聊天,我建议她根据这些事实,以及她这些年进行教育教学改革积累的第一手资料,探究当下大学生身上存在着的一些特点(优点和问题)。这些年,她在教育教学改革方面积累的材料确实非常丰富,在学界引起了越来越多的关注,可以从大学生的学习态度、学习能力、合作能力等方面研究当下学生的一些特点。其中,我建议她细化"学习能力"概念的外延,从问题意识和选题能力、选题与专业学习结合状况、概念运用、思维逻辑把握、汇报形式等几个维度进行研究和探讨。

当下大学生中,所谓"00后"占据了越来越大的比重。她的研究将向社会展示"00后"孩子们在大学校园中的真实状况,成果或能在明年登上我们杂志的版面。值得期待!

(子行空间,2019 年 11 月 04 日)

你要向我们道歉

那一年 11 月，女儿学校安排他们年级赴浦东某基地学农。掐头去尾 4 天半，女儿经受了 11 月份以来最厉害的降温天气，平生第一次亲手做了农活：挖山芋、除草、弹棉花之类。几天后，在我和她妈妈的牵挂中，她回到我们身边。

晚餐时，小姑娘边吃边说这 4 天半中的种种趣事。女同学分两个寝室啦，小姑娘在一起打 80 分啦，4 个同寝室的小姑娘怎么不合群啦，某小姑娘借用别人的名义挪用其他寝室的热水瓶、很自私啦……都是一些燕语莺啼的事情。我们听听，会心地笑笑，也没有怎么样放在心上。倒是一件全班同学要求教官道歉的事情，引起了我们的特别注意。

15 日晚上联欢会的时候班级体育委员特意找到负责他们班级的教官，约他次日早晨和大家见面，大家有话对他说。教官不明就里，答应了。

第二天一大早，教官如约来到约好的地方，但见全班同学分男女两路，站成整齐的队列，等待着。教官感到很意外，正纳闷，体育委员迎过去说道："教官，你好！这几天我们在这里学农，你给了我们不少帮助，谢谢你了。"体育委员继续说道："但是，你对我们有些女同学和女老师言语上和行动上有一些欠妥之处。我们要求你道歉！"

原来，基地为同学们配的"教官"实际上是基地的临时工（外来务工者)。一个个豆蔻年华的女学生和青春靓丽的女教师来到基地后,"教官"着实有些眼花缭乱,把持不住自己了。据说,"教官"手很不听话,摸了某女生的屁股。"教官"的嘴也很不听话,当着学生的面说:班主任小小年纪,可惜结婚了,云云。手脚不干净,言语也很是猥琐,有脏兮兮的饿狼进了柔弱洁白羊羔群的感觉。女生被摸了屁股的消息不胫而走,对女老师的狎昵言论传进了男女同学的耳朵。女同学恐慌之余万分憎恨:他怎么这样!男同学则义愤填膺:不行,得让他向女同学们道歉!据说,联欢会之前的"卧谈会"上,男同学们在熄灯后的黑夜中达成了共识:一定要让他道歉。

体育委员的话,让"教官"一下子没能反应过来:道歉?他也许想,不就是一帮毛孩子,还不好糊弄?道什么歉?但看看两排学生沉默的神态,"教官"想必还是感受到了沉默之中蕴含着的一种愤怒,如小火星,稍一大意,也许会成为熊熊大火,没准会真的把自己给烧着。他很为难,强硬点吧,这帮小家伙万一愤怒了,吵起来了,声音一定很大,会引发围观,会惊动农场领导,那就没那么好玩了,搞不好,自己不仅会丢脸,肯定还会丢工作、丢饭碗。道歉吧,这面子实在抹不开啊!这是一帮毛孩子。

短短几秒钟,"教官"心中翻江倒海了一遍。不能太迟疑啊,太迟疑就处在下风了,就不可避免被动了。他不由自主地开口了。仿佛挤在老娘和老婆之间窝囊的老公,嘴一张,喷出了"夹板气"的味道:"这几天,我对同学们照顾不够,请你们谅解,跟你们打个招呼。"

顿了顿,他又很不甘心地说道:"你们纪律不好,应该向我道歉。"

体育委员仿佛没有听到他后面的话,一个向后转,面向大家,发出口令:"全体立正! 解散。"

学生们散去了，没有人再回头看一眼"教官"。

早餐结束，男女学生一起收拾餐桌。"教官"走过来，对体育委员说："让大家集合一下吧。"

在体育委员的召集下，全班同学依旧排成两排，静候"教官"说话。"教官"站在队前，说道："同学们，这几天我语言和行动上对同学们有些不太注意，可能引起误解了。这里，我向大家道个歉，对不起了。"

体育委员说："教官，我们只是不希望明年学弟学妹们来这里学农时，你也这样对他们。我们没有其他想法。"

"教官"嘴巴张了张，说道："你们放心，明年的同学来了，我们会对他们好的。希望大家对我们这里的工作提提意见，帮助我们改进。"

小女说，年轻的班主任其实已经知道同学们会去跟"教官"交涉。她没有阻止。也许她觉得"教官"应该受到一些教训，也许她相信她的学生们会有礼有节地处理好这件事情。

她很自信，自信得有依据。学生们的表现有力地支撑了她的自信，给了她充分的底气。

窥一斑而知全豹。孩子们确实长大了！那有礼有节的交涉声中，分明是青苗在噼噼啪啪拔节。这是最美的声音。

（子行空间，2017 年 02 月 09 日）

多跟孩子聊聊小伙伴

从进入幼儿园起，甚至从进入托儿所起，孩子就先后进入不同的同辈群体之中，开启了逐步远离父母前辈视野的历程。在同辈群体中，孩子们感受着来自不同家庭和环境的新信息、思想、情感、价值、理念等的交互影响；在同辈群体中，孩子们相互学习到了很多新的知识、新的游戏、新的技能、新的时尚。孩子们从小伙伴那里学到的东西，越来越超过从父母那里学到的东西；在同辈群体中，孩子们一起学习，一起玩耍，互为背景，共同成长。随着年龄、年级的增加，到了14岁前后，一般就是所谓的"青春期"，孩子和小伙伴们待在一起的时间越来越长，而和父母在一起的时间则相对减少。在孩子们的日常生活中，同辈群体、小伙伴，事实上占据了越来越重要的位置，这就使得孩子们对同辈群体、对小伙伴，有了一种特殊的感情。

疫情期间，居家隔离的要求使孩子们与父母前辈共处的时间多得异乎寻常，而和小伙伴在一起的时间却极少，甚至为零。这就直接打破了他们这近10年中与小伙伴朝夕相处的习惯。虽然可以网上联系，但积攒了很多天的话没机会跟小伙伴当面说，新学到的技能无法直接在小伙伴面前展示，这就难免让他们郁闷不已、焦躁不宁。在这样的情况下，长辈对他们说些什么，让他们嫌烦，甚至一点就炸的可能性就大了起来。他们闭着眼睛都知道，父母会对他们叨叨些什么。令人哭笑不得的是，父母对他们说的，往往恰恰是一些他们不太爱听，或者耳朵已经听出老茧的内容，诸如做作业、别磨叽、要锻炼、须自律之类。

长辈觉得说这些是自己的责任，孩子觉得长辈说的自己都知道。如此该怎么办？

既然孩子"像只刺猬，浑身是刺；像个地雷，一点就炸"，要想不被刺，不被炸，那就多跟孩子聊聊他的小伙伴们吧。这样，父母和孩子就有了共同感兴趣的话题，也可以拓宽间接了解孩子的途径。间接，显然不容易被刺，不容易被炸！

（《现代教育报》2020 年 6 月 20 日）

给孩子一双慧眼

今天来了很多爸爸妈妈,还有不少爷爷奶奶、外公外婆,可谓三代同堂。想必在座的爷爷奶奶、外公外婆大都有"打补丁"的记忆吧!以前生活水平低,日子穷,衣服旧了,破了,不再光鲜,打了补丁,更不好看了。没办法,不好看也只得穿。我们没有更多选择。

今天的孩子当然不需要再穿补丁衣服了。他们会想办法把新衣服做旧,甚至把好好的袖子、裤腿磨出破洞。这在他们眼中很时髦,很好看。他们生长在一个富足的年代,有条件追求他们认为好看的事物,有条件追求生活中的美。奶奶爷爷、外公外婆年少、年轻之时,首先追求好用,其次,才尽可能地追求一点好看。现在的孩子却不一样。他们中的很多人首先追求的不是好用,不是功能,而首先是好看,穿的、用的,首先要有高颜值,要漂亮,要挺括。至于功能,他们在意,却不是最在意的。下馆子点吃的、喝的,也是首先要好看,卖相好。倒进咖啡杯的鲜奶,也要倒成三叶草、四叶草、爱心,或者说不清的形状。他们不忙吃,不忙喝,先用手机拍个照,放到朋友圈里晒一晒。

高颜值是他们现在所追求的。追求高颜值,也许将是他们长大后所生活的社会的一种基本价值取向。有颜值,可能就是他们在未来生活中过得好一点的一道基础门槛。做出来的东西有颜值、挺括、卖相好,可能就是他们未来立足社会的重要前提。所以,培养他们对色彩、线条、形体的一种敏感力、鉴赏力，让他们养成一双慧眼，就是为他们更好地迈入未来社会生活的门槛作投资、打基础。

儿童想象艺术教育不以画得像不像为宗旨。事实上，照相机的发明，一定意义上已经宣告绘画不再以画得像不像为自己的使命。再高明的画家，大概都无法跟照相机比"像不像"。那么，绘画不再追求画得像以后，追求什么呢？这也是 19 世纪中后期西方画家们的困惑。莫奈和一帮年轻的画家聚集在巴黎塞纳河畔，苦苦思索着这样的问题。经过莫奈、梵·高、毕加索等画家们前赴后继的努力，西方画家已经找到了一种答案：那就是以抒发感情为绘画的基本追求。而要做到这一点，画家就要对色彩、线条和形体及其组合具有超乎寻常的敏感力和鉴赏力。

30 多年来，周文富的儿童想象艺术教育不以教孩子画得像不像为宗旨，而致力于培养孩子对色彩、线条和形体的敏感力和鉴赏力。从绘画角度来讲，这是得了绘画的真谛。从现实状况看，这又是有助于孩子更好地融入社会未来发展趋势的一种明智之举、仁善之举。今天在座的嘉宾中，有他 20 年前的学生。她的出色表现已经充分说明，周文富的努力已经结出了累累硕果。

祝贺周文富先生！

（2020 年 1 月 10 日晚，在上海现代儿童想象艺术教育中心期末家长会暨研讨会上的发言）

和孩子共度青春期

帮助孩子顺利度过青春期,是家长和孩子共同的任务。

10岁以后,孩子已经在托儿所、幼儿园、小学等多种特殊环境中,接触到了许多小伙伴,也受到了小伙伴们带来的不同家庭和环境中新的信息、思想、情感、价值、理念和行为方式等的影响。它们之间相互交流、碰撞,最终"我中有你,你中有我"地融合成一种为周边小伙伴们普遍理解、接受、奉行的新的思维和行为方式。所谓青春期,是指人生的一个特殊时期。在这个时期,孩子在上述这些环境的熏陶下,已经基本形成了一种特殊而又相对稳定的思维和行为方式,有了愈来愈强烈的自主性要求。这样的要求能否在现实生活中得到满足,孩子是心中没有多少底的,是需要他们尝试和探索的。孩子在青春期的种种"叛逆",往往都是尝试和探索的表现与结果。

值得注意的是,孩子进入托儿所以后,事实上就开启了在很多方面与家长愈行愈远,成为一个独立个体的过程。孩子的种种变化更多是在家长视野之外发生的。孩子在家长视野之外具体接触到了什么样的人,在思维和行为方式方面受到了什么样的影响,对这些问题,绝大多数家长知之甚少。然而,很多家长并没有清醒地认识到,孩子一定意义上已经成为自己熟悉的陌生人,却常常天真地认为孩子是自己生的,自己最了解,因此,往往一厢情愿地按照自己的思维和行为方式要求孩子做这做那。两代人之间沟通不顺畅的问题由此产生。《2019 腾讯 00 后研究报告》证明了这一点："37.8%的孩子认为自己与父母日常沟通会出现问题。"

面对青春期的种种"叛逆"，家长们一味抱怨孩子非但于事无补，对孩子也不公。要想帮助孩子顺利度过青春期，家长们一要把孩子视为一个正在养成独立思维和行为能力的生命个体，避免按照自己的意志，以种种"为你好"之类的名义强迫孩子按照家长的意愿行事。比如，处理一些家庭事务，特别是与孩子直接相关的事务时，家长可以和孩子讨论，充分听取他/她的意见。这既能使孩子感到自主性受到尊重，又能使其自主性得到强化。二要全面了解孩子成长的具体环境和过程，尽可能准确把握其思维和行为方式及其来龙去脉。然而，10 多岁的孩子往往不太喜欢，甚至越来越排斥家长参与自己的同伴活动。这就给家长进入自己视野之外的孩子学习生活的"场域"造成了困难。如何克服这些困难？这里没有标准答案，需要家长因地制宜，想方设法。比如，和孩子一起设计一些同伴活动，家长自然融入活动，以近距离观察孩子及其同伴。三要共同探讨孩子的自主性要求如何与现实更好地融合等孩子关注甚至焦虑的问题。比如，如何准确地进行自我认知？如何妥善处理人际关系，尤其是异性间的关系？对这些问题，家长不要一味说教，而要通过一些具体的事情，比如让孩子参与暑期家庭旅游攻略的制定，使孩子在参与中获得成就感，从而优化自我认知。

总之，如何帮助孩子顺利度过"青春期"，需要家长充分发挥想象力和创造力。

（《现代教育报》2020 年 1 月 5 日）

此前不培养，日后搞平衡

话题

近期热映的电影《我的姐姐》引发了对二孩家庭亲情的探讨。父母对待两个孩子爱的失衡，引得观众对姐姐的同情。

电影原型中的姐姐在父母出意外之后不愿意抚养年幼的弟弟，其中一个理由是当年父母生二胎时她是坚决反对的。她百般反对无效，甚至说出"有他没我"的话，弟弟依然带着父母的期望和她的怨气来到了人世。此后，女孩和父母的关系更糟糕了，她再也没有回过家，更无从谈及手足情了。

很多父母都心怀美好愿景——选择生二孩，是希望百年之后，两个孩子可以互相做个伴。但现实中，很多孩子不仅没有感受到手足情，反而觉得父母的爱被夺走了，导致心理失衡。

如今，二孩家庭越来越多，父母怎样才能在两个孩子之间做好平衡？如何让手足情变得更牢固，而不是让孩子变得更自私和自我？与其忙平衡，不如提前培养孩子的责任感。

特邀观察员 刘宏森（上海青年管理干部学院教授）

面对一些"大宝"不能悦纳"二宝"的现状，人们往往认为"大宝"自私，把板子打在"大宝"身上。确实，不能悦纳"二宝"，与"大宝"的自私自我有关。然而，光打"大宝"的板子，显然并不公平。

115

原因很简单：这些"大宝"自私自我，根子在家庭！

独生子女家庭往往对孩子宠爱有加——谁家的"独宝"不是稀世之宝！祖辈父辈积攒起来的全部财富，"独宝"都可以独享。许多家庭的父母长辈，很少有意识教育"独宝"学会与他人分享。然而，有了"二宝"，"独宝"就成了"大宝"。"二宝"降生给"大宝"带来了很多前所未遇的新问题，甚至颠覆了"独宝"独享一切的生存状态。"大宝"不仅要和"二宝"分享一切，还得扮演哥哥姐姐的角色，尽可能照顾"二宝"。"二宝"小，更受父母长辈关注。面对这种新格局，"大宝"难免手足无措。由此，"大宝"反对父母生"二宝"，对"二宝"有怨气，跟父母的关系变得糟糕，并非"大宝"无理取闹，无事生非，而是"大宝"在新格局面前的某种应急反应。事实上，如何在"大宝""二宝"之间搞好平衡，父母长辈自身也需要学习，没有更多经验。既如此，责备"大宝"自私自我，恐怕有欠公允。与人分享，这是为人处世的基本素质。父母长辈大概得检讨自己在帮助"大宝"培养分享意识和能力方面的欠缺。

父母长辈还得检讨在培养"大宝"责任意识方面的欠缺。作为一个独立的生命个体，孩子未来的人生中，必将担起很多对自己、对他人、对社会的各种责任。安然跟姑妈说她自己日后要结婚、生孩子。这说明，她对自己未来的人生是有设计和安排的。但在父母双亡的情况下，她对同胞弟弟事实上又是有抚养之责的。而她对弟弟说："我的人生不是只有你一个人啊！"对姑妈说："我要是养他的话，这辈子就完了。"这就说明对这样的责任，她还缺乏担当的意识。孩子的责任心是在父母长辈的培养下逐步形成的。她缺乏对他人的责任意识，问题出在哪里？

此外，父母长辈也得检讨自己是否有意无意重男轻女。姑妈告诉安然："18岁，我把读书的机会让给你爸爸。你奶奶说，我什么都要优先我儿子来，你就不要想了。"安然父母对"二宝"的期待中,有没有奶奶重男轻女的影子呢？安然对抚养弟弟责任的踌躇中,是不是也包含着对重男轻女家庭文化的反叛？

由此观之,"大宝"自私自我,根子或许还在父母长辈身上。要让"大宝""二宝"手足情深、其乐融融,或许就要从"大宝"尚是"独宝"之时,培养他们的分享意识、责任意识。此前不培养,日后就得费力搞平衡！

（《现代教育报》2021 年 4 月 23 日第 7 版"家教热点",原题《与其忙平衡,不如提前培养孩子的责任感》）

少年偶像崇拜：与其忧心忡忡，莫若深度"入场"

　　说起青少年偶像崇拜现象，不少前辈师长往往眉头紧锁，甚至闻之色变。我以为，莫谈偶像就色变。

　　偶像是指被人们效仿的对象。偶像为人所模仿，往往与其某些方面的质素，特别是在一些人生事件中的表现和成就令人赞叹、羡慕等有关。人生之路该怎么走，并没有现成的答案，需要每个人自己去探索。偶像的表现和成就，往往能让人们从中得到一些经验和启发，偶像因而体现出某种人生标杆和路牌的作用。"像"偶像"那样"，便成为人们，特别是青少年偶像崇拜的重要原因之一。青少年人生刚起步，探索人生之路的任务很重。值得特别注意的是，在终身教育成为一种基本要求、就业形态发生很大变化的当今社会中，人的"青春期"已经"延长"，人生模式已经去标准化，教育、就业、婚姻、生育等前辈经典人生进程中的重大事件，已经不再那么具有原有的"成家立业"的标志性和参照意义。今天，还有多少青少年希望长大后"像爸爸一样"？由此，偶像崇拜实际上体现了青少年珍惜短暂人生，以偶像为标杆和参照，探索人生之路的意愿和努力。这并非坏事，前辈师长不必谈青少年偶像崇拜而色变。

　　偶像是青少年聚集的产物，常常又是他们聚集的重要动因。由于具体际遇、朋辈群体和信息渠道等方面的不同，青少年崇拜的偶像也千差万别。尤其在日益开放多元的当今社会中，青少年对偶像的选择也越来越多样化。文体明星、商界名人、网红人物，不同的偶像寄寓着不同的价值、理念和文化。前辈师长常让自家孩子学习效仿"别人家的孩子"。这说明,对青少年偶像崇拜,他们其实并不绝对排斥,只是担心不好的偶像把青少年给带坏了。既如此,前辈师长与其忧心忡忡,还不如先搞清楚青少年们崇拜怎样的偶像?为什么崇拜那些偶像?希望从那些偶像身上汲取什么?为什么如此狂热……明乎此,前辈师长才能避免隔靴搔痒地单向说教,在偶像等问题上与青少年对上话。对上话,才谈得上用主流价值观去影响和塑造青少年。

然而,要跟青少年对上话,却绝非易事。很多前辈师长自认为很了解自己养育、教育的青少年。这其实有些天真。事实上,进入幼儿园以后,青少年便开启了逐步远离前辈视野的历程。在同辈群体中,青少年感受着来自不同家庭和环境的新信息、思想、情感、价值、理念和行为方式等的交互影响,逐步形成了相对稳定的思维和行为方式。偶像崇拜则是这种交互影响的产物之一。这一切就发生在前辈师长的眼皮底下,却又大多在前辈师长的视野之外。对日长夜大的青少年,前辈师长其实知之甚少,甚至一无所知。前辈师长想进入青少年学习生活的场域了解他们,他们却不太喜欢,甚至很排斥前辈师长"入场"。"入场"既难,对话更难以进行。在这种情况下,谈偶像崇拜色变无济于事,用主流价值影响青少年的偶像崇拜更难免一厢情愿,难有效果。

要言之,与其忧心忡忡、简单粗暴反对,不如先想方设法深度"入场",和青少年们对上话,搞清楚他们偶像崇拜的真实状况。

（《中国德育》2020 年第 13 期"卷首语"）

父子戏迷

李军工作室推出的《伍子胥》昨晚在上海大剧院上演,观众反响强烈,喝彩声掌声不断。

我们后排的观众特别起劲,跟着哼唱,时不时大声喝彩。那哼唱十分到位,该转弯处转弯,该敞亮处敞亮,该低回处低回,合拍合辙,是掉了毛的刷子,有板有眼。那喝彩的时间和节奏也是拿捏得极精准的,总在旋律和情绪"将到未到顶点"之时,短促地"嗷"上那么一嗓子。那哼唱和那一声"嗷"中,夹着童音,是尖锐的高频,传送得极远。前排的观众不时转头向后寻找,想看清楚是哪里来的小戏迷。

那是坐在我们后排的两位观众。显然是一对父子,父亲30多,儿子5、6岁的样子。那孩子穿件浅色小汗衫,圆头圆脑的,进场后,小嘴巴就没有停过,不是哼唱京剧唱段,就是问他爸爸这个那个。他爸爸看看手机,看看周边,有一搭没一搭跟儿子说说话,开开玩笑。戏开演后,两人就一起跟着哼唱,时不时"嗷"地喝彩,忙个不亦乐乎。真是一对很"嗨"的父子!

不知道这位父亲是不是一位票友,是不是在有意识引导儿子喜欢京剧,但看得出来,那孩子对舞台上唱念做打的路子显然是熟悉的,对旋律的演进和人物情绪的变化更是心中有数。他的哼唱是情不自禁的,他的"嗷"也是自然而然的。这小爷儿俩一定一起看过、听过不少京戏吧。

（子行空间,2019 年 7 月 31 日）

男子汉是在摔打中自己长大的

交大徐汇老校区有片大草坪。偶尔散步至此,我们就在石凳上坐一会儿,歇歇脚,看看我们看不够的校园风景。

旁边有位年轻漂亮的女士在教儿子跳绳。那小男孩5、6岁的样子,是个小帅哥。他手执绳索,勉力学习跳绳。妈妈在一旁叫他快点,或慢点起跳,但他显然还掌握不好节奏,频频踩着绳子。妈妈就起身拿过绳子做示范。小男孩还是做不好。妈妈急了,呵斥起孩子,声音越来越大。孩子越发掌握不好节奏,更频繁地踩着绳子。好几次,绳子还扯着衣服后摆,压根儿就没有被甩动起来。妈妈越来越急,孩子也越来越缺乏信心,形成了一个小小的僵局。

对于还很幼小的孩子来说,这样的状况可能会打击他的自信心,甚至会在心中留下一些阴影,这很糟糕。旁观着这一幕,我和爱人都想跟这对母子交流一下。但我们又不无顾虑:素昧平生,跟他们搭讪,有些唐突。现在的不少年轻人不大愿意听取别人的意见,何况是陌生人的意见。但我们自问都是慈眉善目之人。再说,光天化日之下,又是在大学校园当中,我们当不至于让这对母子有安全感缺乏之虞吧。

我鼓足勇气往这对母子走去,边走边说:"孩子,你跳得很好!"那小男孩诧异地看看我们,似乎有一点不太相信我说的话。那位妈妈微笑着向我们点点头,是礼节性的。我对这位妈妈说:"男孩子学跳绳用不着多教的。他自己多跳几次,慢慢就会有感觉的。你儿子跳得也很不错的。"我爱人也说:"是啊,是啊,用不着多教的,他自己跳几次就会了。这小孩子感觉很灵的!"

体育理论家程志理近年推出他自己创造的"体认"概念。按照他的见解,动作习得主要不是依靠理论传授,而主要依靠人们亲身尝试,积累身体感觉和经验。尝试多了,感觉和经验积累就丰富了,就会被身体所取舍、重组。身体就会逐步适应动作运行的方式、力度、感觉等。程志理说得好:基于概念定义的东西是技术,可以通过脱离生活场景的教育方式学得;基于体认经验的东西是技能,只能在具体场景的身体活动中习得。

我们说那小男孩用不着妈妈多讲怎么跳绳,有程志理的理论依据,也有我们自己的实践依据。我们女儿以前学很多运动技能,主要就是依靠她自己尝试和体会习得的。我们只是简单做了一点提示,她多练几次就会了。

我继续说:"你责备他,他会有压力。压力越大,越容易出错,把握不好节奏。你少管一点,多鼓励一点,他很快就自己学会了。男子汉是在摔打中自己长大的。"

听我们这样说,那位妈妈站了起来,微笑中礼节性的成分少了。她说,我可能是太急了一点。我说,不要小看你刚刚对他发火,说不定孩子会因此而事事首先在意你和别人的感受与反应,患得患失起来。长此以往,这不利于他男子汉气质的培养。

她说,是的,是的。谢谢你们的提醒。我会注意的。

我又说:你其实还可以换一种方式看待陪儿子学跳绳这件事情——跟孩子在一起,陪他成长是最美好的事情。他长大以后就会飞了,跟着你走来走去的机会就少了。

这位妈妈再三感谢我俩,微笑在她脸上漾开圈圈波纹。

（子行空间,2019 年 8 月 24 日）

"然后"

串场锣鼓太多,那戏是不是被切割得有点零碎?

听很多年轻人说话,会听到无数个"然后"。不仅陈述一件事情的时候,他们嘴巴中会蹦出无数个"然后",即使在议论、抒情之时,也会夹杂着无数的"然后"。比如,"我写了篇小说,然后放在抽屉里,然后过了 1 个月,又翻出来修改,然后,还是不满意,然后又放在抽屉里,然后……"再如,"他说好了来的,然后,没有来。然后,我觉得很不爽。他在耍我啊。然后……"

类似的表达比比皆是。几句话中夹杂着无数"然后",已经成为目下许多年轻人的一种语言(口头语)特点。

什么叫"然后"?词典上说,"然后:连词。表顺接。表示某一行动或情况发生后,接着发生或引起另一行动或情况,有的跟前一分句的'先''首先'相呼应。"

语言(口头语)表达需要即时组织言语。即时组织言语,要求人们第一时间首先要明确表达什么,也就是内容。内容要准确、具体、恰当;同时,要确定表达的先后,也就是秩序。秩序要明确、清晰。这一切都是人们在思维中完成的。现实的交流过程中,人们在思维中整合材料的时间极其短暂,一般情况下,不能有停顿。若有停顿,语言表达就会断断续续,人际交流就难以流畅进行。所以,语言(口头语)表达得好不是一件容易的事情。

很多人边想边说，难以做到完全没有停顿。有了停顿，就得有点声响，如同戏剧一幕幕之间的串场锣鼓。有点什么声响呢？既然想的是先说什么，后说什么，说了"一"，"然后"，就是"二"了吧，就是"三"了吧。

"然后"就这样在年轻人的唇齿之间频繁出没了。

"然后"成了年轻人思维与表达过程中的串场锣鼓。串场锣鼓太多，那戏是不是被切割得有点零碎？

"然后"此起彼伏，体现了当下年轻人思维什么样的特点，或者问题？

萧亚轩演唱过一首歌，歌名就叫《然后》（收入 2006 年发行的专辑《1087》中）。萧亚轩在歌中唱道：

> 我又只看见笑脸
> 然后又是抱歉
> 然后又是笑溢满脸
> 然后又说是我
> 都没给你足够空间
> 然后要过几天
> 然后难道要过几年
> 然后我在怀疑
> ……
> 每一次都像是完结篇
> 演到最后才发现我是
> 独角戏的烂演员
> 然后得到抱歉
> 然后得到眼泪满脸
> 然后得到自己

> 送给自己自我欺骗
>
> 然后笑也不甜
>
> 然后也不能说再见
>
> 然后只是一个不知任何意义
>
> ……

很多"然后"。

是萧亚轩模仿了年轻人的语言，还是年轻人通过萧亚轩的歌词学习思维与表达？

（子行空间,2021 年 1 月 24 日）

年轻的世界没有"第四堵墙"

　　愤怒是需要成本的。

　　那女人的假睫毛太长,比眼睛和眼镜之间的距离还要长。眼睛一眨,假睫毛就刷到了镜片,就像车窗上的雨刷器。

　　我们95后和家长的关系很特别:我们断奶了,而家长还没断奶,还要天天粘着我们。

　　……

　　这是读者·外滩旗舰店脱口秀上的部分金句。在现场,我只能在手机上记下这一些。

　　2020年8月28日晚上,去读者·外滩旗舰店听脱口秀。网上说,读者·外滩旗舰店是《读者》的首家"集合概念店"。此店位于九江路230号的大生大楼,是一幢百年老上海古董建筑。网上还说,读者·外滩旗舰店是"一本可以走进的《读者》,一条20米长的敦煌石窟,都在这老上海的深色木质风格里"。书店占地面积550 m²,除了图书阅读区域,还有咖啡、文创和文化沙龙的艺术空间。这样的空间很年轻。

　　"橘子脱口秀"俱乐部10位年轻人主演了当晚的所有脱口秀节目。他们的功夫显然不在包装,一位演员,一支麦,寻常灯光,只作照明之用,装备可谓简单之极。表演者的服装也是寻常之极,差不多都是圆领汗衫配优衣库短裤。"橘子脱口秀"把功夫下在了

节目的打磨上。据说,俱乐部对每个演出节目的基本要求是:

(1)全程笑点。开放麦的演出是以"每分钟笑点个数"计算,厉害的演员每分钟可以达到 6 个笑点,就是 10 秒钟一个笑点,再直白点,两句话一个笑点。

(2)接地气。演出内容接地气,都是将您身边可以遇到的趣事编成段子,让您听完有共鸣,拒绝挠你胳肢窝。

(3)互动性。开放麦的演出不是老师在讲台上照本宣科,观众也是演出的一部分,演员会和观众亲切互动,现场即兴创作笑点。

全场演出显然贯彻了这些基本要求。除个别新人,比如讲述"密室逃脱"的那位小伙子的紧张化作汗水溢出脸皮,其他几位年轻人都游刃有余地从一个个段子中,抖出一个个笑点和槽点,让观众时时捧腹。很多段子都来自年轻人的现实生活,诸如外地年轻人来上海打拼之不易、上海男人之娘与不娘、在深圳与上海租房之不同感受、年轻人职场人际关系的处理、年轻人与父母长辈关系的处理、同学聚会之众生相,等等。这些内容都源自年轻人的现实生活,十分接地气。内容接地气,说的和听的之间就有了更多互动与交流的空间。有了共鸣,听的或大笑,或大声说"对";有了不同意见,听的也可直接说出"不对",说的立马会停下来询问听的人的意见。布莱希特的推翻"第四堵墙",大概就是这个样子的吧。

这是一场算不上完美的表演,却是一场说的和听的各得其所、皆大欢喜的表演。主持人兼俱乐部主事者在开场白和节目间串场时一次次坦言,这样的演出是有很多瑕疵的。我们就是希望被观众吐槽,通过被吐槽,不断打磨一个个段子。"所以,我们只定了 39 元的低价啊!"除了我们,满场听众差不多都不满 30 岁。他们显然对此心领神会,边听演员妙语如珠,边适时提出修改意见和建议。所以,这样的演出没有多少剧场演出的那种仪式感,反倒像一次开放式的研讨课。

大学的课堂中,有没有"第四堵墙"?

(子行空间,2020 年 8 月 30 日)

流量 VS 内容：当然还是内容为王！

流量和内容，谁为王者？在我看来，自然是内容为王！很多年轻人去追捧一些热门、时尚，往往与明星大 V 的推崇引发的大流量有关。表面上看，年轻人常常不管内容之有无、好坏，只管热门不热门，只管是不是明星大 V 推崇，只管流量大不大。很显然，这其间包含了对明星大 V 所推崇内容的认可。年轻人认可了明星大 V 所推崇的内容，便由认可而追捧，由一而多地追捧。久而久之，便形成明星大 V 推崇什么，很多年轻人往往就认为其内容是好的，就是免检的。所以，明星大 V 引发的大流量背后，重要的还是明星大 V 所推崇内容的吸引力。

事实上，现实生活中，年轻人对明星、大 V 及其所推崇的内容却未必都给予免检待遇。现在的年轻人其实越来越看重自己对内容的感受和把握。

对《上海堡垒》，他们的感受是这样的：

> "特效是游戏质感的，VR 游戏级别的特效，并不是五毛特效，并不是爱情科幻片，纯科幻片，带点点爱情，演员太年轻了，都在玩 VR 游戏吧！""这爆米花指数太弱了，观影过程中完全没有汹涌澎湃的感觉。时不时的让我掏出手机看时间。个人评分 4.5—5 分，两颗星最高了，不能再多给了！""毫无营养、毫无意义的一部科幻片。"

对内容之好坏，年轻人有自己的判断。一旦发现内容不合己意，他们便不再买明星和大 V 的账。《上海堡垒》遭遇票房滑铁卢，《哪吒》则在业绩榜上一骑绝尘。鲜明的对比同样说明：还是内容为王啊！你无法否认，他们还是追求内容的"营养"和"意义"的！一言以蔽之，他们还是以内容为王的！

流量是什么？流量是对圈层所建构内容追捧的产物和表现形态。罔顾内容刷流量，只能是捞一票是一票的竭泽而渔之举。

对于今天的年轻人，圈层已经成为一种重要的生活场域。圈层之间常常壁垒森严，而每一个圈层内部，都有着自己的内容追求和标准。圈层内部所认可的内容，其价值内涵常常是非经典的，非主流的，甚至是所谓"无意义的"（比如"无意义大赛"所推崇的那样）。其表现形态常常是小零小碎的，可能只是一种装束，一种物件（比如鹿晗的邮筒），一种身体形态（造型）……今天，已经很少有全民共同认可、心动的内容，反倒是越来越小零小碎。很多小零小碎的内容常常像江湖帮派的暗号一样具有强大的召唤功能，刹那间就可以在同圈层人心中扯起知识和情感的共同背景板，激发出巨大的认同，引发巨大的流量。即使对圈层内部的某种内容未必很认同，但圈内之人出于对圈层的认可和忠诚往往会不遗余力，甚至同仇敌忾、不择手段地刷流量。这样一种举动更多是一种对圈层的主观维护，甚至是一种危机公关。然而，这样的努力毕竟只是一种即时性的补救。倘若圈层内的内容常常不能得到自己的认同，需要常常如此维护和补救，他们是不会再救的。

圈层的忠诚度也来自内容，来自他们所认同的内容的磁力。话说回来，不再年轻之人完全可以不认同年轻人推崇的内容，却不能轻率地说他们只要流量，不要内容。只有流量，没有内容，终究是过眼云烟。

（子行空间，2019 年 9 月 7 日）

"年味儿"不浓，咱们怎么办？

今天在团中央"青年之声"网站上读到一位青年朋友的提问：现在过年没有年味了，在家都很无聊，周边都是"手机族""麻将族"，有没有什么有意义的事情？

"年味儿越来越淡！"相信这是很多人的共同感觉。作为"青年之声"服务体系聘请的专家，我当即作答：

> 年味儿不是一成不变的，现代生活要有传统社会的年味儿不是很容易的事情。这些年来，到处大拆大建，对传统文化的保护人们也不是很上心。在这种情况下，指望传统年味儿"涛声依旧"是不现实的。这也要求我们平时要注意学习和保护中华优秀传统文化。年味儿不是现成的，是需要大家自己创造、营造的。过年对于现在的很多人来讲，就是一个难得的假期，是一家人团聚的时候。好好利用这几天的时间，阖家欢聚，就是年味儿的真谛。所以，根据你们家人的实际情况，事先策划一下，搞点活动，比如出去转转，逛逛公园、商店，组织亲戚家的孩子一起玩玩球、打打牌、唱唱歌。总之，阖家欢乐，就是最重要的年味儿。你说呢？

上传了回答以后，感到意犹未尽，还有很多话想说。

年味儿不浓问题的关键在于怎么理解"年味儿"这个概念。

提起"年味儿",大家心中大都会涌起暖流,心坎被浸泡得柔软。然而,何为"年味儿",却又是很难用同样的词汇说清楚的。咱们华夏子孙心目中的"年味儿"既千差万别,又有很多相同的元素。对于大人来说,"年味儿"意味着春回大地一元复始的节点,意味着阖家团聚天伦之乐的时光,意味着春耕秋收一年收成的汇聚。对于孩子来讲,"年味儿"大概也就意味着新衣新鞋、红包礼物、好菜好饭、走亲访友、花炮庙会。然而,说到底,"年味儿"是过去千百年来栖息在咱们华夏大地上的一代代先人生存实践的产物。这就决定了所谓"年味儿"不是一成不变的,而是随着时代发展、经济社会变迁、文化风尚移易不断更新的产物。这也就要求一代代后辈要在前人的基础上有所创新,有所发展。

改革开放 40 多年来,中国社会发生了"三千年未有之大变局"。在外来的、新生的种种事物的冲击下,许多传统的生活方式逐步淡出了人们的生活。"年味儿"也一点点变淡了。这一方面是社会发展的结果,但另一方面,也与我们不注意保护传统文化有着直接的关系。在现代铲车面前,古旧的房屋不堪一推,处处大拆大建,处处传统式微。物质文化遗产和非物质文化遗产之保护存续频频告急。在急匆匆忙赚钱的步履中,在闹纷纷忙创业的焦躁中,有多少人对传统文化的保护存续投上关切的一瞥?有多少人驻足聆听冯骥才保护乡村的呐喊?没有保护,"年味儿"岂能不淡?"年味儿"并非一代代人积累下的细砂一堆。

即使"年味儿"是细砂一堆,在野风天长日久吹拂下也难免会一点点销蚀。不断增益,方为抵御野风吹拂的良策。这就意味着唯有不断创新过年的方式,丰富过年的内容,"年味儿"才能像以往千百年间那样,在不断增益、丰富、更新中,保持那种令人心坎柔软的味道,吸引和凝聚一代代华夏儿女。

创新过年的方式,丰富过年的内容,离不开青少年的特殊作用。这既与青少年是"年味儿"的主要享受者有关，也与青少年在创新过年的方式、丰富过年的内容等方面有着特殊的责任和能力有关。青少年生长在新的时代，更加熟悉种种新事物。如何把新事物更好地融入千百年的"年味儿"老汤？在这些方面，青少年有着比前辈更大的优势。比如，烟花爆竹燃放的区域更小了，如何运用新的技术，既让过年不失红火热闹的传统特色，又体现环保安全的时代价值，对此类问题，青少年中应该蕴藏着无限的创意。以无限创意，丰富和浓厚新时代的"年味儿"，青少年责无旁贷。春节回家不是换个地方上网聊天，而是要问候长辈家人，与他们欢聚一堂。春节回家，置长辈家人于不顾，一边自顾自玩手机打游戏，一边抱怨"年味儿"不浓，不是当代青少年应有的做派。

这就要求青少年们少点"年味儿"不浓的抱怨，多点丰富和浓厚新时代"年味儿"的实际行动。如何让长辈家人因为你的存在而欣慰，因为你独特的作用而获得一种不一样的家庭生活、人伦亲情体验，这是需要青少年们好好思量的。你读了大学了，你参加工作了，就是成人了，就不能仅仅依赖长辈家人为你营造"年味儿"，让你享受。你也应该为你们家的"年味儿"更加浓厚做点儿什么吧。你有作为了，阖家欢乐了，你们家的"年味儿"就浓了。

（子行空间，2019 年 1 月 24 日）

牵挂·参与·欣慰

1998年以来,我连续在社会工作系(以下简称"社工系")授课,教"思维与表达训练"等课程,还兼任过几年社工系系主任,对社工系学生有一种特殊的牵挂。

很多学生毕业后进入阳光中心工作。于是,对阳光中心,我也有了一份特殊的牵挂。这些年,我力所能及地参加了阳光中心的许多工作和活动。

我的学生们都干得不错。这些年,耳听他"奇葩说",眼瞅他社工靓,感觉阳光中心的社工们既"土"又"洋",既"实"又"炫"。

"土",不是"土包子"的土,而是"接地气""本土化"。现行的社工理论和方法主要来自西方世界,在中国社会工作中面临着"本土化"的问题。阳光中心的社工们探索"本土化"之路,积累了不少经验和教训,为学术界深入研究社会工作理论和方法的"本土化"问题,提供了厚实的现实基础。

"洋"是洋气。确切地说,是社工的穿着打扮和行为方式近年来更加时尚,更加靓丽,更加现代。

"实",指的是社工实务越来越贴近专业发展的实际,崇实而不尚虚。今天举行的"奇葩说"辩论赛的选题贴近现实,让大家在辩论中思考工作中的困惑与疑问,努力达成共识,就是一例。

"炫"指的是内容安排、形式设计等多方面都大胆创新,努力贴近青少年。当代青少年生长在新的时代,特别喜欢不拘一格、又酷又炫的新鲜事物。社工在工作中求新求变，自然更能拉近社工和青少年的距离。

总之，"土"和"实"使中心的工作更加贴近青少年，更加专业。"洋"和"炫"使阳光中心社工的服务和关爱，更加顺利地融入社区青少年的成长过程中，润泽社区青少年饥渴的心田。社会工作，本来就是一项春风化雨、深入人心的工作。

小伙伴，干得真不赖！

（2019年9月26日，担任2019年思辨未来——"阳光@奇葩说"青少年事务社工技能大赛第二场主持人、评委。这是上午的"主持词"片段）

做影片　教写作

写文章的主要目的是表达自己的思想和感受。自然,前提是作者要有思想和感受需要表达。至于表达出新的思想和感受,那应该是更高层次的要求了。对此,我在 2003 年出版的《思维与表达训练》一书中提出,首先要解决思维材料短缺问题。

写作文对于许多小孩子来说是一件比较痛苦的事情,至少不是一件轻松好玩的事情。这里的原因很多,但没有什么东西可写,思维材料短缺,乃是首当其冲、最为重要的原因。相对于成人,小孩子来到人世间的时间很短,见识也小得多。成人写文章之时尚且常常感到没有多少话好说、没有多少事情可写,小孩子当然更是困难重重了。

有人喜欢引用罗丹的话:生活中不是缺少美,而是缺少发现美的眼睛。此话肯定不错,但是,对于很多人来说,发现生活中的美绝非易事。太阳朝升夕落,日复一日,今天常常和昨天差不多,明天和今天也没有什么两样,实在看不出有多少变化,有多少新异之处。即使"一年一个样,三年大变样",那也是按照"年"计算的,一时三刻,人们往往难以捕捉到生活中的细微变化。寻常人等并没有受过更多观察和发现方法的训练,要发现生活中的种种新异之处,还是有一些难处的。也许正是在这个意义上,艺术家、作家才以其对生活观察之细致、细腻,体现出种种过人之处,受到人们的赞赏和褒扬。比如莫泊桑经过福楼拜严格的训练后,逐渐善于

"发现别人没有发现过和没有写过的特点"。莫泊桑说:"必须详细观察你想要表达的一切东西,时间要长,而且要全神贯注,才能从其中发现迄今还没有人看到与说过的那些方面。为了描写烧得很旺的火或平地上的一棵树,我们就需要站在这堆火或这棵树的面前,一直到我们觉得它们不再跟别的火焰和别的树木一样为止。"再比如,王安忆在上海的小弄堂里,敏锐地感受到小弄堂的静谧中,曾经的"王琦瑶",曾经的"三小姐"的梦想,那绝不是一般成人所能发现得了的。这是需要功夫,需要能力,需要天分的。

成人尚且如此,何况小孩子呢! 来到这个人世间不久,满打满算也不过有那么几年睁眼看世界的资历和经验。每天,小孩子更多地是狼吞虎咽、囫囵吞枣地接收着这个世界发送给他们的信息。无数人和事在眼前闪过,然而,绝大多数都是过眼烟云,没有太多实在意义。从某种意义上讲,孩子的感官如同网眼巨大的渔网,绝大多数鱼虾都被漏掉了,留下的极少。他们还无暇编织细密高效的信息捕捉网络。因此,指望小孩子兼收并蓄,迅速把握住丰富的思维材料,并转化成丰富的文章内容,对于他们来说,有些勉为其难。

不过,话说回来,网眼大,网住的倒有可能是大鱼,留下的会在心中刻下深刻甚至终其一生也磨不掉的印记。弗洛伊德关于童年记忆的理论,似乎已经告诉了我们这一点。而且,小孩子的观察常有过人之处,能够发现成人所不能发现、所忽视的东西。传说在发现远古艺术方面,儿童便立过很大功劳。如法国拉斯科洞穴于1940 年 9 月 1 日被几个郊游的儿童发现。西班牙阿尔塔米拉洞穴则在 1870 年被历史学家马尔斯里诺·德·绍图拉 4 岁的小女儿玛丽亚发现。那些洞穴极其隐蔽,入口非常狭小,成人往往会忽略这些地方,儿童瘦小的身体和较低的视角却显出很大优势。这就启示我们,不要轻视小孩子的观察能力,不要忽视小孩子观察世界的方式中的独特之处。

一般来说,小孩子都喜欢新奇的东西。五颜六色的、悦耳的、特征明显的,都特别容易引起小孩子的关注。关注是观察的前提。关注程度越深,观察得也许会越仔细。关注得越仔细,观察的效果一般总是要好一些,收获也会更大一些。观察得来的东西积累多了,写作的时候,脑子里的思维材料就会更加丰富一些,下笔之前就不至于脑中空空、瘪腹空肠地挤不出几句话了。

记得有位大师说过这样的体验:一个东方人初次站在伦敦街头,一眼扫过去,男人皆是罗伯特,女人都是爱丽思。时间长了,才会慢慢知道这是罗伯特,那是约翰;这是爱丽思,那是珍妮。可见,面对新的环境,应接不暇之余,人们一般是难以准确把握对象的细微特征,尤其是同类对象之间的细微差异。小孩子乍来人世,某种意义上讲,就有些类似于伦敦街头的那个新访客,往往还只能类型化地把握世界,而难以一下子捕捉到一类对象中某个个体的鲜明特征和特质。

在这样的情况下,我们也许不能指望小孩子善于从熟悉处见陌生,于寻常中见新奇。我们能做的也许是在条件许可的情况下,更多地带他们去更为广大的世界中,让他们接触更多新异的事物,长更多的见识。视野开阔了,见多识广了,熟悉的东西多了,他们就拥有了于熟悉中见陌生、于寻常中见新奇的能力。这里有一个从量变到质变的过程。这也许是一个不能缺省的过程,抄不得近路的。

这几年,有机会的时候,我们坚持带小女出去走走。寒假时间短,便尽可能充分利用暑假。这几年,去过青岛、烟台、厦门、陕西、内蒙古,走了一些地方。每一次出发前,总是先要查看一些当地的资料,做些知识上的准备,一半为自己,一半也为激发小女的好奇心和探寻欲。到了当地后,又尽可能引导她去观察。几次下来,效果不是很明显。思忖再三，发现小孩子是以自己的主观期望为依据打量周围的一切的。比如在西安，面对兵马俑，她虽有惊愕之感，过后却不再挂怀，念叨得最多的，倒是壶口、羊肉泡馍、肉夹馍之类。在壶口边上，观赏了一会儿瀑布后，她便更多地玩起了黄河水。她伸手插入苍黄的河水，不厌其烦地在水中划来划去，玩了足足有 20 分钟。她说，黄河水看上去黄黄的，却很干净，一点儿也不脏。滑滑的，凉凉的，惬意极了。

我相信，她的注意力不会像成人那样聚焦在大瀑布的慑人气势上，而是在戏水的趣味上。在她的心目中，壶口也许是这样的：水雾朦胧的瀑布、震耳欲聋的背景下，黄河水洁净凉爽。也许许多年以后回忆起壶口，她更多想到的是那河水。如果到时候能重游壶口，也许她才会对瀑布投以更多的关注，产生新的感受。人对事物的认识，其实往往都是这样常见常新的吧。

每一次出游回来，我都会把录像带上的内容导进电脑，剪辑一番，配上音乐，刻成 DVD 风光片。

小女的作文有些让我头疼。主要问题还是小孩子觉得没有什么内容好写。2006 年暑假前，全家商议去西安旅游。我灵机一动：出游不正是接触新事物的大好机会吗？ 一圈兜下来，孩子还愁没有内容写吗？ 于是，我对女儿说："这次回来，爸爸编片子的时候，要少配点儿音乐，加上解说。"她似懂非懂："好的呀。"我说："你解说吧。"她说："好的呀。可是，怎么解说呢？"我说："你先要写好解说词，再录音。"她面露难色："解说词怎么写啊？"我告诉她："就是写一篇记叙文，比老师平时让你们写的记叙文长一点。可以按照行程，分出若干小节，每一个小节加上标题就可以了。"

她"哦"了一声。

回来后的某一天，她急急做好当天的暑期作业，便打开电脑写将起来。估计此前已经打了好多天腹稿了，所以，写得还是比较顺的。从下午 2 点多钟直写到晚上 7 点多钟,刨去晚餐前后一个小时,她整整写了近 4 个小时,写好了《游中国著名古城——西安》。一统计字数:哇! 3 500 字。她兴奋得大叫起来。

此前,她作文的篇幅很少有超过 1 000 字的。

3 500 字,空前的长度,而且一气呵成,算得上历史性的突破了。我读了几遍,越看越开心,文章写得很是顺畅,更可贵的是其中不乏精彩之处。比如,伸手在水中划来划去,她写成"摸了黄河",这种表达既生动又细腻;再比如武则天无字碑上刻着的小字,我就没有看见,她却发现了,还记了下来;再比如把西安的肉夹馍比喻成中国的汉堡,等等,都包含着不少非常新鲜的气息。此外,写到黄帝之时,她还查阅了有关黄帝的资料,使文章在黄帝陵记游主线纵向演进的同时,又有了横向的伸展和发散,显得比较厚重了。写作带动她了解黄帝,了解陕西,又让我有了意外的惊喜。

我修改了几处,就把《游中国著名古城——西安》还给她,让她择时配音。她说怎么配啊? 我说用 MP3 录音即可。

某一天晚上,她早早做好作业,就声明要配音了。她让我和妻子在房间里看电视,关上我们的房门,又打开一条缝,露出小脑袋,让我们千万不要出来影响她。我们忍住笑,点头答应。不一会儿,只听见客厅里咿里哇啦传来朗读声。我们大气不出,屏息听着,却模模糊糊地听不清楚。

约莫 20 分钟后,朗读声停了,接下来是模模糊糊的杂声,不知她在干什么。她打开房门,做个邀请的姿势:请吧。

配音已被她麻利地导进电脑。她打开文件,一下子客厅里满是干净稚嫩的童音:"西安,我国最著名的古城之一……"疾徐有节,张弛有度。特别是说到武则天时,为了强调,她故意一字一顿"武—则—天",很像那么回事。

文章内容基本包括了陕西游的主要行程,也和我的拍摄内容的顺序大致接近，所以，剪辑录像素材很是顺利。剪辑好后，我以女儿的配音为主要音轨，加上管弦乐作品《三十里铺》《黄水谣》《黄河大合唱》《贵妃醉酒》等音乐，这样，音响便和画面构成了一个相互烘托、建构的整体。"陕西游"不限于西安，而是东至陕、晋交界处的壶口，西至宝鸡的法门寺，东西跨度比较大，基本包括了八百里秦川的大部，所以后来片子取名为《八百里秦川任驰骋》。

片子刻好后，小女的欣喜自不待言。去亲戚家的时候，我们带上片子，让她放给大家看。

2007年夏天，我们全家又去了内蒙古。东奔赤峰境内的克什克腾旗，西走鄂尔多斯成吉思汗陵、响沙湾，纵横千余公里。风尘仆仆回来后，她又写了《内蒙行》，也是3 000多字，也配了音。有上次的基础，她这次可算熟门熟路，无需特别关照，便一切就绪，只等我后期制作了。我如法炮制，又抽空做了张《走马蓝色高原》DVD风光片。

让小女做这样的事情，最直接的成果是她此后写作文时，篇幅往往不经意间便很轻易超过1 000字了。不再愁字数不够，这使她初步尝到了甜头。一次次远足，也有效地开阔了她的视野，使她更加见多识广。见识的很多人和事，即使一下子用不上，也会沉淀在脑海深处，成为一种经验，不定什么时候便可信手拈来，丰富作文的内容。

当然，通过DVD风光片，我们也很好地保留了她少女时代的身影和声音。小女孩的童音如天籁，好听得很。2008年以来，她日长夜大，猛往上蹿个子。和她在一起，仿佛能够听到庄稼拔节的声音。种种童言无忌，种种小大人的滑稽，都让人欣慰不已，却也多少有些让人惆怅。干干净净的童音势将一点点掺进大姑娘的圆润，童真也会化为妙龄少女的矜持。自然，圆润和矜持也是一种美，但童音和童真却必然"流水落花春去也"，让人油然而生时不再来的怅惘。大势不可违。于是,DVD 风光片便成为女儿少女时代最为直观的记录,为她和我们重温今日留下了一条极其难得的线索。

自然,外出旅游只是帮助她学习写作文的一个辅助方法,偶一为之,不能当饭吃。主要的功夫也许还在平时,在于帮助她学会从庸常的生活中有所发现。而这,要求我们这些成人自身首先要有一双善于"发现美的眼睛"。从这个意义上讲,父母和孩子是一起成长的。

（写于 2013 年 5 月。子行空间,2019 年 8 月 29 日）

微信进课堂

昨天,微信进入了我的课堂。确切地说,是微信成为一种辅助手段,帮衬我上课。

这学期上一门"专业写作"课。对讲写作课,我心里一直有些疙瘩。多年的经验告诉我,现行写作教学,除了向学生灌输一些老生常谈的东西之外,往往难以实质性提升学生的文字表达水平。写文章不是写字。论写字,书法家和打字员更有优势,前者写得好,后者写(打)得快,但他们都未必是文章高手。实际上,文章并非写出来的,而是想出来的。想就是思维。文章写得好,无非涉及以下四个方面:内容充实(思维材料丰富)、条理清楚(思维逻辑性强)、观点新颖(思维方法和成果有新意)、表达生动(思维生动)。而这四个方面首先都是思维问题。因此,从 20 世纪 90 年代中期起,我就尝试着从思维训练入手,进行写作教学。

既是训练,自然需要学生参与其中。我每次上课,先讲一点具体的思维理论和方法,然后,出示事先准备好的材料给学生。做一点简单的提示后,我会给学生 20 分钟左右,让他们写作提纲。提纲包括基本观点、基本论据等内容。课堂时间有限,学生难以写出完整的文章,只能写作提纲。提纲其实就是思维的基本框架。让学生在 20 分钟之内对材料的内容发表自己的见解,培养他们快速形成观点、思路的能力,养成讲道理的习惯。20 分钟后,我随机邀请学生上讲台介绍自己写的提纲的内容。以前,学生都是带着自己的笔记本上讲台的。学生宣读自己写的提纲,然后回到座位上。我立马进行点评。对于我来说,这自然是一种挑战。这需要我牢牢记住学生讲了些什么,快速把握其优缺点,同时,形成修改的意见和建议。我对优缺点的把握是否准确,修改的意见和建议是否能服众,这都使我有很大的压力。更麻烦的是,这个还没法儿事先备课。

不断提升临场应对能力,是我一直努力的内容。与此同时,我也一直想解决一个问题:将学生课堂上写的提纲即时呈现在全班同学面前,在解决记忆疏漏问题的同时,让全体学生都能直接面对同学的作品。此时此地,同学的作品就是一种鲜活的教材。问题如何解决呢?

我曾经尝试过很多种方法。先是让学生朗读出来。但读和听是一次过的,对没听清的,无法像看书那样翻回重看。也会听了后面的,忘记前面的,难以使听者对朗读者的提纲形成整体印象。后来,我又尝试让学生在黑板上抄写出自己写的提纲。但抄写显然太耗时间。课时很紧,耗不起。我又想到了优盘。被选中的学生带着优盘上讲台,把自己写的内容拷进电脑里面,在教室内的投影屏上播放出来。但这样做的前提是学生要背着笔记本电脑上课。实际上,并非所有学生都有笔记本电脑,也并非所有学生的笔记本电脑都很便携。

最后,我想到了网络。教室电脑一般都联网了。那么,是否可以利用网络呈现学生的作品呢?

这学期,学校给我配了名很年轻的助教。我问她:可否利用微信,或者QQ,即时呈现同学们课堂上的作业。她迟疑了一下,说应该可以的。我说,我的想法是把微信群组的页面直接呈现在屏幕上。被我选中的同学可以通过手机,把他/她写的提纲直接发到课程微信群中。这样,全班同学都可以第一时间看到。她说,我想应该可以。我说，你们年轻人玩这些东西都很在行。请你跟班长商量一下，看看用什么样的办法解决这个问题。

助教很认真。她和班长商量后，很快建立了我的课程微信群，在教室的电脑里面安装了微信软件，一试，成了。

第二次上课，微信群正式启用了。20 分钟后，我打开微信页面，随机请学生把他/她写的提纲发到群里。学生发上来提纲，或文字，或是纸质本子上手写提纲的照片版，直接呈现在全班学生面前，一目了然。全班学生阅读同学写的提纲，耳听我的分析和意见，注意力非常集中。课堂氛围不错！

只是有一点始料未及。屏幕上的页面是用班长账户登录的。谁给他发了微信，全班都知道，不时引发哄堂大笑。虽然无伤大雅，班长也有些尴尬。课后，他找了助教，助教又找到我，说希望不要再用他的页面了。我想了想，说：那就不要上投影仪了，大家直接在自己的手机上看也是一样的。下午课上，让大家在自己手机上看，果然，效果很不错。

课间休息的时候，微信群里十分热闹。同学们纷纷在群里发表情。那些表情大多很别致、有趣，透着他们热烈研讨后余波未歇的兴奋。有学生在群里问我：老师，您"嗨"吗？我说：当然，"嗨"啊！

微信进课堂，成为我教学的好帮手，让我和学生们拥有了这样一个方便的思想、情感交流的方式和平台。很多年的尝试后，我终于找到了这个平台，确实很"嗨"！

（写于 2017 年 3 月 10 日。子行空间，2018 年 11 月 26 日）

梨花落，春入泥

2017年5月31日上午，最后一课结束了。我不无遗憾地跟学生们说，没有机会听你们唱《梨花颂》了。学生们却说：我们会唱了！欣喜中，我打开课件中的伴奏视频，按下手机录音键，让大家一起唱。熟悉的旋律立马充盈于教室。全班学生齐声唱了起来——

> 梨花开，春带雨
> 梨花落，春入泥
> 此生只为一人去
> 道他君王情也痴
> ……

学生们声音没有放开，合唱不够响亮，咬字行腔也说不上板眼韵味，但唱得很熟练，声音干干净净，没有一丝杂质，没有一缕烟熏气，是林木深处静谧中的溪流淙淙，非常非常好听。

听他们干净的歌喉唱这首歌，是我长久的心愿。

几年前，我奉命开设"中国传统文化"之类（所以说"之类"，是因为课程名称被改过，而内容基本一样）的课，向学生介绍相关知识，帮助学生提升中国传统文化方面的素养。说实在话，每周2课时，要完成这样的教学目标，不切实际，非常艰难。市面上的相关教材很多，但不是"大学语文"的翻版，就是炒炒通史，或者思想史的冷饭。书上的很多内容，学生大多粗识皮毛，略知一二。20岁左右的年轻人处在匆匆忙忙囫囵吞枣摄取外在世界信息的人生阶段，往往忙于东品西尝各种新鲜新奇，享受目不暇接之乐。至于细细咂摸"皮毛"之下的深意、"一二"的个中三昧，他们中的不少人，既缺少这方面的意识，也耐不住性子。所以，很多教材的内容难以引起他们的兴趣。也许这本来就是这个年龄的青少年的一种特点，也不能完全怪他们的。要能理解个中三昧，他们还要经历很多坎坷沧桑的。

考虑再三，我想根据大传统和小传统的区分，少讲一些大传统，多讲一些小传统。传统文化的外延实在太广，分类始终是个问题。对这一点，我前些年在一篇题为《青少年传统文化教育的四大障碍》[①]的论文中专门分析过。"大传统"和"小传统"是美国文化学者20世纪50年代提出来的一种文化分类法。对这种分类法，王元化先生比较推崇。20世纪90年代，他在《清园近思录》中作过专门的介绍。我理解，简单地说，"大传统"在中国，主要是指以"四书五经"为代表的由历代知识分子加工提炼过的文化经典，是形而上的文化形态；"小传统"则主要指与老百姓千百年来的生活相关的生产生活经验、习俗、艺术、技艺等等，是形而下的。很多相关教材往往侧重于大传统，而对丰富多彩的种种小传统则大都一笔带过，语焉不详。实际上，节气、干支、节令习俗、京剧、书画等小传统更加贴近人们的生活。多讲小传统，显然更接地气。

我也希望借机让他们接触接触京剧。2008年，教育部在很多地方搞了京剧进校园试点。几年下来，推进乏力。主要症结在于

---

① 刘宏森：《青少年传统文化教育的四大障碍》，《中国青年政治学院学报》2014年第4期。

各地学校相关师资奇缺。我的学生是师范生。我在课上如果给他们讲讲京剧，让他们学会唱那么一两段，虽然不能据此就能缓解师资短缺问题，但对他们日后求职可能多少会有一点帮助吧。

反复斟酌后，我想教女生唱《梨花颂》，这是《大唐贵妃》的主题歌；教男生唱《空城计·我正在城楼观山景》。相对来说，这两段唱难度不太大，也是知名度比较高的。我利用课堂的一点边角料时间，教大家唱过几遍，又把事先准备好的视频转发给大家，让他们课后跟着唱唱。一开始，不少学生张不开嘴。毕竟，京剧的唱法跟他们习惯的流行歌曲很不一样，要唱出味道，不是件容易的事情。我建议他们先唱熟，以后再一点点讲究发声等关目。

小传统内容极其庞杂，虽然经过精选，课程内容也很多，学唱京剧只能见缝插针进行。本课程以陈述性知识为主，参考书和网上的资料非常多，让学生做做小老师，分别上讲台讲解一些知识点，既让他们学会查找和甄别资料，又让他们多一些讲课的实践，一举两得。根据课程的安排，学生们分成几组，分头准备专题内容。他们很努力，PPT做得都很漂亮，内容也很充实。上课前两天，班长把相关小组同学制作的课件发给我看看。我稍稍提点修改意见。

每一次上课，都是一次青春与传统的跨时空遇合，都是一次青春视野中传统魅力的分享。

中午，遇合与分享画上了句号。课程结束了。

2015级是我们自己招收的最后一届学生。今天下课，不仅是本学期这门课程的结束，也是给自己学校学生授课生涯的终结！

自己学校上课的电铃声已经生锈。

忽如一夜春风来，千树万树梨花开。此前的10多年中，年年新生如期至，日日青春溢校园。那真是"梨花开，春带雨"，生机盎然。不过，人世间没有恒常不变之景。有"梨花开，春带雨"，"梨花落，春入泥"就会在不远的后面如影随形跟着。落花流水春去也，时也，势也，命也。

学生们知道我留下他们歌唱的心愿，课后都学会了这首歌。谢谢有心的同学们！

他们唱着"梨花开，春带雨"，大踏步走进自己带雨的春天。经历过自己带雨的春天，不羡孩子们的春花春雨。对于做教师的，尤其是站了几十年讲台的老教师来说，"梨花落，春入泥"也许就是一种自然的结尾方式。"落红不是无情物，化作春泥更护花"。对的，"春入泥"是为了护花的！

我跟着学生们唱了起来。他们歌喉甜美，我嗓音苍凉：

长恨一曲千古迷
长恨一曲千古思
……

（子行空间，2017 年 6 月 1 日）

辩论接地气，青年爱参与

"和领导打游戏，要不要放水?"

"青少年事务社工在朋友圈发微商广告怎么看?"

"安装电梯是以居民为主导力量好，还是应该以居委推动更有效"

……

近期参加了几场青年辩论赛，有不少感受。其中之一是不少基层单位的青年辩论赛的辩题都很接地气。

在上海电气集团团委举办的辩论赛上，几场辩论的辩题都贴近企业发展和青年员工的现实。比如："对于上海电气集团，做优存量和做大增量谁更重要""对于上海电气的创新发展，应立足于渐进式创新还是颠覆式创新""打造企业文化，说和做哪个更重要""企业管理中，质量和成本哪个更重要"等。这些辩题贴近企业发展实际，想领导所想。而"面对新生代员工，领导应该更注重严格要求还是宽容引导"，以及"和领导打游戏，要不要放水"，则贴近青年实际。

上海市阳光社区青少年事务中心今日举办的"阳光奇葩说"辩论赛上，辩题都紧贴社会工作的实际。这些辩题是："你如何看待中级社会工作师评聘分离，此举是利大于弊还是弊大于利?""青少年事务社工在朋友圈发微商广告怎么看?""加服务对象为微信好友是否利于社工工作？""社工在开展社区活动时，为服务对象准备小礼品，是利大于弊还是弊大于利？"

还有一些地区部门举办的辩论赛的辩题也紧贴地区工作的实际。比如，"推进文化老镇的发展，是以文化特色促进经济发展，还是必须以经济建设为主辅以文化特色""垃圾分类必须定时定点投放，还是垃圾分类只要分类到位，根本无需定时定点""安装电梯是以居民为主导力量好，还是应该以居委推动更有效""养老问题，子女应当承担主要责任，还是社区应该承担主要责任"。

虽然这些辩题在逻辑和具体表述上还有一些需要推敲完善的地方，但是，总体上来看，这些辩题都很接地气。辩题接地气，好处很多。

首先，紧紧围绕企业、组织和地区发展的现状，以及青年的实际展开辩论，有利于调动更多青年关注辩论赛，甚至亲身参与辩论赛。20 世纪 90 年代，"狮城舌战"以来，举办辩论赛成为一种时尚。很多团组织、高校、中学，甚至一些小学，纷纷举办辩论赛。时间长了，特别是进入新世纪以后，举办辩论赛的热度一点点降温。之所以如此，一定意义上与一些辩题要么很陈旧，已经被辩论了无数次；要么很抽象，不太好把握直接相关。那些辩题和辩论赛，远离普通青年，远离现实生活，难以吸引更多青年关注，更难以吸引更多青年参与。很显然，近期的这些辩论赛在辩题的接地气上动足了心思，触及了青年的痛点和痒点，也使青年们有很多话可说，自然吸引了更多青年的关注，取得了良好的效果。

其次，参与辩论的过程中，青年会广泛而深入地了解企业、组织和地区相关事业发展的现状，把握其中存在的种种问题，分析问题背后的原因。这有助于他们通过参与辩论赛，强化对所处的现实环境、对自己所从事的工作，对自己的职责和使命的了解与理解。不以达成共识为目标，这些辩论赛却能收到青年、员工自我教育的实效。

近年来,辩论赛似乎又有点"火"了。当然,这不是前些年之"火"的简单再现,而是一种跃升。这不仅是因为接地气使得辩论赛有了更加坚实厚重的现实基础,也因为今日之年轻人善于以自己的创新,使得辩论赛在追求逻辑严谨的同时,有了更多的梗和桥段,有了更多的嬉笑怒骂,从而有效地拉近了广大青年与辩论赛之间的心理距离,增强了青年对辩论,对思考、思辨的兴趣。

我一直认为,思维水平的提升,是一个人,尤其是青年成长成熟最重要的标志之一。辩论赛接地气,有助于激发更多青年在思考各种身边事过程中更好地成长成熟起来,善莫大焉!

(子行空间,2019 年 9 月 18 日)

我考现代文阅读不及格

2011 年,女儿高考之前某日,我上网,偶尔看见一份南方某市 2010—2011 学年高三年级摸底检测的语文试题。其中有一题要求学生"阅读下面的一篇文章《"小白菜"谈志愿者价值:被需要的感觉最强烈》,完成 19—21 题"。《"小白菜"谈志愿者价值:被需要的感觉最强烈》,这是我 2010 年 7 月 26 日发表在《中国青年报》上的一篇文章。

此文发表已近一年,没想到它竟然进入了高三学生的语文试题中,颇令我意外和荣幸。

下午接女儿的时候,我告诉女儿这件事情。女儿读完试卷,问我:这些题目你自己回答得上来吗?

题目是:19. 纵观全文,为什么大学生志愿者"被需要的感觉最强烈"?(4 分)20. 文章虽短,但结构上却有特色,请简要分析。(5 分)21. "小白菜"们从只知"需要",到感受并认识到"被需要",这是成长中的一次跨越,也给我们很多启示。读完此文,你觉得家庭和社会应该怎样做才对孩子的成长更有利?(6 分)

我想了想说,大学生志愿者"被需要的感觉最强烈",是因为他们以往很少被需要,而在世博园区内则不同,两相比较,反差很大,因此,他们"被需要的感觉最强烈"。女儿说:完了?我说:完了。女儿得意地说,这个问题有 2 个得分点,你只说了 1 个,只能得 2 分,另外还有 1 个得分点,也是 2 分,你没答。我说是什么?

女儿读"标准答案"：文章中列举了大学生志愿者"被需要的"种种具体事情，比如：游客和路人需要他们像"人肉搜索机""活地图"甚至像"百科全书"一样回答各种问题，需要他们指点迷津，甚至帮着推轮椅、看孩子、买可乐；工作人员需要他们做随叫随到的"临时工"，搬搬运运的"棒棒军"。我想想有点道理，却似乎又没有什么道理。这道题目，我只得了50%的分数。

女儿继续问我：这篇文章的结构很有特色。你觉得是什么特色啊？这又把我给问住了。是啊，这篇文章的结构，我在安排上有什么特色吗？很难回答，只是当时觉得应该分成几个段落，分别表达几层意思，但究竟有什么特色，倒让我难以明确回答。我老老实实地对女儿说，我说不上来，写的时候，只是考虑到要把自己的想法表达得条理清楚一点，通过几个层次，形成递进的逻辑系列，并没有考虑到结构特色之类的。我问："标准答案"怎么说啊？

女儿说，"标准答案"说本题满分5分，"文章采用小标题的结构形式（1分），前一个小标题写出了志愿者的感受（1分），而第二个小标题则从他们'被满足'说起，揭示出第一个小标题产生的深层原因（1分）。这样的结构可更清晰、更深刻地表达出作为志愿者的价值所在，从而引发人们的思考（2分）"。

这样的答案同样让人觉得有点道理，却似乎又没有什么过硬的道理。"采用小标题的结构形式"，这算是一种结构特色吗？我不太能够接受。至于前一个小标题与后一个小标题之间，就是要形成一种层层演进、相互比照的关系。这其实是写文章的一种基本规矩，本来很平常，无所谓什么特色，我也没有刻意要去"引发人们的思考"。

这种状况让我心中发慌。我这样年纪的人，又是本文的作者，对这样的题目都难以回答得符合"标准答案"，得不了及格分，遑论女儿这种小小年纪的孩子呢？这样的考试是不是有点荒唐？这样的"标准答案"是不是有点蛮不讲理,甚至有点荒谬?

从"接受"角度看,一篇文章问世后,就成为一个"仁者见仁智者见智"的"客观"对象。面对这样的对象,作者本人其实并没有更多的权威性,只能与其他读者一样,代表一种意见。据说,当年曹禺听到研究者对自己的作品提出能够自圆其说的新成果、新结论时,总是乐呵呵地说:我没想到这些,但你说得有道理,我可以追认你的意见。追认,其实就是事后的补充和发现。

然而,我不能对女儿说这些,她还小,难以理解这种现象。何况,大考当前,她如果知道了这种"标准答案"有些荒谬的话,会不会迷失答题的方向? 对于她们这些考生来说,大考当前,要取得好的分数和成绩,唯一的选择只能是按照老师辅导的路子、格局和套路去答题。

唉!

3月11日晚上,接女儿回家的路上,又说起这张考卷的事情。我说:"标准答案"上说得更加全面,是老师推敲过的。我平时写文章的时候,往往不会考虑这些,想到什么写什么。女儿说:是啊,你的文章很随意的。我说:那是我经过很多年的磨炼一点点达到的。初学写作的时候是需要学习一些方法、技巧和一些套路的。比如,要有鲜明的观点,然后,要对观点加以论证。这就是我跟你说过的 what、why、how,以及选择好的"切入口"的意思。这就像练武一样。练武之人一开始总是要从套路学起。套路练熟了,再对练,然后,逐步进入实战。实战中,不会只是运用一个套路,而是根据实际情况,灵活运用相关套路中的几个动作。这既需要对套路烂熟于心,也需要头脑灵活,善于应变。

语文学习中,有很多现代文阅读分析的内容。学习这些内容,就是帮助你们通过各种范文,学习一些写作和表达的套路。老师让你们答题,就是想让你们通过答题,把握这些文章中蕴含着的一些写作的技巧和方法。

女儿的语文老师说女儿在现代文阅读分析方面比其他同学差一些。这是因为她比其他同学小两岁，自然"比其他同学要幼稚一些，心智成熟度差一些，理解力等等与其他同学相比有一些距离"。这的确揭示了女儿学习和成长方面的真实状况。这些年来，女儿成天陷于题海之中，自由阅读的时间很少。几大名著只比较完整地读了一本《水浒传》，其他几本基本上只限于翻阅一下，没有读下去的兴趣和行动。这与我自己当年在非常艰苦的条件下，只能靠大量阅读夯实知识基础的情况大相径庭。孩子知道我当年的情况，也无数次听我说过多读对语文学习的根本性促进作用，但她还小，即使听了，也难以产生心底的共鸣和内化。

（子行空间，2017 年 1 月 15 日）

关于高考作文命题的闲言碎语

上海 2019 年高考作文题引起议论。《收获》副主编叶开评论道：

> "倾听不同的音乐""对中国味有了更深刻的感受"，这样的命题，看着优雅，似乎有论述空间，但对于十七八岁的孩子来说，还是有难度的。我相信，一名教授、一位特级语文教师，五六十岁，功成名就，确实有能力、有时间听听古典音乐，听听各国音乐，但是，孩子们只能在上下学的短暂时间，塞着耳机听听手机里音乐软件的音乐，娱乐一下，还不完全是"欣赏"，更谈不上"深刻的感受"，只能是有些个人感受。建议可以给学生更多接触音乐"中国味"的机会，培养他们更为广阔的视野和胸襟。

叶开说得很好。这样的命题，忽视了青少年的生活实际和思想状况。叶开说得很客气，却也点中了我们的教育长期存在的问题。问题之一就是不接地气，忽视青少年的特点，成年人自说自话。

一篇文章好不好，一般情况下，主要看这几个方面：内容丰富扎实；思路条理清晰，有较强的逻辑性；观点新颖；表达生动。因此，一定意义上来讲，作文写作就是对学生综合能力的一种考核。

而其核心，则是对思维水平的考核——内容丰富取决于思维材料的丰富；思路有条理，取决于思维逻辑的清晰；观点新颖，取决于思维方式和思维成果的新意；表达生动，取决于思维的灵动。

大多数青少年每天忙于上学，刷题，很少有机会坐下来，细细品味音乐。上学放学路上戴着耳机听的，也往往是一些流行的音乐，这就决定了他们所摄入的关于音乐的思维材料，既是有限的，又与中国民族音乐有较大距离。对这样的状况，命题专家们不知道有多少准确的把握。如果有所把握，还出这样的题，那就是强人所难；如果知之甚少，甚至一无所知，那就是无的放矢，不着边际。不管哪一种，都在一定程度上体现了命题专家们权力的傲慢：管你了解不了解，我就考你没商量了，爱考不考！

至于思维逻辑的训练、不同思维方式的灵活运用等等，在当今热衷于押题、套题的教育实践中，事实上又有多少生存空间呢？又有多少教师，包括一些语文教师自身受过多少必要的思维逻辑训练，善于灵活运用多种不同思维方式独立思考问题呢？教师如此，教育如此，有多少学生们能够写出符合命题者要求的好作文呢？

不了解青少年，更不研究青少年，甚至没有研究青少年的兴趣，这是当今教育的一个痼疾。

（子行空间，2019 年 6 月 07 日）

列提纲是作文练习的一种好办法

最近这些年，很多朋友跟我讨论孩子高考作文的问题。大家共同苦恼的是不知道该怎样帮助孩子，因为写好作文不容易，绝非靠一日之功、突击一下就行的。

说实在话，我也没有更好的办法。什么叫写得好，什么叫写得不好，不像 1+1＝2 那样确定无疑，而常常是仁者见仁、智者见智的。另外，对于不同的人来说，作文写得好不好，不能用一把尺子去衡量。我在《思维与表达训练》中说过：

> 不同年龄、不同职业者、不同写作要求，都有相应的写得'好'的标准，不可一概而论的。但是，不管何种年龄、何种职业，只要是在用文字进行表达——写作，都必须符合一定的要求。这些要求主要是：内容充实、思路清晰、观点新颖、可读性强。应该看到，内容、思路、观点、可读性等等，首先都是思维问题。[1]

道理很简单，很浅显——文章的内容是否充实，就和思维材料是否丰富直接相关；文章思路是否清晰，与思维是否有条理直接相

---

[1] 刘宏森：《思维与表达训练》，上海电子出版有限公司，2003 年版第 12 页。

关；文章是否有新意，与思维方法和过程是否有新意直接相关；文章是否生动，与思维方法和过程是否生动直接相关。因此，作文写得好不好，首先都是思维问题。写作不等于写字，而是以文字为媒介、传达思维成果的过程。因此，从根本上说，思维水平决定了作文的水平。

对这个道理，我自己也是后来一点点明白的。当年参加高考之前，我也为不知道如何提升作文水平发愁。最担心的是在考场上，拿到作文题目或写作材料后，脑子里空空如也。我就想找到一种办法，确保自己到时不会脑中空空。

高考作文一般以议论文为主。语文老师就教我们多写议论文。在老师指导下写过几篇后，我感到议论文写作还是有一点诀窍的：要写好议论文，首先要在脑子里想明白自己对某个问题的论点，找到有说服力的论据；再把论点、论据，合乎逻辑地结合起来，也就是进行论证。脑子里想是关键。多练不在于多写，而在于多想。真正想明白了，一篇议论文也就差不多要好了。至于写出来，主要还是一种表达和完善思维成果的过程，很重要，但不是最重要的。

高考之前，功课很多，作业很多，尤其是数学作业，很让我头疼，我不可能在写作文上花费太多的时间。那么，有没有什么好办法让我既能多写多练，又不至于占用太多时间呢？某一天，我想到了列提纲。提纲就是思维框架的展示。我找到语文老师，请他给我出题目。根据题目，我写好一个提纲后，就请语文老师批改。他会提出很多具体修改意见。这些修改意见说到底都是帮助我学会思维的。于是，在高考前大半年中，我写了几十个提纲。通过这样的练习，我在语文考试中，很快就抓住了问题，形成了写作的思路，作文写得很顺。后来，我语文得了高分，想必我的作文在高分中贡献很大。

孩子们,不妨一试。

（子行空间,2019 年 07 月 27 日）

陈道明的勇气和底气

陈道明发飙的视频火了。在 2015 年 12 月 27 日北京卫视的《传承者》节目中，山西农村孩子们表演了稷山传统节目高台花鼓。几位青年评论员在评论中纷纷作出了否定性的评价：这些传统节目一直没有创新；这种技能不能当饭吃；在这个节目中，人们找不到焦点；几千年成全大我、牺牲小我的事情干得太多，云云。他们伶牙俐齿，说得孩子们一个个像霜打的茄子。陈道明实在看不下去了，"发飙"教训了这几个青年评论员：你们对我们要传承的文化，连常识都没有。你们因为没有看过，就否定了它的存在。你们就因为这一个鼓，就否定了中国的鼓文化，你们好大的胆子！几个年轻人连连摇手：没有没有。

我很佩服陈道明的勇气。这些年来，年轻人在社会上掌握了越来越多的话语权。线上线下，他们常常瞬间形成成员动辄成千上万的话语群体，声援共识，挞伐异见。其间，既有摆事实讲道理的理性表达，却也不乏一言不合便骂骂咧咧的"喷子"行径。语言暴力已经成为不少年轻人网上人际交往中的一种常见现象。当年白烨与韩寒及其粉丝网上交手不过几招，便偃旗息鼓，关闭空间，退出争论，颇有落荒而逃之嫌。有白烨的前车之鉴，陈道明还跟年轻人唱反调，甚至教训他们，会不会享受到白烨的待遇？须知，现场年轻人人多势众，看上去就不太"好惹"。然而，陈道明就"惹"了！

对传统文化，人们往往都能念经、背书般肯定传统文化是瑰宝，但在相当一部分年轻人的心目中，传统文化也许只代表过去，在当今社会中早已背时，无助于他们向前看、往上升。他们既没有多少传统文化的知识，又缺乏学习了解传统文化的兴趣、热情和恒心，对传统文化早已形成了落后、缺乏新意等成见和刻板印象。跟他们唱反调，无异于跟他们心中已经根深蒂固的成见和刻板印象作战，会不会被"喷"？然而，陈道明就唱了反调！

面对年轻气盛、争强好胜的年轻评论员们，陈道明不仅坦陈了自己的观点，还对年轻人作出了不留情面的批评，充分体现了力排众议不媚俗，只为乡下娃娃鸣不平；不为哗众取宠，只为传统文化传承鼓与呼的勇气。

当然，陈道明并非逞一时之勇，而是有深厚充沛的底气作为支撑的。首先，在影视界，他以学养深厚、多才多艺著称。对中国传统文化的深入了解，使他能够透过种种土得掉渣的表象，感受到传统文化撼人心魄的魅力和真正价值之所在，而不会人云亦云，鹦鹉学舌，这就赋予了他力排众议的知识和思想底气；其次，对传统文化的一往情深，对保护传统文化的凛然正气，使他具有心底无私的坦然和充沛的公德底气；其三，多年来银幕、荧屏内外良好的表现，使他成为影视界著名的老戏骨、有良好社会声誉的好演员，这就使他拥有了力排众议、发飙教训那些轻飘飘的年轻人的人格底气。有了这些底气，他就可以于嬉笑怒骂之间，撑了那些可爱的乡下娃娃和那些濒危之中的传统文化载体，训了那些不知天高地厚、盛气凌人、信口雌黄的年轻人。

陈道明的"发飙"耐人寻味。我们国家拥有世界上最庞大的思政教育工作者队伍。然而，毋庸讳言，面对当今青少年中存在着的很多思想、价值方面的问题，面对青少年的许多困惑和迷惘，思政工作者们却常常处于失语状态。何以如此？是不是面对青少年咄咄逼人的表达方式,缺了点争鸣的勇气? 是不是面对青少年的困惑和迷惘,缺了点答疑解惑的知识、思想、公德和人格底气? 从陈道明"发飙"中,人们也许能够找到答案。

（子行空间,2019 年 1 月 7 日）

全文茂是个聪明人

　　奥运小将全红婵获得奥运会女子跳水十米跳台项目冠军后，她父亲全文茂接受了人们献上的鲜花，而拒绝了当地企业捐赠的1套房子、1个商铺，以及20万现金。他的理由是荣誉是女儿努力得来的，是女儿自己的。他作为父亲，不能浪费女儿的荣誉。

　　话语简单，却体现了他的聪明和不凡。

　　一是全文茂把女儿当作独立生命个体。他知道女儿虽有天赋，但取得这么好的成绩，主要还是靠她后天的刻苦训练。金牌来之不易。作为一个父亲，没有能力让女儿逛逛游乐场，吃吃辣条，却并非不知道疼爱女儿。女儿小小年纪，靠自己的努力赢得荣誉，这是她人生的第一次收获。作为父亲，不忍心去"浪费"（过度消费）女儿人生的收获。这说明，在全文茂心中，女儿虽小，也是一个独立的生命个体，而不是他栽的摇钱树。他对孩子的疼爱，表现为对孩子的尊重。在这方面，全文茂比不少把孩子培养成"妈宝"、纨绔的父亲、母亲，要聪明得多。那些父亲、母亲或许很有教养，但在把孩子当成一个独立的生命个体方面，显然没有全文茂聪明。

　　二是全文茂深知有所收获，必然要有所付出。1套房子、1个商铺以及20万现金等"收获"是明确的，但他女儿要付出什么，却是并不明确的。不明确，就可能是水很深，甚至深不可测的。深不可测的事情，不是他这样的底层劳动者所能染指的，更是他未成年的女儿必须退避三舍的。对于这样一个底层老百姓来说，不沾那些天上掉下的馅饼,可能就是他所能想到的保护女儿的最好方法了。在飞来的好处面前,他很清醒,做了比较聪明的选择。

三是全文茂不愿意领教房子、铺子、票子的烫手。女儿夺冠前,全家门可罗雀;女儿夺冠后,全家却门庭若市。巨大的反差,尽显世态炎凉。如果他收了房子、铺子、票子,他在那些很少走动,甚至从不走动的亲戚眼中,就会成为幸运儿。幸运儿往往让人羡慕,也让人嫉妒,更可能让人惦记。房子、铺子、票子未必就能让他全家从此过上幸福安宁的好日子,反而很可能会给他们带来很多的烦恼。"大衣哥"朱之文的遭遇早已展示了这一点。整天忙于生计,过着苦日子,巴着好日子,全文茂未必有闲心看八卦,未必了解朱之文及其遭遇,但在社会最底层打滚,全文茂绝不会不懂得"穷在闹市无人问,富在深山有远亲"的人情世故。于是,他拒绝了房子、铺子、票子的捐赠,希望断了门前苍蝇聚会的喧嚷和有些人的念想。

凡此种种说明,至少目前,全文茂还是一个聪明人!

给他点个赞!

（子行空间,2021 年 8 月 14 日）

体美劳育为什么受到特别重视?

近年来,"'体美劳'越来越重要"成为教育领域值得特别关注的重要现象之一。长期以来,对体美劳,社会和学校不可谓不重视。但现如今对体美劳,国家的重视是有实实在在的举措为保障的。媒体把这些举措概括为:"体育中考全覆盖,美育被纳入培养全过程,劳动教育成必修课。"①

体美劳今日受到特别的重视,这是为什么? 在我看来,强化体美劳育,是深化和推进20多年前提出的素质教育的一种举措。

1999年6月,中共中央、国务院颁发了《关于深化教育改革全面推进素质教育的决定》。此后,各地普遍贯彻落实。然而,不久后,便有学者尖锐指出:"在素质教育政策呈现一派繁荣的景象的同时,我国素质教育政策执行失效也已经成为了一个不争的事实。"②所以"执行失效",与人们在准确把握"素质教育"这一核心概念的内涵和外延等方面比较困难有关。我曾经在《理论与实践:搀扶着一起向前》这篇短文中分析过:"古今中外教育发展的实践说明,素质是个历史的概念,不同的时代和社会都有对受教育者不同的素质要求,都按照经济社会发展要求培养受教育者具有相应

---

① 张烁:《体育中考全覆盖,美育被纳入培养全过程,劳动教育成必修课 教育"体美劳"越来越重要》,《人民日报》,http://www.hinews.cn/news/system/2020/12/16/032478066.shtml。

② 罗红艳:《素质教育政策执行失效的归因分析》,《上海教育科研》2009年第10期第13页。

素质。因此,严格意义上讲,教育都是素质教育。既然教育都是素质教育,那么,今天所倡导的这个'素质教育',其特质是什么? 如果不明确其特质,那么,学校和老师们该怎么做,才能使'素质教育'有别于古往今来的素质教育呢?"

实际上,"素质教育"是一个抽象程度比较高的属概念,其中包含着一些种概念。德育、智育、体育、美育、劳动教育等,都是"素质教育"其下的种概念,也是"素质教育"的重要外延、展开的具体举措。很显然,缺乏德育、智育、体育、美育、劳动教育等基础,何谈"素质教育"! 一名学生在德育、智育、体育、美育、劳动教育等多方面都有比较好的发展和成绩,其素质一般都算是比较高的,是堪当大任的社会主义建设者和接班人。从这个意义上讲,现如今强化体美劳育,并不否定"素质教育",反而是对"素质教育"的深化和推进。"素质教育"由此便有了更具体的抓手和载体、更具可操作性的方法。想必有关方面已经深刻地认识到,素质教育包括体美劳。笼统谈素质不行,就像不能笼统谈"水果"一样。水果包括苹果等。要把水果化开来,关注苹果、桃子等具体种类和形态。可见,素质教育 20 年,有关方面也是在不断摸索、不断实践、不断反思、不断完善、不断修正的。

不过,把体美劳育等都纳入考试范围,其背后的思路是不是远离了应试教育和考试指挥棒? 那根指挥棒是不是还在播弄着一切?

让人们无所适从的现实问题会不会难以避免:为了拼体美劳等功课之优秀,很多家长免不了要带孩子参加社会上的各种课外班,难免会引起一场恶性循环,使得学生的负担越减反而越多?

这些问题值得思考。

（子行空间,2021 年 1 月 14 日）

青少年劳动教育三问

刚才，何云峰老师、朱仲敏老师、黄复生老师、孙英俊老师和钱照飞老师从各自角度讲了对青少年劳动教育，以及劳动教育该怎么做等问题的一些看法。朱老师和黄老师的发言既具有政策高度，又体现实践亮点。孙老师比较系统地介绍了曹杨二中在推进劳动教育方面的实践，很切我们今天研讨会的题。钱老师及其机构作为社会力量参与青少年劳动教育，做了不少有益的尝试。我认为这是很好的事情。

今天专家们所讲的内容确实很丰富，很多意见也很有启发意义。我不敢讲总结，主要是在专家们意见的启发下形成的我自己的一些思考。主要包括三个方面的大问题：

问题之一：青少年排斥劳动吗？

为什么讨论这个问题？因为，现实生活中，不少人认为，今天的青少年好像不太爱劳动、不太会劳动。对这个观点，我不太认同。当今很多年轻人在家里可能是从来不做家务，比如从不洗碗的，但是，他们中的不少人却常常学着网络上的一些方法做一点蛋糕、蛋挞等点心给家人品尝。这次疫情期间，很多年轻人就这样做了。你说这算不算劳动？当然，什么叫劳动？可能还需要何云峰老师等专家从学理上帮我们解决这个问题。总之，说青少年排斥、否定劳动,这种说法难免有刻板印象之嫌,可能是一个伪命题。

我们要看到一个事实:如果做这件事情,人们能够得到很多报酬,有很多收获,虽然会很辛苦,但很多人肯定要去做的。青少年也是如此。实际上,这涉及人们对某种劳动价值的承认。这里面包含了一种劳动价值观。所以,简单地说今天的青少年不爱劳动、好逸恶劳,这个是不对的、片面的。

所以,一方面,要真正落实多劳多得的分配原则,整个社会要树立何云峰教授所讲的诚实劳动这种风尚;另一方面,还要引导青少年把握好劳动和金钱以及报酬之间的关系。当然,这就不仅仅是劳动教育的问题了,可能还需要品德教育、思政课等的紧密结合。这些问题似乎有些形而上,但非常值得探讨。如果不搞清楚的话,我们会走入很多误区。明明青少年并非不懂劳动的意义,并非不爱劳动,却还要跟他们大谈劳动的重要性和意义,这样的教育就可能是有问题的,就可能没有把力量用到该用到的地方。

问题之二:劳动教育教什么?

对劳动教育的内容,刚才几位专家讲得都特别好。结合专家们的意见,我觉得劳动教育涉及五个方面的内容:

第一个是劳动认知教育。就是要帮助青少年了解劳动的含义和意义,了解劳动的外延,特别是在现实社会当中,劳动的具体形态有哪些?今天各种产业的状态怎么样?今天的青少年,比如来自农村的青少年,他们对基本的农事有多少了解?我们当年进大学前,都参加过农业劳动,知道什么时候该播种了,什么时候该收获了。这些基本的都知道。今天农村的孩子中,有多少人不会把小麦当成韭菜?

今天,劳动的形态越来越丰富多样,出现了很多新的行业。今年疫情期间，快递小哥得到了全社会的广泛认同，但是，N 年以前，有多少人把快递小哥的劳动看得那么重要？现在还有网络主播、导购、修补破旧牛仔裤。上海大学学生还开展了"二手衣物创新性研究"，对旧衣服进行再改造，化腐朽为神奇，形成一种新的产业。它们跟人们所习惯的业态很不一样，但它们算不算劳动？太多的新业态出现，意味着劳动外延在扩大。这就对青少年对劳动的认知提出了新的课题。

第二个是劳动意识教育。何云峰教授讲劳动是人的不可让渡的权利，我以为劳动其实也是人们推卸不了的责任。帮助青少年从权利和责任等多种角度，强化劳动意识，这是劳动教育的重要内容。

第三个是劳动价值教育。何教授讲劳动是幸福之源，因为劳动创造价值。我有一个想法，劳动教材里面，应该把《劳动幸福论》(何云峰著)中的一些新的思想理念融入进去。否则，专家学者研究半天干什么？专家学者研究得出了最新成果，就应该融进教材。

第四个是劳动能力培养。刚才有专家说当下青少年劳动技能水平比较低，切菜也容易切到手。你们曹杨二中的学生还会组装自行车，很牛，应该不会切到手。我觉得，劳动能力的培养，能为创造性劳动打下扎实基础。劳动教育不仅是教青少年学会简单重复操作，也应该为他们善于进行创造性劳动打下基础。

第五个是劳动习惯的养成。我觉得，劳动习惯，简单说就是眼中有"活儿"。看到油瓶倒了，你就会毫不犹豫地扶起来。看到桌面不整洁了，就不假思索地整理起来。

问题之三：劳动教育难在哪儿？

刚才孙英俊老师讲得很贴近现实，非常接地气。从中，我们可

以清楚地看到,劳动教育的难点不少。我认为,这些难点大致可以归纳为八个方面:

第一个难点是劳动教育要纳入考试范围吗?一旦劳动课程要考试,是不是和减负有冲突?

第二个难点是,劳动教育应该占几个课时?不管纳入还是不纳入考试范围,劳动教育都必然要挤压课时。现在课程课时都是紧缺资源,课程表都排得满满的,学校如何合理安排课时?

第三个难点是教什么样的内容,采用什么样的教材?刚才黄复生老师讲到没有课本是不行的。我也认为没有课本、教材确实不行。问题是,采用什么样的教材?编教材是一项很严谨的工作,应该由一流专家学者参与、把关。然而,现在的很多教材编得很糟糕。前一段时间,我应邀审读一本教材的书稿。上面错别字、病句很多,"的、地、得"乱用的错讹也不少。看得出,编者水平很差,主编把关也不严。其实,国内早有相关领域非常好的现成的教材,你还编这个干吗!美其名曰校本教材,其实就是教研室里的兄弟姐妹们一起编教材,主任当主编。劳动课程教材的编写,何云峰教授这样的劳动哲学研究专家参与了没有?

第四个难点是通过什么样的途径和形式开展劳动教育?理论和实践如何融合?

第五个难点是优秀的师资在哪里?学校有没有从事劳动教育的专业教师?有没有从校外请一些行业专家和优秀劳动者作为外聘师资?如果说从事劳动教育的专业教师是"正规军",外聘师资是"预备队",那么,"正规军"和"预备队"如何取长补短,协调配合?

第六个难点是劳动教育和其他教育如何融合?比如劳动教育和传统文化教育,劳动教育和创新教育等之间,有很多地方是交叉的,甚至重合的。崇明的农业生态旅游中,有很多传统文化教育的内容,事实上同时也是劳动教育的内容。比如用旧式水车车水,这就既是传统文化教育的内容,也是劳动教育的内容。如何把它们融合起来进行?

第七个难点是家、校、社会如何衔接? 家庭劳动教育和学校劳动教育是亲密合作伙伴,应该融合起来的。否则,孙老师要学生们参加劳动出力流汗,学生的爸爸妈妈却说随便学学就好了,那孙老师对学生的劳动教育还有多少实际效果?

第八个难点是劳动和分配的政策支持到位吗? 有力吗? 我们今天开展劳动教育有着特殊的社会背景。现实生活中,一些人通过种种灰色途径一夜暴富;通过设置付费观看私照一夜狂赚几百万。在这种情况下,如何才能让青少年乐于通过"汗滴禾下土"的劳动,感受到劳动幸福呢?

我今天的收获很多,相信咱们青年研究中心的各位同仁也收获良多!

感谢各位专家!

(2020 年 7 月 16 日下午,在"青年研究智库沙龙 2020 年第 8 期·《青年学报》'学报智汇'沙龙 2020 年第 3 期——上海中小学劳动教育问题及对策"上的总结词)

劳动与幸福,怎么扯上关系的?

今天是 2020 年五一国际劳动节。一大早,各个微信群里,祝贺劳动节快乐的留言和图标就到处轰炸了。劳动成为今天话题中几乎绝对的主角。劳动节快乐、劳动幸福一类的祝福语也在朋友之间引起一些戏说和笑谈。

所以是戏说和笑谈,是因为一般来说,劳动实际上常常是"汗滴禾下土",十分辛苦的,人们心底里也并不喜欢辛苦的劳动,这也许是人的一种天性。马克思指出:"只要肉体的强制或其他强制一停止,人们会像逃避瘟疫那样逃避劳动"①。当然,马克思并未明确指出"逃避劳动"一定就是人的不变的天性。他是在批判资本主义社会制度、批判异化劳动时作出这一论断的。在资本主义私有制下,资本奴役着劳动,劳动力被迫成为商品,因此,劳动"始终是令人厌恶的事情,始终是外在的强制劳动,而与此相反,不劳动却是'自由和幸福'。"②今天,"虽然社会主义社会不断争取着工人的所得要与他们的劳动时间付出等同,进而减少强制劳动,但并没有能够消除不平等的劳动交换、消灭剥削和暴力、终结私有制",甚至"强制劳动变成对违反社会主义某些规定的人的惩罚。"③。因

---

① 《马克思恩格斯选集》(第 1 卷),人民出版社 1995 年版第 44 页。
② 《马克思恩格斯文集》(第 8 卷),人民出版社 2009 年版第 174 页。
③ 王卫东:《强制劳动:马克思异化劳动理论不可忽视的概念》,《唯实》,2011 年第 10 期第 41 页。

此，至少在当今世界上，劳动还不是让人乐此不疲的事情。（这部分内容主要来自拙文《资源视角下的劳动概念再审视》）所以，把劳动与快乐、幸福联系在一起，多少有一点戏说和笑谈的成分。

既然劳动还不是让人乐此不疲的事情，那么，劳动与幸福是如何扯上关系，有"劳动幸福"这一说的呢？

我在去年发表的《资源视角下的劳动概念再审视》一文中，用了8 000多字对劳动这一概念作了尽可能细致、周密的界定。我认为，"劳动就是人类投入体力、智力等多种资源，并整合、转化、增值资源，以满足人类自身生存、发展各种需求的人类实践活动。"劳动能够使人类满足自身生存、发展的各种需求，这自然便会使人产生一种价值感。因为这种价值感而产生自豪感，自豪感会带来愉悦感，而这种愉悦感就是幸福感的一种表现。

我们可以从以下几个层次看清楚，从逻辑上看，劳动是怎样使人感到幸福的：

第一，自食其力。通过劳动，人们可以为自己谋取生存和发展的必要资源，使自己能够自食其力。能够自食其力，会使人感到自己有价值，进而感到自豪、产生幸福感。第一次领到工资的年轻人，他们的幸福感特别强烈，能够极大感染父母前辈。

第二，帮助他人。通过劳动，人们能够实现资源增值，从而能够帮助周边的其他人获取生存和发展的资源。这就进一步发展和扩大了人们的价值感和自豪感。农民、工人晴天一身汗，雨天一身泥，难得闲下来，坐看满畈稻谷香，心想着阖家老小吃的喝的有了，孩子也有钱上学了，苦累便会慢慢消退，养家糊口的价值感、自豪感，乃至幸福感自然会油然升起。当然，不仅仅是农民和工人，各行各业的人都可能通过劳动，实现资源增值，帮助别人获取生存和发展的资源。

第三，有所创造。通过劳动，一些人能够在理念、技术等多方面有所创造,有所发明,使人类生存和发展所需要的物质和精神资源能在更大程度上实现超常的增值,从而极大地提升了人们的生活质量。在此基础上,人们得到的价值感、自豪感,以及幸福感是无与伦比的。不论行当,一切能够有所创造、有所发明的人,都可能从自己的劳动中,体会到这种无与伦比的价值感、自豪感和幸福感。

因为劳动是满足自己和他人生存发展需求的一条最为基本的途径,因此,劳动本身是辛苦的,却又让人有价值感、自豪感。因为自豪,所以愉悦;因为愉悦,所以幸福。这就使得劳动和幸福之间形成了内在的逻辑联系。

然而,上述三个层次或许还只是理论意义上的。现实生活中,劳动可能还只是幸福感产生的必要条件,而绝非充分条件。事实上,很多劳动者艰苦备尝,却未必感到幸福。其原因就在于他品尝幸福感的条件还不够充分。

比如,"血汗工厂"工人所获资源量,可能还比不上其付出的体力、智力资源的量,无法实现资源的增值,难以维持其自身及家人生存和发展的基本需求,他怎么幸福得起来;

比如,工资常常被拖欠,他怎么幸福得起来;

比如,工资被莫名其妙、无地说理地缩水,他怎么幸福得起来;

比如,不得不做那些重、脏、险活的劳动者,日日工作就是天天在走命运的钢丝绳,他怎么幸福得起来;

比如,因为自己所处的社会位置、扮演的社会角色,不得不说并不想说的话,不得不做并不喜欢做的事,他怎么幸福得起来;

比如,干同样的活,却拿低得多的收入,他怎么幸福得起来;

比如,卖力推销自己千辛万苦做出来的产品,却鲜有人问津,他怎么幸福得起来;

再比如,勤勤恳恳的劳动者居家隔离数月,至今未能找到工作机会,他怎么幸福得起来……劳动和幸福之间,要走得更近一些,要真正走到一起,还有漫长、艰难的路。

这不仅是一条理论探索的路,更是人类文明实践之路。

(子行空间,2020 年 5 月 1 日)

青少年劳动教育如何开展?

2020年3月下旬,中共中央、国务院印发了《关于全面加强新时代大中小学劳动教育的意见》(以下简称《意见》)。《意见》规定在大中小学设立劳动教育必修课程,系统加强劳动教育。中小学劳动教育课每周不少于1课时,学校要对学生每天课外校外劳动时间做出规定。普通高等学校要明确劳动教育主要依托课程,其中本科阶段不少于32学时。《意见》还提出,将劳动素养纳入学生综合素质评价体系,把劳动素养评价结果作为衡量学生全面发展情况的重要内容,作为评优评先的重要参考和毕业依据,作为高一级学校录取的重要参考或依据。《意见》的规定很精细,并很重视操作性。有人说,这个《意见》的印发,使青少年劳动教育有了"硬指标"。

青少年处在人生的起步阶段,加强对他们的劳动教育,无论是对于社会发展,还是青少年自身的人生发展,都具有极其重要的意义。可以想见,按照国内的惯习,最高层的《意见》颁发以后,各级教育主管部门、各级各类学校一定会雷厉风行地逐层传达、贯彻落实。

然而,与前辈相比,新时代青少年的生存状况有了很大的变化。这种变化必然全面而深刻地影响到青少年对劳动的认识、态度,从而使青少年劳动教育面临着一些新的情况和新的问题。由前辈主导的家庭、学校和社会,能否正视青少年劳动教育面临的新

情况和新问题,必然直接影响到青少年劳动教育的成效。这些新情况和新问题,主要包括以下几个方面:

一、资源富集弱化劳动动力

从根本上说,劳动就是人类投入体力、智力等多种资源,并整合、转化、增值资源,以满足人类自身生存、发展各种需求的人类实践活动。改革开放40多年以来,总体上看,人们的生活水平有了很大的改善和提升,青少年拥有了比前辈厚实很多的物质基础。这就从客观上使得很多青少年通过劳动获取自己生存和发展必需资源的压力大大减轻。毋庸讳言,资源富集事实上为很多青少年疏离各种形式的劳动,弱化劳动意识和劳动动力提供了现实的土壤。

二、技术进步改变劳动形态

作为互联网时代的"原住民",当今青少年对自动化、信息化、智能化、远程化等生产生活方式具有一种几乎天然的认同感和亲近感。而"汗滴禾下土"等在很多青少年心目中,也许只是落后生产方式、劳动方式的象征;流血流汗也许已经不再是勤勉的表现,而是问题,甚至是事故。于是,当家庭、学校和社会向青少年碎碎念"汗滴禾下土"时,很多青少年也许不以为然。

三、理念错位淡化劳动意识

许多家庭都希望青少年考上好大学,捧上好饭碗。所谓好工作、好饭碗,不同家庭的理解并不一致,但差不多都以远离扫大街、做民工、送快递等"汗滴禾下土"的劳动方式和内容为基本底线。一些学校在这些方面与一些家庭一拍即合,对忽视劳动教育起到了推波助澜的作用。

四、社会氛围错乱劳动价值

毋庸讳言,当下中国社会中,多劳多得的社会主义分配原则尚未得到真正落实。一些以权谋私者常常能够获取远远超过普通劳动者的灰色的,甚至黑色的经济利益。很多一夜暴富、一夜成名的人和事趾高气昂地占据着人们的视听,而普通劳动者则汗流浃背、默默无闻地劳作在被社会遗忘的角落。

所有这些都从根本上使青少年劳动教育面临着严重的困扰。面对这些严重的困扰,青少年劳动教育应该如何组织、开展?

青少年劳动教育不仅考验着家庭、学校和社会的想象力、创造力,更考验着家庭、学校和社会正视现实和问题的勇气。

(子行空间,2020 年 5 月 25 日)

苦乐导师

前几天,系里要求我填写优秀毕业论文的评语等有关材料。我指导的一位学生的论文写得很不错,有很强的实力冲击校级优秀毕业论文。这个学生勤于思考,勤于练笔。我的电脑里面存了她的几十篇文章。这是她这几年陆续写出来请我看的。可以说,这几十篇文章让她冲击优秀毕业论文有了充足的底气。欣慰中,我很快就填写好,发给系秘书。2018届毕业论文指导工作总算完成了,心中不由得松了一口气。是的,松了一口气!指导毕业论文不轻省,是一件费时费力费神的事情。

毕业论文是学生大学期间的最后一项综合性专业学习内容。学生大多数都没有写论文,尤其是写作万字以上篇幅学术论文的经历,没有什么经验。一切都需要他们在导师的指导和带领下,一点点学习、摸索、实践。

第一是确定选题。毕业论文写作旨在综合检验学生专业理论和方法学习、运用的成果。因此,一般而言,学生写作毕业论文时都需要贴近自己的专业进行选题。如何既不炒教材和课堂内容的冷饭,又能够贴近现实生活,更"接地气"地选好题? 这是需要深入思考的。对学生来说,选好题是一件很困难的事情。不仅本科生选题难,研究生同样如此。这几年,评审一些硕士毕业论文、阅读一些研究生投来的稿件时,首要感觉就是不少研究生直到毕业的时候,还没学会选题。导师的作用首先就在于帮助学生直面现实生活,运用所学原理,把握一些具体的现实问题,从中选好题。导师自身应该善于选题。

第二是确定论文框架。论文框架其实就是论文的逻辑线索和架构。帮助学生确定论文的写作框架,实际上也就是帮助学生把握科学的思维方式。这是一个非常重要的问题。从根本上说,这方面的训练和指导对于学生日后从事学术研究工作,或者从事其他方面的工作,都有着极其重要的现实意义。

第三是帮助学生确定论文中所涉及的一些重要概念及其界定。一定意义上讲,概念的界定是学术性的重要表现。

第四是帮助学生确定论文写作过程中的难点和重点,形成破解种种难点问题的具体办法,指导学生开展调查研究、阅读文献,以帮助他们更好地把握论据。

指导老师要做的事情不少,工作量其实很大。

我每年都要参与毕业论文的指导工作,感受到了很多快乐。前些年,我指导一名男生张仁杰写作毕业论文。我建议他以他实习学校的德育墙为切入口,研究学校对德育墙德育功能的认知程度和重视程度。选题确定后,他按照我的要求,认真撰写、修改提纲,认真调查研究,认真查阅文献,认真写作初稿,认真修改文章,认真优化文字表述。我和他就这样按部就班,一步一步慢慢做,两三个月后,他的论文就定稿了。通过评比,他的毕业论文被确定为校级优秀论文。

指导他写作毕业论文的每一步,都很充分地体现了毕业论文写作和指导工作中的基本理想和基本要求,一定意义上成为我后来指导毕业论文工作的一种样板。他写作的过程和论文本身,也成为他的学弟学妹们论文写作时的一种可资借鉴和学习的样板。学弟学妹们找不到选题的时候,我往往都会举他的例子启发他/她们。正因此,他在学弟学妹中间颇有名气。

这两年,系里实行了新的制度:由学生自己邀请教师担任毕业论文导师。系里规定每位导师指导的毕业论文最多不能超过5篇。找不到导师的,系里再统一安排。有一年,毕业论文工作刚刚启动,就有一位学生来找我,希望我做她毕业论文的导师。她说自己要去国外读研,正在申请国外的大学。她说,如果自己的毕业论文成绩达不到80分的话,就没有国外的学校要她。所以,她希望在我的指导下好好写作,争取有好的成绩。我一听笑了:压力好大哦! 你的论文能拿什么样的成绩,我说了其实不算的。成绩并不是我打的,从根本上说还是你自己争取来的。她说我一定好好写。她确实很努力,经常来找我讨论选题。经过研讨,她很快从近期社会上发生的某一热点事件中发现了选题。这个选题既贴近她的专业,也贴近现实生活,"切入口"开得也很小,很适合她写作本科毕业论文。我和她商量,很快又确定了提纲和调研的方案。她根据我的建议,认真进行了调查,把握了较为可靠的论据。两个月后,她修改好论文提纲,着手写作初稿。又过了一个月,我看到了初稿。初稿基本体现了提纲的要求,虽然还比较粗。我通过微信等途径,给她提出了具体的修改意见。她作相应的修改。修改了五稿以后,我帮她查了一下重,不到10%。我建议她定稿。她很高兴。但过了两个晚上,她又发了一稿给我,说还有些问题。她用红色标示了她自己修改的地方。修改得还不错。又过了两天,她又发现了问题,又修改了一稿发给我。前前后后算起来,这已经是第八稿了,离交稿答辩还有差不多一个月。我一遍遍读她的文章,对她拿个"良",心中有了充足的底气。她后来答辩很顺利,答辩小组老师给了她很高的分数。论文成绩不会拖她出国读研的后腿了,她很开心。我自然也很开心。

指导毕业论文,和学生一起思考、研讨,感受学生学习着、成长着的风景,体会自己作为导师对年轻人帮一把、扶一把、推一把的成就感,实为人生大乐。不过,人世间从无十全十美之事。除了这些开心事,这些年,指导毕业论文的过程中,也有很多不开心的事情。一些毕业生的马虎、拖延令人无法忍受。而其中一些人的弄虚作假、弄巧成拙则更是令人窝火。

多年指导毕业论文写作,对有些学生的马虎甚至糊弄,我感受颇深。所以,我不断优化我对自己这项工作的"管理"。我一开始就跟学生讲清楚,我扮演的不是"卡"他们,而是"帮"他们的角色。他们论文的成绩主要不是我给的,而是他们自己给的;我还根据最后定稿、答辩等工作的时间,往前倒推,跟他们一起商议、排定了工作计划。计划主要包括:确定选题;讨论和确定提纲;进行调研,把握论据;写作初稿;反复修改稿件等步骤和程序。我告诉学生,根据我多年的经验,你们只要根据这个计划按部就班去做,基本上都可以有条不紊地完成毕业论文。我们还讨论确定请某位学生做小组长,牵头、联系其他学生。小组长一般都很卖力,最后,他/她自己论文完成的情况也都不错。

但是,多年来,这些计划很少能够得到全部落实,总是有差不多一半以上的学生在执行计划方面大打折扣。通常,个别学生跟我见了第一次面以后就不见踪影了。通过小组长催他们,没有回音。我直接出面催他们来谈选题、谈提纲,他们总是"好好好",却始终不见踪影。往往只剩下一周时间就要交稿,甚至就要答辩了,他们才如蛰伏的蝉钻出地面一般,主动来找我了。他们找我,并非是来谈选题和提纲什么的,而是直接来交他们的"定稿"的。他们也不说是初稿还是定稿,只是笼统地说:"老师,我论文写好了。"他们的意思很清楚,就是交稿的时间已经快到了,他就写成这样了,定稿不定稿的,你看着办吧! 一下子就把难题甩给了我。自然,他们这样自说自话定稿的文章普遍存在着很多很严重的问题。定稿吧,职业道德不允许我轻易松口。不定稿吧,时间又非常非常紧了。真让人无语。有一个学生的"文章"，我越读越不对劲，就用学术不端软件检测了一下重复率，实在惊人，超过了70%。一开始他还不承认自己抄袭，声称每个字都是自己写的。我出示检测结果后，他面不改色心不跳地问我："那怎么办呢？总不能不让我毕业吧。"一副"我就这样了，你爱咋滴咋滴吧"的模样。

有一个女学生也是答辩前一周才来找我的。她说我是她的指导老师。我看她却很陌生。跟她一起来的学生证明她确实是我指导的学生。我说为什么直到现在才来谈论文的事情？她说她之前不方便来。我说有什么不方便的？她不回答。我说，时间已经来不及了，你的选题是什么还没有确定，怎么办呢？没想到她说我已经写好了。说着，她从包里拿出一叠纸给我。我一头雾水地接过来看。她已经按照格式打印好了，看上去像模像样的。但是，从头到尾浏览了一遍以后，发现，通篇胡言乱语，不知所云。她究竟要研究什么选题都不清楚，完全就是在没有主题的抄袭，东拼西凑。我实在看不下去，也很愤怒，但又不愿意发火，就说，我先给你检测一下吧。一检测，重复率远远超过了10%的学校规定。看着检测结果，她不动声色地问我，那怎么办？我说，这样的文章是不可能通过的。没有一个答辩老师会弱智到让它过关。听我这样说了以后，她才变了脸色，哭了。她说自己怀孕了，这几个月一直在保胎，没有办法写毕业论文。她其实也不大，也就二十一二岁。一毕业就当妈，衔接得倒也挺好。

完全想不到还有这样一出，我一下子有点懵。她是个孕妇，还在忙着保胎。万一哭哭啼啼影响了保胎，我这做导师的，可就吃不了兜着走了。我定定心先祝福了她。只有一个星期了，怎么办呢？无法按部就班了，只能急事急办，说白了，就是我累。我帮她当场确定了选题和提纲，让她回去写初稿，3天后把初稿拿来进行修改。我一再叮嘱她严格按照提纲好好写初稿，因为，提纲已经非常细了。她 3 天后如期拿来了初稿。初稿难免也是一塌糊涂。没有办法，我只能逐字逐句帮她修改，让她回去好好调整，第四天再来修改。就这样，经过三次修改，她勉勉强强改出了一篇大致符合要求的"论文"。

这么多年，指导怀孕的女生写毕业论文就这么一次，但是类似的情况，每年都会重复上演。同事说他指导了 3 位毕业生，其中有 2 位一直没来找他。他打电话没人接，发短信没回复，请班长找他也找不到，仿佛人间蒸发了一样。只是到了最后离答辩没几天了，他们才带着论文初稿出现了。他们/她们的路子都是一样的，大致包括以下几种：

拖着办。毕业论文的写作要经历选好题、搭建好逻辑框架（提纲）、通过调研和阅读把握论据，写作初稿等多个阶段，环环相扣，时间长，要求高，迥异于平时的课程作业，不是一件容易的事情。一些学生觉得太烦，太难，就习惯性地拖着办。拖延，往往都与拖延者面临着困难，又缺乏克服困难的能力和勇气直接相关。他们一开始也许还为论文写作焦虑，但拖久了，就债多不愁虱多不痒了。

绕着走。选好题、列好提纲，开始写作了，一遇到困难，他们便立马回避。实在回避不了，就马上改弦更张，换个选题。所以，很长时间过去了，一些学生的选题依然处在变动之中。当然，这样的学生与那些交稿前一周还在玩人间蒸发的人比起来，还算好的。

抄着写。一些学生一说写论文，就忙着上网搜寻。我问他们为什么选这样的题，他们也还实在，直言网上的资料多。我告诉他们，网上资料越多，说明这个选题研究过的人也就越多，你要写好的难度也就越大。还不如选个别人研究比较少的题。他们听过也就听过了，但不忘"借鉴"的"初心"。这样"写"出来的文章，其重复率一般都很高。

逼着定。一些学生故意在截止前一周自说自话交稿，摆出一副"我就这样了，你爱咋滴咋滴吧"的架势。这样做，事实上就是陷导师于两难之中：顺水推舟吧，职业道德不允许；坚持标准吧，时间不允许，学生能力也达不到。导师只能在这些学生提交的一堆文字的基础上，甚至另起炉灶，帮他们拟定写作的细纲，再争分夺秒帮助他们修改文章。在这么短的时间内帮助一个学生修改论文已经够呛，如果有那么两三个，导师就要脱一层皮了。

很多年来，大多数学生对毕业论文写作还是重视的，还是认真的，玩弄"拖着办""绕着走""抄着写""逼着定"等招数的学生还很少，一个班级最多有一两个。但近五六年来，这种学生越来越多，几乎每个指导老师都会碰到几个，可谓愈演愈烈。这几年，每到毕业季，总有很多高校的老师在网上吐槽、倒苦水。

问题究竟出在哪里？你可以说现在的大学生不负责任，对自我要求不高是主要原因。但是，"因"与"果"是在一个共同的层面上对应共存的。而在不同的层面上，"因"与"果"之间往往是相互转化的：第一层面的现象——"结果"，其背后有"原因"；第一层面的"原因"，同时乃是第二层面的"结果"；第二层面的"结果"背后，则有第三层面的"原因"；……如果进一步深究的话，这些大学生不负责任、对自我要求不高其实同时又是一种结果，其背后潜藏着更深、更复杂的原因。那么，更深、更复杂的原因有哪些呢？家庭和学校教育的缺失？社会环境中公平公正的稀缺？致富神话的蛊惑？毕业即失业的严峻？

这篇小文随意记一些指导论文过程中的琐碎事，无意也无力深入挖掘和探讨更深的原因之类。那是需要日后专门研究的。

（子行空间，2018 年 5 月 19 日）

仁者乐山

大学是人生成长中的重要一站。在这一站,大学生学了些什么,不仅直接雕琢着学生的身心、现实状况,也直接影响着他们未来的人生发展。因此,大学生在大学学了些什么,是一个极其重要的问题。在现行的社会条件下,家长往往不大会,也难以过多了解,更难以干预大学教育教学的内容,一般主要听从和依赖学校的安排。这实际上也寄托了家长对学校的信赖与厚望。

学校该如何更好地回应家长的信赖与厚望,担起家长寄予的重托?

今日之大学都是以专业的名义、旗帜和核心展开各项教学工作的。专业知识构成了大学教学最核心的内容,也是大学生被要求着力学习、学好的最主要的方面。从专业核心学科的概论,到专业知识发展的历史、专业学科中的专题性研究,再到最后的毕业论文(设计),一般来说,这就构成了现如今大学教学和大学生学习的最主要的内容,占去了师生的绝大多数时间。通常情况下,家长总体上默认学校的这种安排,没有更多的想法和意见。

然而,把学生培养成为"专业人",就是家长对大学的期待的主要内容吗?就是大学对家长重托的最好回应吗?

当然,理论上讲,许多大学也提出从德智体美等各个方面培养学生,包括前些年时髦的所谓"素质教育"。然而,理论上的喧嚣,却并不必然意味着行动上的扎实推进及其许愿的实效。这一方面与现如今的许多高校忽视自己的育人功能有关。不少高校往往把争取各级课题、科研项目，追求 C 刊论文数量等作为工作重点，不遗余力追逐力争，育人则被置于理论上白天鹅、实际上丑小鸭的境地；另一方面，则与"素质教育"等口号中所包含的"素质"等概念过于笼统含混有关。笼统含混的"素质教育"难以对当今的教育教学产生真正有价值的具体的指导作用——哪个时代的教育不是"素质"教育？哪个地方的教育不是要着力在学生身上培养出当地生活生产和发展所需要的"素质"呢？

经过 20 多年的思考，西安交通大学工业设计系主任李乐山教授提出，育人要从以下五个层面着手，培养学生成为身心健康的个人、和睦生活的家人、有责任感的社会人、胜任的职业人、有文化的中国人。从理论上看，这五个层面都是"素质"的具体呈现，却使得笼统的"素质"概念的内涵变得更加具体，更加丰富扎实了。从实践上看，这五个层面也使"素质教育"的推进具有了具体的抓手和实施方法。从这个意义上看，他对教育和育人的理解堪称"素质教育"的一种重大突破。

李老师不是坐而论道的空想家，而是身体力行的实践家。他把 20 多年思考形成的育人理念渗透进了他的一切教育教学活动之中。他的教育教学活动中有很多令人闻之心头一震的内容。比如，他会让一年级新生给家长和中学的老师、同学写信，介绍自己的专业；他让新生撰文，谈自己对"善良"的理解和认识；他让学生走上街头，走进其他大学，进行大学生价值观调查；他让学生去做义工，开展志愿服务。他说，做义工是最重要的。更令人感到不可思议的是他甚至让学生写家谱，了解自己爷爷的爷爷以来，家族演化的脉络和线路。

李老师的种种做法令人起初有些摸不着头脑，但细细想来，却不难理解他的用心：他要通过一种独特的专业思想教育，让学生逐步了解和理解自己的专业;他要让学生直接走出校门,走向社会,了解和把握自己的社会方位与社会责任;他要让学生学会合作,学会悦纳自己、悦纳他人、关爱他人,涵养一颗爱人之心;他要让学生明白自己是从哪里来的。在此基础上,让孩子们学会整体把握自己的人生,把握自己所处的历史方位,把握自己的责任和使命……总之,他要通过自己的努力,把学生培养成为集"五种人"品质于一身的人。

很显然,这样的培养目标绝非单一的"专业人"培养目标所能企及的。如果学生能够成为集"五种人"品质于一身之人,那么,毫无疑问,他们在未来将能更好地应对社会的要求,更好地经营自己的生活,更好地塑造自己的人生。这才是学生成长过程中真正的需要!这才是父母家长对学校真正的期盼!这才是社会对学校真正的期盼!李老师并不奢谈"全面发展"之类的大话,但他所思考、所追求、所努力的,却恰恰是学生、家庭、社会所需要的。

在李老师的教育教学中,这五个层面是有机统一在一起的。他也高度重视专业教育,但更注重以专业教学为抓手,将五个层面的教育渗透和贯穿其中。为了更好地实现育人目标,他编著了很多教材。这些教材都有一个鲜明的特点:没有穿靴戴帽的套话,只有单刀直入的简洁;没有为学术而学术的虚浮,只有直面和解决实际问题的鞭辟入里;没有脱离现实和人生的自说自话,只有针对、直面现实和人生的剖析与阐释。比如《现代社会学》①中,他没有按照此类教科书的一般套路,掉书袋般介绍现代社会的基本状况、现代社会学的基本概念、现代社会学研究的基本状况,逐一介绍现代社会学中的一些著名学者及其思想等等,而是开宗明义,明

---

① 李乐山:《现代社会学》,西安交通大学出版社 2010 年版。

确本课程的目的在于：促进我国文化意识的复苏；认识我国当前出现的各种社会现象；认识西方现代性的目的和起源，汲取工业革命以来的历史教训；培养我国当代社会所需要的人文素质，改变以农耕意识建设现代化的现状；对比中西文化，分析企业文化，通过企业调查和社会调查，为我们企业探索规划可持续的发展文化；面向未来发展，思考我国未来发展趋势，探索规划未来可持续发展方式；建立跨文化的概念，以培养文化适应性，从而提高对自身行为的跨文化意识，提高文化判断力。他致力于帮助学生解决对各种社会问题的困惑，要求学生参与社会实践，思考未来一生自己要如何生活工作，承担哪些责任。他甚至还要求学生计算一生大约需要收入多少。

该书的章节主要包括：西方现代化的起源；西方现代化的一些经验和教训；文化的相互作用；西方企业文化的几个特点；对西方现代化的质疑。末尾，还有个《弟子规》附录。这样的篇章结构和教学内容也许会令社会学专业人士瞠目结舌，却有效地使专业教学内容和人生教育的内容避免了"两张皮"弊端，实现了两者间的有机融合。

可以想见，为了实现这样的融合，李老师耗费了多少心血。

育人是需要全身心投入的事业。李老师就是一位全身心投入的老师。为了把学生培养成集"五种人"品质于一身之人，他不争院士之位、名师之名，甘做一线教师；他不接项目，不争课题，不做顾问，甘守三尺讲台。他以年近七旬之龄，坚持亲自给本科生授课，不厌其烦指导学生设计问卷，开展调研，统计数据，撰写报告，还逐一翻阅学生作业。每天，他都在办公室和教室里，守望着学生发芽、分蘖、拔节、吐蕊，展望着预期的丰收。他是忙碌的、辛勤的，肯定也是充实的。

在他的带领下，学生个个上满了发条，不懈怠，戒骄躁，协力合作,认真听课,深入研讨,广泛调研,几年间,取得了不少很有质量的学习成果。他们合作调研、分别撰写的《〈设计心理学〉期末报告——基于 iOS6 系统的 iPhone 用户操作出错的调查》《工业设计思想基础期末考试——西安地区大学生价值观调查报告》《符号学期末考试——西安地区大学生色彩喜好调查报告(含色彩喜好调查误差分析)》等作业(报告),涉及内容丰富广泛,问卷设计严谨合理,实施过程规范有序,统计分析深入准确。其中,对"iPhone 用户操作出错的调查",仅测试就延续了一个学期。通过测试和调查,学生不仅验证了课堂上所学到的理论知识,还发现和提出了关于 iPhone 设计和使用等方面的 3 000 多个问题(后归类为1 000 多个问题)。据说,这样的发现在当今世界还是独一份。在此过程中,学生也学会了正确面对种种挫折,学会了坚持和坚强。

我们的女儿在一篇作业中说:"在调查的过程中,我还发现有一些同学看到有人来发问卷,就会表现出非常不耐烦的表情……还有的时候我去收问卷,发现有些问卷很明显是乱填的,勾选的选项就是很整齐的一竖排,还有的问卷只写了一面。所以之后我在发问卷时如果敲开宿舍门发现他们不是很愿意填问卷,我就会说'不想填的话没关系'。如果他们真的不愿意填,我就会赔礼道歉后继续敲下一个宿舍的门。"翻阅孩子专业学习、做人、做事等方面取得的这些成果,作为家长,我们心中无比欣慰。

李老师说,教师的天职是育人。他这样理解自己的天职,也在全身心履行着自己的天职。自古知易行难。在官员不谋政、教授不授课、工人不做工、农民不种田之类怪现象屡见不鲜,人们早已见怪不怪的当今社会中,能够全身心投入于本职者风毛麟角。李老师不仅全身心投入育人,而且在理论和实践两方面,都蹚出了独特而高效的育人之道。这不仅是智慧的结晶,更是一位教师大仁、大爱的体现。

　　仁者乐山！有师如斯，孩子们大幸！

　　（2014 年 5 月，为西安交通大学工业设计系李乐山教授七十大寿纪念册撰写的专文）

卷 三

静观青研

大姐的成绩单

今天盘点退休以后干的活,5项委托课题,成果46篇、部。其中,4本专著,2本参著,论文40篇。论文中5篇CSSCI,7篇全文转载,83万多字。

字数占全部成果1/7,论文篇数占1/5,合着是没退休啊!

这是张华大姐给我的微信留言。看着这些数字,愣了半晌,敬佩,祝贺,惭愧……不知道该说些什么。

毫无疑问,大姐退休7年以来取得的科研成就,确实当得上"骄人"二字。放眼当今中国青年研究界,7年时间内能够取得如此成就的学者、专家,无论在职的还是已经退休的,大姐大概是独一份!

大姐退休7年能够取得这样的成就,其原因大概可以归结为以下三个方面:

被需要。中国青年研究界有十几家学术期刊,但全国从事青年研究的专业人员却不超过千人。其中的佼佼者大概不足百人。佼佼者中的佼佼者,则更是寥若晨星了。这就意味着十几家青年研究学术期刊,面临着粥少僧多的局面。各家都要邀请佼佼者为本刊撰写稿件。大姐这种佼佼者中的佼佼者,必然是各家青年研究学术期刊争相约稿的对象。对于大姐来说,各家杂志的主编基本都是学术上的晚辈,都是她关心呵护的对象。大姐总是希望把一碗水端得平一点，给了东家，也不能怠慢了西家。需要大姐这样的专家领衔、把关、带头的课题项目，不会少。所以，大姐约稿不断，文债不少。她不停地阅读、思考、写作。46 篇论文中，大概一多半，就是这样写出来的吧。书稿、课题也是这样完成的吧。

拿得出。大姐 20 世纪 80 年代初就开始从事青年研究，是当代中国第二代青年研究专家。40 年来，大姐经历了中国青年研究界的历次重大事件，是许多学术研讨活动的重要参与者，乃至策划者。大姐是一个不断学习新知的人，对青年中的很多动向，对青年生存发展中的很多现实问题，对中国青年研究的发展脉络，对中国青年研究取得的成绩，对中国青年研究中存在的问题，大姐心里都有好几本账，比很多人都要门儿清。几十年来，大姐对中国青年研究的思考不断滚着雪球，知识背景越来越宽广，思考也越来越深入。思维材料日渐丰富，思考不断深入，笔下自然汪洋恣肆起来。大姐的文字平实素朴，融鞭辟入里、创见迭出于娓娓道来之中。无论是事关青年生存发展的政策研究，还是青年学科构建的理论研究；无论是讲究概念辨析谈理论，还是开展实证调查看现实；无论是关注青年现实，还是回溯青年历史，大姐都信手拈来，挥洒自如。这几年，大姐赐给我们几篇稿子。每每读到大姐的稿子，都心中感慨，做青年研究做到大姐这种程度，难，但此生足矣！

乐意做。短短几年中出了这么多成果，如果没有心中乐意，想必是很难坚持做下去的。学术研究本来就不是一件容易的事情。靠喊口号、耍嘴皮，做不了学术研究，做不出学术研究的成果，更做不出优秀的成果。搞学术研究，你得常常"为伊消得人憔悴"，却又"衣带渐宽终不悔"。我们身边有很多人也写文章、也发文章，但做得不亦苦乎。有人恨恨地说，退休以后再也不碰笔了。实事求是讲，他们搞研究写文章的动力主要还在于挣工分、评职称，还是来自稻粱谋。很显然，大姐这么多年坚持不懈搞研究，既不是为了考核,也不必为了晋升。她已经退休,早已没了这些压力。她做研究写文章,纯粹出于个人爱好。大姐也不是闲得没事干才做这些的。大姐的负担其实挺重,老父亲快成百岁老人了,需要她照顾。姐夫前两年动过大手术,处在康复期,也需要大姐照顾。大姐出色地扮演着女儿、妻子和母亲的角色,无微不至地照顾着一家老小。每日里锅碗瓢盆交响曲间歇中,大姐有时间就会捧起书,就会敲响键盘,做自己喜欢的学术研究。大姐不打麻将,也不跳广场舞,阅读、思考、写作、讲课,让她很辛苦,却也过得很充实、很开心。做自己喜欢做的事情,累也快乐。

大姐在中国青年研究界早早成名。在职期间,作为领头人,她撑起了所在山东省青年研究的一片天,在中国青年研究界产生了不可忽视的影响力。饶毅对毕业生说:"我祝愿:退休之日,你觉得职业中的自己值得尊重。"很显然,职业中的大姐是让她自己欣慰,让后学小辈钦佩的。退休后的这一份学术研究成绩单,想必让大姐继续欣慰,也让后学小辈继续钦佩!

在40多年中国青年研究事业发展的过程中,大姐和其他同辈学者一起,筚路蓝缕,功不可没。中国青年研究事业的未来发展,亟须很多大姐这样拿得出、乐意做的优秀学者。今天,很多团属院校的青年研究者,把大部分精力投入各种智库专报、工作研究报告、各种领导临时起意要求做的调查报告的调研与写作之中。这是团的领导们下达的任务,必须不折不扣完成。投入青年研究的精力自然少了许多,青年研究的力量自然相对削弱。一项学术研究事业的关键和核心在于人,在于研究队伍。在这种情况下,谁来做青年研究?谁来拿出优异的研究成果去推进青年研究的发展?

(子行空间,2021 年 6 月 22 日)

学贵运时策

　　午饭前,写了一幅字:"学贵运时策"。落款写了几行小字:"赞胡范铸先生高见大作上达天听下福黎民学人楷模也"。下午拍照发给胡范铸,征得他同意,发到几个微信群里。

　　写这幅字,是要表达对胡范铸先生的敬意和祝贺。2020年2月18日,微信群里有网友@胡范铸先生,赞扬他:"胡老师14日关于'殉职医护不是普通工伤而是烈士'的推文获百万以上阅读量和两万多点赞,建言获人民日报'人民网评'的认可(15日),现在又获国家政策的正式认可(16日)。"

　　"国家政策的正式认可"是指2月17日,退役军人事务部、中央军委政治工作部联合印发了《关于妥善做好新冠肺炎疫情防控牺牲人员烈士褒扬工作的通知》。"通知"要求各地各部门妥善做好因疫情防控牺牲人员烈士褒扬工作,符合烈士评定(批准)条件的人员,应评定(批准)为烈士。这个通知能够出台,与胡范铸2月14日署名"范之",在"话语生态研究"公众号里发表的推文《疫情即战争,死去的医生不是"工伤",而是"烈士"!!!》直接相关。

　　在这篇文章中,胡范铸提出:"医护人员可以'大爱无疆',但社会却不能薄情寡义。""疫情是和平年代的战争,直接关系到人民的生死存亡。""在疫情肆虐的条件下,医护不是一般意义上的'上班'","不应该只把他们的牺牲看作一般意义的'工伤'"。"他们是真正'为保卫或抢救人民生命壮烈牺牲的'。"为此,他"强烈呼吁：所有在本场抗击疫情中不幸死亡的医生护士都应该授予'烈士'，今后所有在救灾中因公死亡的医生护士都应该授予'烈士'，乃至今后所有在医疗岗位上被医闹杀害的医生护士都可以考虑授予'烈士'。"

学者的文章能够影响国家政策，并获得正式认可，不是一件容易的事情。要做到这一点，一要内容接地气，关涉当下国家和人民大众共同关注的问题；二要蕴涵大见识，能于错综复杂的关系、问题中理出头绪、逻辑，把准是非真假、轻重缓急、方法路径；三要方略可操作。可见，胡范铸的意见能够迅速被认可和采纳，跟他的研究和文章过硬直接相关。

事实上，新冠肺炎疫情爆发以来，胡范铸带领团队高度关注事态发展的同时，撰写了大量推文，积极建言献策。2020 年 2 月 1 日，他说：十天，我们连发六篇推文。这些推文中有《新疫情：疫情爆发后的信息责任》《新疫情 3：突发危机中政府如何说话》《抗击新疫情的 20 项建议：延假期、设保险、清空调、征宿舍、发口罩……》《紧急："战争动员"，生产口罩！14 亿人才 1 400 万只口罩！没口罩，全国怎么开工！》……他说："紧紧盯住那些直接关乎全社会根本利益的事件是新闻机构基本的信息责任。"他的研究和写作何尝不也都是"紧紧盯住那些直接关乎全社会根本利益的事件"呢！面对各种问题，他直言不讳。2 月 10 日的微信中，他说：我们总是对于外面的议论特别敏感，而对于自己的问题讳莫如深，在新闻界和智库界尤其如此。

胡范铸是华东师范大学教授、博士生导师、国际知名的语言学家。他的学术兼职很多，比如上海市语文学会会长、中国修辞学会副会长、中国行为法学会法律语言研究会副会长、上海高校学报研究会理事长等。这几年，他作为华东师范大学国家话语生态研究中心首席专家，从社会语言学等多种视角，对很多社会现象和社会问题进行了深入研究。他写论文、写专报、写著作，成果又多又快又好，是个快手，更是个高手。从他2019年4月3日在朋友圈中发的帖子，可见一斑：

> 华东师大国家话语生态研究中心核心团队6人（本人和5个留校的学生），成立一年半完成任务：
>
> 承担6项国家项目（包括语言学、政治学、传播学三领域），其他省部与校级项目8项；
>
> 提交决策咨询报告23篇，被中央以及省市采用10篇；
>
> 出版著作4部，发表SSCI与CSSCI论文18篇，获市社科奖一篇，被各种文摘转载12篇；
>
> 主办论坛6场，参与论坛33场；
>
> 各种媒体报道19次，包括整版报道；
>
> 微信公众号推文72篇，粉丝9 190，位列全国语言公众号前十名；
>
> 编辑"国家话语生态研究动态"32期；
>
> 编辑《社会科学报》"学术文摘"专版20期/整版；
>
> 开发全国独特无二的数据库两种……
>
> 还指导博士硕士等等，像不像农民工，是不是很卖力？自我表扬下。

这样的成绩用"骄人"二字形容是不是有点乏力？

据说魏源书斋有对联曰：学贵运时策，友交立德人。这句"学贵运时策"可说是体现了魏源对学术功用的深刻理解。他反对于国计民生无补、于治国安邦无用的"腐儒"之学，倡导能够经世致用的学术。强调学术要经世致用，体现学者的大爱和造福桑梓的深沉仁者之心。从这个意义上说，胡范铸及其团队的各种研究，是真正经世致用的,是体现了"学贵运时策"精义的。

除了胡范铸,近日又有朋友发表了不少经世致用的好文章。比如,2 月 12 日,上海师范大学博士生导师何云峰在"知识与价值"公众号发表《应将华南海鲜市场改建为武汉 2020 抗疫纪念广场》一文。

他提出:"新型冠状病毒疫情阻击战是全中国人民甚至全世界人类的一场伟大战斗,体现了 14 亿中国人民众志成城、共克时艰的伟大团结精神,也充分展示了世界各国人民对中国这场战役的无私国际支援。为了纪念这个伟大的战役,建议将华南海鲜市场改建为武汉 2020 抗疫纪念广场。"他还提出具体建议:"将所有在这场疫情中死亡者的身份证号码永久刻在广场的纪念碑上,不需要真实姓名地址,仅仅身份证号码。外国人可以注明国别+护照号码。"

还比如,上海商学院教授陈志强的《"停课不停教、停课不停学",要防止形式主义、"一刀切"和"一窝蜂"等问题》发表于 2020 年 2 月 16 日的"上观学习"。

文章提出:"'停课不停教、停课不停学'是基于做好疫情防控工作、维护广大师生健康安全而做出的重要决定,因而在政策实施过程中,应坚持省级统一部署与各地各校因地制宜实施相结合,避免'一刀切'和简单化,尤其要反对形式主义作风。"他没有停留于理论论证,还提出了"可以通过居家教学的尝试,取代网上教学"等具体可行的建议。

毫无疑问,他们的这些"高见大作"(当然,学者们的"高见大作"还有很多。本人见闻有限,难以尽数)同样体现了"学贵运时策"的精义!拜读他们的这些"高见大作",再看一看那些歌颂"导师的崇高感和师娘的优美感"的文章,那些抄袭、跟风的成果,真是何啻天壤!

庚子年新春起，大家伙儿都宅在家里防疫。一位朋友得闲，整理了自己的书房后，拍了张书房照片给我，嘱我给他写幅字，他好挂在空出来的墙上。写什么？他说随便你。宅着，有时间想想的。昨天中午，提笔写了几个字：境由心造，事在人为。

这是一副对联中的一部分。这副对联的全文是："事在人为休言万般都是命；境由心造退后一步自然宽"。据说，这副对联在四川青城山上清宫天师洞灵祖殿。不假思索写下这几个字，想来与我对近期局势下，学者应有的生活态度和作为的理解有关。大疫当前，封城堵路，口罩为出门标配，路条成回家凭证。看着马路空荡荡，数着食材紧巴巴，居家隔离的日子久了，人们心中难免烦躁。在这个时候，调节好自己的情绪，整理好自己的心境，大概是每个人都面临着的问题。学者亦然。

除此之外，学者们大概还应该想一想做一点什么对社会、对大众有益的事情。纵然不能像钟南山们那样冲到防疫第一线救死扶伤；纵然不能像医学专家们那样艰难攻关，搞清楚病毒真面目，研制出好药好疫苗；纵然不能像胡范铸那样以成果影响国家政策，获得正式认可，但至少可以深入思考一下自己的学习和研究如何体现"学贵运时策"的精义吧。"当官不为民做主，不如回家卖红薯。"做学者的倘若把不准理论和实际中真实存在的具体问题，搞不清问题背后错综复杂的深层原因，提不出解决问题的切实可行的对策和建议，根子还在于读得少，思考得少。

宅着，就多阅读，多思考吧。

（子行空间，2020 年 2 月 19 日）

见证青年研究的特殊时刻

——写在《俯下身子做调研——〈如何有效开展调查研究〉笔谈》
发表之前

　　廉思教授的著作《如何有效开展调查研究》，被有关部门指定
入选人民日报出版社的"不忘初心　牢记使命"主题教育读本，即
将出版。我们《青年学报》今年第 4 期"阅读青年"栏目将设立
"《俯下身子做调研——〈如何有效开展调查研究〉笔谈》"专题，刊
发廉思撰写的《在时代演进和社会变革中　探寻中国青年的发展
规律——廉思课题组青年研究回顾》长文。同时，我们还邀请几位
青年学者由《如何有效开展调查研究》说开去，深入探讨调查研究
的价值立场、调查研究的理论方法和调查研究成果的运用，以及调
查研究在青年研究中的运用等重大问题，为青年研究学界诸君更
好地开展调查研究支支招。

一

　　2007 年以来，来自社会学、统计学等多学科领域的近 30 位青
年学者在廉思教授带领下，组成课题组，对"蚁族"（未稳定就业大
学毕业生聚居群体）、"工蜂"（高校青年教师）、"洄游"（返乡青
年）、新生代农民工、城市新移民、快递小哥、文艺新群体、新的社会
阶层等社会群体及党建和意识形态等问题进行了深入细致的调查

研究，获得了关于当代不同社会群体的大量一手资料和实证数据，数十次得到中央领导同志批示。《青年学报》2018 年第 3 期刊发的廉思的《"95 后"大学生入党动力新特征——基于全国 157 所高校的实证分析》一文中的一部分，以《"95 后"大学生入党状况调研报告》为题，上报中共中央办公厅，引起了中央领导的高度重视，并为此作长文批示。

这些年来，在青年研究界的很多学术研讨会上，在很多团干部培训的课堂上，廉思关于青年现状、社会阶层现状的发言和讲座，已经成为特别引人关注的内容。之所以如此，皆与廉思及其团队接地气的、深入的、持续的调查研究，以及他们取得的丰硕成果直接相关。

《如何有效开展调查研究》就是廉思率课题组这一中国调查研究界知名团队，十余年大量调查研究取得的重要成果之一。本书不简单照搬西方社会学或统计学的调查方法，而是围绕调查研究各个环节的理论与实操，结合团队十多年调研成果中的具体案例，进行深入剖析解读，在积极探索本土特色的社会调查方法等方面，取得了很多富有启发意义的成果。值得特别提出的是，"蚁族""工蜂""洄游"等概念的提出，体现了廉思在学术研究过程中，实现科学思维方式和艺术思维方式高度融合的努力。这也使他们撰写的各种理论论著既蕴藉耐读，又生动可读。

今年上半年，和廉思聊起他和他的团队最近几年的研究。他说特别累，但是很有收获。他透露，今年下半年，他们团队将出版一本书，对十多年深入现实进行调查研究的历程、过程、方法、体会启示等进行比较系统的回顾和研究。我说，这本书出版后，我们《青年学报》在"阅读青年"栏目发表一组评论吧。廉思答应了。

二

这几年,廉思明显发福。他感叹道:跟吃夜宵有关系啊!廉思和团队中的小伙伴们常常参与"蚁族""工蜂"的活动,深夜和他们一起喝酒撸串、聊天交友。他们赢得了被调查者的信任,真正和被调查者打成了一片,走进了被调查对象中间。廉思说,善于做群众工作是我们党的一大重要法宝。在新的社会条件下,如何走近、走进基层群众,了解他们的实际状况,做好群众工作,这是需要我们好好思考的。

在十多年的调查研究过程中,廉思及其团队"持续聚焦这个时代的普通人和他们平凡感人的故事,就像历史长河中任何一代青年人都面临的问题和困惑一样,我们把当代青年在转型社会中的奋斗、梦想、迷茫、彷徨、痛苦、焦虑、思念、无奈,如实记录下来"。但这种"如实记录"显然不是一种机械的记录,而是充满了打破砂锅问到底的探究和深入灵动的思考的。他们"不仅对群体的思想状态进行表层的梳理和一般性的解读,而且深入群体行为模式背后的结构机理中去进行剖析和探究,尤其是对调查对象在日常行为中不经意或不自觉流露出来的生活态度和价值倾向给予特别关注①"。

十多年来,廉思团队逐渐形成了自己的风格和特点。他们对此作了极其精彩的总结:

"服务人民找问题,俯下身子做调研,把握规律提建议,凝聚理想建团队"的研究宗旨;

---

① 廉思:《在时代演进和社会变革中　探寻中国青年的发展规律——廉思课题组青年研究回顾》,《青年学报》2019 年第 4 期。

"资料就在背包上，调研就在大路上，案台就在膝盖上，成果就在大地上"的研究作风；

"深度入场、共情交流、抽离研判"的研究经验。

很显然，这样的总结是极其精彩的。

然而，精彩的仅仅是文字吗？

在"实证研究"广受推崇，却又问题多多的当今社科学界，廉思团队的这些宗旨、做法和经验，值得特别赞赏，也特别值得学习和借鉴；在一些官员、学者下基层调研，往往只是"坐着车子转，隔着玻璃看，中午吃顿饭，拍拍肩膀：'弟兄们好好干'"的当今社会中，廉思及其团队在调查研究中，不仅体现出了学者的严谨和勤奋刻苦，更体现了他们心系人民群众、基层社会、学术研究，勇担社会使命的理想和情怀！

三

青年研究是需要多学科参与的研究领域。然而，多学科如何参与青年研究，却是一个值得关注和研究的问题。像由多学科成员组成的廉思团队那样多年持续"俯下身子"研究青年，是一种多学科参与；因为发文章评职称所需，不同学科的学者走穴式偶尔涉及一下"青年""大学生"，是一种参与；由于某个话题临时邀集多学科学者组成"草台班子"进行研讨，也是一种参与……这些也许都是青年研究所需要的多学科参与。然而，能够真正让青年研究接上青年"地气"，能够确保青年研究所研究的确实是"青年"的，还是像廉思团队那样"俯下身子"的青年研究。廉思团队的研究，远离了蜻蜓点水，远离了自说自话，肯定是最值得赞赏、最能切实展示当下青年生存发展实际，包含了青年发自内心的泪和笑的一种多学科青年研究。

2018 年,我在《青年研究:在关注现实和梳理历史中提升》①一文中写道:

> 近年来,一些青年研究者主动走进"田野",走进青年,在与青年的长时段、多侧面的互动中,对当代青年有了更全面深刻的了解和理解,推出了不少佳作,如廉思的"蚁族"、"工蜂"研究系列,黄海的"街角青年"研究系列,马中红及其团队的青年亚文化研究系列等。这些优秀研究成果视野开阔,深耕聚焦,有助于人们透过当代青年的生活与行为,更加全面、深入、准确地把握其思想与价值、困惑与追求。同时,它们也启示人们:青年研究唯有以热爱青年、关怀国家和民族未来的情怀,以科学的态度和方法,积极应对、准确把握青年中的种种新现象和新问题,方能不断体现和提升自身的社会价值。

十多年调查研究的历程和成就说明,廉思团队是一支有热爱青年、关怀国家和民族未来的理想与情怀的团队。廉思团队十多年的调查研究,是有理想、有情怀的研究。廉思团队的研究成果也是体现出理想光辉、情怀温度的学术、咨政研究的成果。在中国青年研究界,对廉思及其团队的研究,人们抱以很大的兴趣、很大的期待,期待他们继续推出优秀的成果,帮助青年研究摆脱零星地、孤立地、点状地看待青年和青年发展的状态,甚至闭门造车、自说自话的状态,让贫血的青年研究脸色更加红润一些。

廉思却说,团队今后可能将把更多精力投放于关于社会阶层的调查研究。他坦言,对青年研究,团队越来越感到有些力不从

---

① 刘宏森:《青年研究:在关注现实和梳理历史中提升》,《社会科学报》2018 年 3 月 1 日第 5 版。

心。一方面，聚焦于社会阶层的调查研究，一定意义上是《蚁族：大学毕业生聚居村实录》（2009年）出版10年来，廉思团队学术研究深入演进逻辑的一种体现和结果；另一方面，不同于一般社会科学研究的是，青年研究必须真正"在场"，就像考古学家必须亲身在发掘现场、地质学家必须亲身在山野之中一样。团队成员的确比一般青年研究者更了解青年，但随着时间的推移，团队成员年龄越来越大，跟今日之95后、00后之间，有了更大的年龄距离，越来越难以像以前那样作为同龄人直接走进青年之中，难以像以前一样，和"蚁族""工蜂"等基层青年完全无缝对接了。

廉思表示，团队还会继续关注青年研究，但研究的转向和转型，一定意义上必然会使他们的研究对象和成果中，"青年"出现的频率有所下降。因此，编发《俯下身子做调研——〈如何有效开展调查研究〉笔谈》，是想见证廉思团队发展过程中的一个特殊时刻，为廉思团队走过硕果累累的十多年，即将开启研究的转型和转向存照。对于中国青年研究来说，也许这也是一个特殊的时刻。此时，我们似乎应该深入思考几个必须思考的问题：

社会科学研究，尤其是青年研究，如何真正"俯下身子""深度入场、共情交流、抽离研判"？

中国青年研究领域如何前赴后继，不断涌现出新的廉思团队？

（子行空间，2019年9月9日）

"罗胖说廉思"的可说之处

近期看到罗振宇(罗胖)的几篇文章,分别是《为什么 35 岁以下才算"青年"?》(第 32 期—3)、《外卖小哥为什么应该被优待?》(第 32 期—4)、《二三线城市的年轻人为什么有前途?》(第 32 期—5)。这几篇文章,包含了罗胖阅读廉思教授《思行者》等著作后,引发的一些议论。罗胖开门见山地说:"最近我又翻到了一本有趣的书:《思行者》,作者是对外经贸大学教授廉思。他是一个'用脚底板做学问'的学者,也是当代中国研究青年问题最著名的学者。"因为廉思的书有趣,罗胖来了兴致,连续写了 3 篇"罗胖说廉思"的文章。

罗胖说廉思,名人说名人,这一件事情,倒有不少可说之处。

一是"桃李不言,下自成蹊"。罗胖所读的,不仅仅是《思行者》,还有廉思教授的《蚁族》《青年蓝皮书:中国青年发展报告 No. 4——悬停城乡间的蜂鸟》《如何有效开展调查研究》《中国青年评论(第 1 辑)》等著作。这些都是 2007 年以来,廉思带领研究团队,东奔西走,一头扎进 32 个社会群体深入调查研究取得的成果。他和小伙伴们真心诚意,实实在在走进底层的、草根的、弱小的、卑微的、破碎的人群之中,了解青年的油盐柴米、喜怒哀乐。他们的研究不是简单的"抽样问卷调查"、简陋的"数据当家",而是"深度入场、共情交流、抽离研判"的田野调查研究。他们的研究不仅在青年研究界、共青团工作领域令人眼前一亮,而且引起中央高层领导的关注和重视，数十次收到中央领导的批示。

"蚁族"是廉思独创的词汇，"蜂鸟""工蜂""洄游"等则是古已有之的词汇。这些词汇都被廉思赋予了特殊的涵义，成为内涵和外延都很清晰的概念，分别精准、没有歧义地指代着当今中国青年中的某种特殊群体。没有歧义，体现了逻辑上的严谨。就此而言，廉思的研究击准了社会的痒点和痛点，充实了中国青年研究的概念系统，丰富了青年研究的理论、方法，有真价值。罗胖说廉思"是当代中国研究青年问题最著名的学者"，乃实事求是之语。

罗胖是一位"知识型社群"掌门人。"罗胖说廉思"，充分说明优秀学术成果不会被埋没。青年研究的优秀成果，同样可以引起社会的更多关注和赞誉。

二是"旧时王谢堂前燕，飞入寻常百姓家"。学术研究常常被视为象牙塔里的事业，不大容易被社会公众广泛认知。优秀学术研究成果要更深入地走进社会人心，需要更多更好的传播渠道和方式。然而，多年来，当今中国青年研究界涌现出的不少优秀研究成果，却往往处于乏人关注、少有喝彩、鲜有批评的境地。针对这一现实状况，近年来，我们《青年学报》特辟"阅读青年"栏目，组织专家学者对近二十个青年研究的最新优秀成果（主要是新出版的青年研究学术专著），及时进行了学术批评，为青年研究者、为中国青年研究鼓与呼。这些努力在青年研究界产生了比较大的影响。但是，毋庸讳言，这些成果及相关评论对社会公众的影响还比较有限：一与学术期刊受众面比较窄，难以突破学术界与广袤社会之间有形无形的"墙"有关；二与学术研究、学术评论的话语方式与社会大众的话语方式之间，还存在着较大的距离有关。

罗胖是一位著名的演讲家，在社会很多层面都有很大的影响力与号召力，具有在学术界和社会公众之间搭建桥梁的巨大优势。

"罗胖说廉思",发挥了这种优势,有力促进了廉思青年研究优秀成果的社会传播,使相关成果"飞入寻常百姓家",被越来越多的社会公众知晓、接受。

三是"话须通俗方传远,语必关风始动人"。要让学术研究的优秀成果"飞入寻常百姓家",很重要的一点是,必须对学术研究的优秀成果进行转化。转化首先需要在优秀学术成果中的亮点与社会公众的关切点之间建立一种联系。亮点回应关切点,自然容易引起公众的关注;其次需要找到合适的切入口,由切入口引出、串联亮点和社会关切点。

廉思的文字是有温度、平易近人的,为转化奠定了良好的基础。罗胖也深谙转化之道。比如,《为什么 35 岁以下才算"青年"?》中,三言两语介绍了廉思的研究后,罗胖先从"很多用人单位将招聘门槛设定为'年龄在 35 周岁以下'"这个"35 岁现象"现象说起,提出了"时间能够商品化"这一概念。他充分调动,并借助公众对加班、生育、家庭支撑系统、家庭状态、现代化与人的自主生存等现实问题的切肤之感,对廉思关于"不确定性与碎片化导致时间稀缺性"等问题的深入研究进行了阐发。这样的转化,把亮点和社会关切点串联起来,拌和在一起,既向公众深入浅出地传播了学术研究的优秀成果,又借助于学术研究的优秀成果,引发人们的思考。

"罗胖说廉思"是自发的行为。廉思青年研究的优秀成果、罗胖对社会人心的理解和把握,以及两者间的遇合,提供了"罗胖说廉思"的内在驱动力和难得契机。青年研究的健康发展,需要很多次自觉的"罗胖说廉思"。当然,"罗胖说廉思"是有门槛的:一是青年研究的成果够优秀,能入"罗胖"们的法眼;二是有慧眼有胸怀有情怀的"罗胖"越来越多。对于青年研究者来说,"罗胖"可遇不可求,优秀研究成果,则是应该全力以赴努力创造的。廉思能够连续被"罗胖""说"，奥秘只在于他十数年踏踏实实"俯下身子做研究"，做出了青年研究的好成绩。

（子行空间,2021 年 7 月 8 日）

有情怀、有恒心、有独创、讲政治的青年研究

2019 年第 4 期和 2020 年第 2 期，我们《青年学报》分别以"俯下身子做调研——廉思《如何有效开展调查研究》笔谈""专题：悬停于青年世界的'蜂鸟'"为题，在"阅读青年"专栏刊载了对廉思著作的学术批评文章。两个专题之间相隔一期。密集刊载关于廉思著作的学术批评文章，主要是因为去年至今年以来，廉思已经出版了 3 本著作：《如何有效开展调查研究》《中国青年发展报告 No. 4——悬停城乡间的蜂鸟》，以及今天发布的这本新书《思行者》。"阅读青年"专注于对中国青年研究最新著作的学术批评。新书多，自然相应的学术批评也多。廉思新书多，"阅读青年"栏目对廉思著作的学术批评自然有点密集。"阅读青年"的本意就是为青年研究者鼓与呼。

这些年，关注廉思的青年研究，读过廉思的不少著作，对廉思的青年研究多少有了一些粗浅的感受。我的感受主要是：廉思的青年研究是有情怀、有恒心、有独创、讲政治的青年研究。

一、有情怀

情怀是什么？时间有限，来不及界定。简单地说，情怀是一种感情、一种关切、一种担当。2007 年起，身为博士后的廉思把关注的目光投向了北京唐家岭。这个名不见经传的小地方，聚集了许

多"大学毕业生低收入聚居群体"。他们是廉思的同龄人。他们的生存状态怎么样？为了了解他们，家在北京的廉思在唐家岭租了房，跟那些后来被他称为"蚁族"的年轻人朝夕相处。两年后，《蚁族》问世。

近几十年来，人们追捧各种所谓的"成功人士"、追捧各种"明星"，甚至玩味起"导师的崇高和师娘的优雅"。而对默默无闻的社会底层人士，尤其是对一些所谓的弱势群体，人们，包括不少媒体常常视而不见，甚至"嫌贫爱富"。在这样的背景下，廉思及其团队充分体现出了一种关注、关切小人物、底层人，为他们鼓与呼的情怀。

他们十多年"持续聚焦这个时代的普通人和他们平凡感人的故事，就像历史长河中任何一代青年人都面临的问题和困惑一样"。"我们把当代青年在转型社会中的奋斗、梦想、迷茫、彷徨、痛苦、焦虑、思念、无奈，如实记录下来"。

他们对"蚁族""工蜂""洄游""蜂鸟"的关切中，散发着人性的温良！

二、有恒心

2007 年开展对"大学毕业生低收入聚居群体"的深入研究以来，廉思及其团队的学术研究已经持续了 13 年。这 13 年来，廉思和团队成员关注、调查、研究了 32 个社会群体。他们的研究不是"数据当家"的"研究"，而是实实在在走进底层的、草根的、弱小的、卑微的、破碎的人群之中，真心诚意"俯下身子"的研究；是"资料就在背包上，调研就在大路上，案台就在膝盖上，成果就在大地上"的田野调查研究；是"深度入场、共情交流、抽离研判"的研究。

毫无疑问，13 年来，始终能够"俯下身子做调研"的研究者（团队），在当今青年研究界，鲜见！

三、有独创

13 年来，廉思及其团队的研究无疑是具有鲜明独创意义的——

他们连续推出"蚁族""工蜂""洄游""蜂鸟"等新的概念，丰富了人们对青年群体、新社会阶层的认知；

他们通过"蚁族""工蜂""洄游""蜂鸟"等新的概念，昭示学术研究者："面对现实生活中的种种新现象和新问题，人们不必用既有概念削足适履地指称它们，而应该充分发挥想象力，灵活运用艺术思维方式，通过比喻等具体方法，推出新的喻体——意象，以努力提升学术研究及时迅速应对日新月异的现实生活的能力。""只有善于整合、灵活运用艺术直觉、想象、意象塑造和概念分析等多种思维方法，学术研究才能更加灵动地面对瞬息万变的现实生活，才能更加从容地应对种种新现象和新问题，才能有情怀、有温度、有才情，而不八股、不冰冷、不干瘪。"（这是我在《"蚁族"：从比喻到概念》一文中的话，发表于我的微信公众号"子行空间"2019－12－24。该文被收入《思行者》一书）。

四、讲政治

廉思及其团队的研究成果能引起中央高层领导的关注和重视，数十次受到中央领导的批示，关键就在于他们的研究是讲政治的，并为学界提供了讲政治的一种范本："服务人民找问题，俯下身子做调研，把握规律提建议，凝聚理想建团队"。

廉思及其团队十多年来之所以持续关注不同的社会阶层，特别关注那些底层的、草根的、弱小的、卑微的、破碎的人群，是因为他们认识到，这些人群构成了"基层""群众"的主体。现实生活中，这些人群常常被忽视。然而，这些人群又是党的群众工作的重要对象。做好党的群众工作，必须高度关注这些人群。立足做好党的群众工作这一战略高度开展学术研究。他们的研究是讲政治的。

廉思及其团队深入扎实地开展调查研究，全面了解不同社会阶层的生存状况，准确把握他们的梦想、迷茫、彷徨、痛苦、焦虑、思念、无奈。在此基础上写成的各类调研报告、决策参考等多种文本，事实上为做好党的群众工作提供了科学决策、科学实施的重要依据。他们的研究是讲好了政治的。

（2020年11月20日，在"'把论文写在祖国大地上'学术研讨会暨廉思教授《思行者》新书发布会"上的发言。此文根据发言提纲整理而成）

"国家队"导引青年研究走向未来

　　2011 年,我写了一篇题为《"数据当家"与实证研究》的论文,对当时中国青年研究领域出现的一种现象进行了学术批评。我在这篇文章中指出:"近年来,青年研究界高度重视实证研究,这有助于提升研究的水平。但实际工作中,存在着把实证研究简单等同于抽样调查、'数据当家'的现象。这一现象背离了实证研究的本意,不利于青年研究的健康发展和学科建设。研究者理论素养方面的严重欠缺、理论直觉的不足、理论表达能力的捉襟见肘是造成这一现象的重要原因。而研究队伍的现状和求数量却忽视质量的'一刀切'的科研考核机制则是背后的深层原因。"写好文章以后,我就想投给《中国青年研究》杂志。年底,我恰好遇到了中国青年研究中心的领导,说起了这一篇文章。他们对这篇文章的选题和观点很感兴趣。2012 年初,《中国青年研究》发表了这篇论文。

　　之所以想把这种选题的论文投给《中国青年研究》,是因为在我心目中,《中国青年研究》是青年研究学术期刊中的"国家队",平台大,影响大,其传播效力是一般期刊不可同日而语的。我当然希望这篇《"数据当家"与实证研究》中对现实问题的揭示和分析,能够引起更多同仁的关注。更重要的是,在我看来,作为青年研究学术期刊中的"国家队",《中国青年研究》对中国青年研究的走向和发展事实上发挥着导引的作用。对中国青年研究领域存在着的这样一种"数据当家"的现象和问题,《中国青年研究》自然是关注、重视，有兴趣发表相关研究和批评文章的。

我对《中国青年研究》导引作用的认识和期待由来已久。我硕士阶段读的是"文艺学"专业"文学评论"方向，对中国青年研究领域很不熟悉。20 世纪 80 年代末，我进入团属院校任教。很快，我就发现，虽然那时中国青年研究起步还不久，但论著、研讨会、期刊已有不少，很是热闹。我阅读了不少文章，也接触了一些青年研究者，很快，对青年研究界的状况有了大致的了解。当时，"青年××学"一类的教材出版了不少，形成了设立"青年××学"的热潮。也有人找我参编"青年××学"的教材。我发现，这些"青年××学"教材，主要还是在相关传统学科领域中选取一部分理论和知识，加上"青年"两个字，就宣称"青年××学"诞生了。对"青年××学"纷纷问世的现象，我有自己的看法，总觉得它们都有一个共同的不足，那就是缺少对质的规定性的准确把握，难以揭示出"青年"的特质。恰好，《中国青年研究》要听听上海青年研究者对中国青年研究领域存在的现象和问题的看法。我应邀参加了为《中国青年研究》组稿而举行的小型座谈会，谈了自己的意见。1991 年 5 月，《中国青年研究》以《上海五人谈：当代青年研究的现状与走向》为题，刊载了我们研讨的内容。我在发言中提出："我们目前的青年研究中似乎有一场'圈地运动'。""我所说的'圈地运动'是指这些研究者的这样一种行为：在传统学科中，打上'青年'界桩，以表明一种研究的地盘。就是说：'青年'二字仅仅充当了界桩。然而，这对于促进青年研究的实质性进展究竟有何补益？"

当时，青年研究界出版的著作、发表的文章也不少，但是有分量的青年研究的作品很少，表现出了一种有点虚假的繁荣。《中国青年研究》的年轻编辑杨长征来上海组稿。我又在研讨中发表了"文化快餐：量大吃不饱"的观点。我觉得，当时的青年研究成果很多，但是，不少论著就像"哈力克"一样，蓬蓬松松，看上去体积大,量很大,但就是吃不饱。究其里,是因为很多论著缺乏对青年现象和问题的准确把握,对问题背后的原因缺乏深入到位的分析,难以给人启发心智的收获。现在看来,我那时初生牛犊不怕虎,也有点无知无畏,敢说,敢写。

这就是我与《中国青年研究》最初的结缘。这些经历给我一种感觉,那就是《中国青年研究》对中国青年研究领域的很多现象和问题,是应该发出声音,进行批评和引导的。我发现,《中国青年研究》近年来非常重视准确把握当代青年生存和发展的现状,刊载的内容很接青年世界的地气。这与他们注重由青年研究青年,十分重视对年轻作者的发掘和培养直接相关。这其中固然有《中国青年研究》占据的"国家队"的位置所带来的优势等因素,但更与编辑队伍的理念直接相关。中国青年研究很贫血了,急需从鲜活的青年现实生活当中汲取营养,强身健体。从这个意义上说,《中国青年研究》通过选题遴选、作者队伍建设等方面的努力,暗示着、引领着中国青年研究的发展。

发表"文化快餐:量大吃不饱"意见后,我从事学校的行政工作很多年,很少参与青年研究。直到前几年,我辞去行政工作,重新参与青年研究。因为编辑一本青年研究学术期刊,我每天都要阅读大量青年研究成果,对中国青年研究有了更多更深入的认识。我和其他作者一样,很看好《中国青年研究》,以在《中国青年研究》上发表论文为荣。这几年,我也陆续在《中国青年研究》上发表了一些文章,还曾获得过年度优秀作者奖。我希望自己在和青年更多的交流过程中,保持青春活力,能够更全面深入准确地了解和把握当代青年,跻身《中国青年研究》的优秀作者之列。

（2019 年 5 月 30 日,在"《中国青年研究》创刊 30 周年座谈会暨青年发展研讨会"上的发言）

认真审读就是诚意

有人问我,你周末一般都干什么?我说有时候出去转转,但很多时候是在家看稿子。最多的时候,一个周末要看差不多 10 篇稿子。

我所看的稿子,主要是青年研究的论文。一眼浏览下来,这些稿子中的绝大多数,我的基本判断是都达不到发表的水平,有的离发表还差得很远。一般情况下,对这样的稿子都是作退稿处理。但是,我却不能这样简单操作。这些稿子的作者虽然我不认识,但是把稿子推荐给我的人,我可是认识的。他们大多数是一些朋友、熟人。他们都很客气,说你给看看行不行。不行的话,就让他们修改。其实,很多文章是没有修改余地,改不出来的。有些文章说白了就是作者单位某一方面工作的总结。作者加上一些时髦的理论,以一些时髦的概念术语为标签,把工作总结改头换面包装成了"学术论文"。

老话说,"不看僧面看佛面"。我不得不看这些推荐人的面子。作为一本学术期刊的主编,我得跟很多人打交道,需要得到很多方面、很多人的支持,特别是朋友、熟人的支持。我的职责要求我必须把牢学术关。但我不能像包公那样总黑着脸把关。而且,有些稿子虽然质量比较差,但也绝非一无是处,有些内容如果做一些调整、修改,还是可以"救"活的。这些作者中有一些学术新人,硕士生、青年教师等等,需要在学术上有所发展,而他们的学术之路刚刚起步;也有一些平时不搞研究、不写文章的人,但是要考核,要评职称,要升职了,他们需要有铅字作为资本和筹码。对这样的人,尤其是对学术新人,我作为一名老编辑、老教师,应该给予他们力所能及的帮助。

所以,对这些稿件,我都得一篇一篇细看,把握住其中的优点和问题,分析问题背后的原因,更重要的是要以简明清晰的语言,提出我的修改意见,让他们明确怎么修改比较好。我所写的修改意见涉及选题、概念、论据、逻辑等各个方面,经常会长达 1 000 多字。具体、可操作的修改意见是最重要的,也是作者最需要的。要细看每一篇稿子,我在看稿子上花的时间就长了。还要写出具体的审读意见,花的时间就更长了。我总觉得,不能发表这些文章,我对那些朋友、熟人多少有些抱歉。我只能以这样一种认真的审读,认真撰写的修改意见,作为一种弥补,求得熟人朋友们的谅解。

现如今,办刊都要讲究影响因子,影响因子高了,才意味着学术界对期刊本身有了更多的关注和好评,期刊才能进入"C 扩",甚至于"C 刊"行列。办一本刊物不容易,办好一本学术期刊更不容易,要办好一本"小众"的青年研究学术期刊更更不容易。要提升办刊质量,需要很多资源的支持。我们经费不多,人手也严重短缺。期刊的版面是一种资源,但是,这个资源是绝不能乱用的,必须用在刊载高水平的学术论文上面。多年来,偶尔会遇到这样的情况:推荐他人稿子的,常常又是我希望他赐稿的人。所以,拒绝他推荐的稿子和求得他的稿子,这两者之间,似乎又有了一种结构性的矛盾。如何破解这样的矛盾? 我不知道! 我没有什么资源,只有以更多的诚意努力破解这种结构性矛盾! 我所能表达的诚意,一是自己多花点时间和精力认真审读稿件,认真把好学术关;二是想方设法酝酿出好的选题,和这些学界的朋友经常进行学术上的研讨,争取学术上的共识与情感上的共鸣。有了更多的共识与共鸣,学界朋友们也就感受到了我的诚意。

实事求是说,这些年,我很幸运:绝大多数推荐稿子的人都很通情达理,都能理解我的难处,也都能理解我提出的审读意见、修改建议。这就使我们之间少了猜疑,少了可能的不愉快。其中有不少人虽然推荐稿子不成功,但他们自己有了好稿子,还是很乐意交给我们编辑发表。他们的作品在我们《青年学报》这些年影响力不断提升的过程当中,发挥了极其重要的作用。

他们是我和我们期刊真正的贵人!

真诚感谢他们给我的生活、我的生命带来温良!

当然,也有人因为推荐的稿子被我婉拒,也婉拒和我继续交流、交往。这样的人自然是极少数,可总让人无奈,让人遗憾。这就是人生吧!人生中无奈事、遗憾事不少,多一两件,少一两件,差别不大。

不想那么多,还是收拾起精神,戴上老花镜,继续看稿子吧。

人间事都是辩证的。看了很多稿子,付出了很多精力和时间,却也有收获了很多。大收获之一,就是让我对学术界,尤其是青年研究界一些普遍存在的问题,甚至于深层次的问题,看得更多一点,或许看得也更透一点。这就使我近期写作《如何有效开展青年研究——学术规范与论文写作》一书有了更多的积累和底气。

（子行空间,2021 年 3 月 12 日）

审稿的路数

学术期刊根据哪些依据审读稿件、判定质量、决定取舍？

很多学术期刊主要从以下几个方面进行审读：论文的学术水平、理论意义、实践价值如何？论文的创新性如何？论文的标题、中英文摘要、关键词等有没有学术规范方面的问题？论文如有修改余地，有哪些具体的修改意见？不宜发表的，相应的理由有哪些？这几个方面构成了不少学术期刊审读和判定论文质量的基本维度。

一篇学术论文的水平怎么样，一般也确实离不开对这几个方面（维度）的考量。问题在于，这几个维度似乎还稍微笼统了些，似乎主要取决于编辑审读过程中的感觉和印象，取决于编辑的灵活把握。很显然，如果在论文的学术水平、理论意义、创新性等维度的基础上，作进一步具体明确的要求的话，无疑有助于编辑突破审读过程中的感觉和印象，能够更加客观、准确地审读和把握论文的水平。

近年来，我们通过多方面实践和研讨，统一了思想，明确了审读、判定稿件的几个主要维度——选题、依据、概念、逻辑。

选题方面，具体参考维度包括：问题是否明确、具体；问题的新与旧、真与伪、大与小、冷与热等。学术研究一定是要以准确把握理论或现实中的具体问题为基础和前提的。对问题把握的水平，直接影响到学术水平、理论意义或实践价值等几个方面。从这样一些具体的维度把握论文的选题，显然有助于破解学术水平、理论意义或实践价值等维度过于笼统等问题。

依据方面，具体参考维度包括：对现实状况是否有切实、准确的把握；对问题的把握是否有数据、其他材料为依据；对原因的分析是否深入，是否为对策建议提供了铺垫和依据。学术研究要从现象，甚至从风马牛不相及的现象之间把握本质。对本质的把握是否可靠，这取决于研究者立论必有据。当下实证研究盛行，但很多时候，人们往往把实证研究简单等同于抽样问卷调查、数据等。不少学术论文中数据、图表琳琅满目，但它们能否成为靠谱的依据，却是需要审读时仔细严谨地甄别、辨析的。

概念方面，具体参考维度包括：对相关概念是否有必要的、合乎逻辑的界定；概念使用是否保持同一性。概念是反映对象特有属性的思维形式，是人类思维，尤其是科学思维方式中最基本的元素。概念界定和使用的实际状况，直接体现着作者的理论素养，直接影响着整篇论文的基本逻辑和基本质量。因此，辨析概念界定和使用的实际状况在审读学术论文的过程中有着十分重要的地位。

逻辑方面，具体参考维度：对问题之间和原因之间内在的逻辑关系是否有到位的梳理；原因与对策之间是否有逻辑上的紧密内在联系；主要观点是否新颖；主要观点是否有理论和事实的充要依据，且在依据和主要观点之间是否有紧密内在的逻辑关系。

维度越是具体，编辑审读论文时的指引和依据也就越是充分。经过这些维度的认真审读后，编辑对一篇论文的得失也就有了较为全面、具体、准确的把握了。换句话说，编辑的眼光可能就更准了。

话说回来,对于作者来说,这些维度何尝不也是他们写论文时的重要参考和借鉴呢?

（子行空间,2022 年 3 月 28 日）

远离大而无当、泛泛而谈

——写在"纪念建团一百周年"专题发表之后

2021年9月22日，任园来电，说起给《青年学报》组稿的事情。她是《青年学报》的特约编辑。

她问我，明年是建团100周年纪念之年，咱们《青年学报》是不是应该刊发一些相关的研究文章？

我说，当然啊！问题是什么样的选题比较合适。

她说，团史100年，其中有太多的人和事值得分析研究，可以为今天团青工作的发展提供有益的借鉴。但是，正因为值得研究的人和事实在太多了，选择什么样的点、从哪里切入，还真不太容易确定。

我深以为然！确实，百年以来，一代又一代中国青年团结在团旗下，跟着共产党干革命、搞建设、参与并推进改革开放。习近平总书记在庆祝建党100周年讲话中指出："一百年来，在中国共产党的旗帜下，一代代中国青年把青春奋斗融入党和人民事业，成为实现中华民族伟大复兴的先锋力量。"在此过程中，中国共青团无疑发挥了不可替代、不可忽视的作用。然而，该如何对这百年进行梳理呢？如果对共青团百年历史作全景式回顾和梳理，即使用上一期《青年学报》的所有篇幅也无法容纳。更难的是，谁又有如此的"上帝"视野呢？如果勉力为之，选题必然不够聚焦，文章必然难以避免大而无当、泛泛而谈。这些年来，许多重要会议召开不久,总有手快的作者提交快文阐释会议和领导人讲话精神的实质和重要意义,然而,此类快文中的绝大多数都难免大而无当、泛泛而谈。

《青年学报》刊发的论文,一定不可以是大而无当、泛泛而谈之作!

我想到属概念和种概念的区别与联系,又想到了"团章"对共青团的定位,"剪不断理还乱"的思绪中一下子透进了一束光。

《中国共产主义青年团章程》明确指出:"中国共产主义青年团是中国共产党领导的先进青年的群团组织,是广大青年在实践中学习中国特色社会主义和共产主义的学校,是中国共产党的助手和后备军。"这段话中包含了几个隐喻——"学校""助手""后备军"。严格意义上讲,这几个隐喻都不是严谨的学术概念,因为形式逻辑中有"定义不应该包括含混的概念,不能用隐喻(比喻)"的规则。我曾经在一些研讨会上从逻辑角度对这个问题做过一点分析。不过,从历史视角看,"团章"中的这些表述,既生动准确地描绘了共青团在中国共产党的领导下,团结带领一代又一代青年听党话、跟党走的百年历程,也从多个侧面深刻揭示了共青团在百年风雨洗礼中发展壮大的深层原因。属概念和相关种概念是相对存在的。离开了"学校""助手""后备军"等职能和作用,中国共青团如何体现其存在的价值和意义?

想到这里,我说,可以请几位年轻学者,分别从"学校""助手"和"后备军"这几个不同视角,穿透百年风雨,梳理和总结共青团百年奋斗的历程和经验,同时,从坚持党的领导、研究和尊重青年特点、创新共青团工作方法、从严治团等多个方面,努力把握共青团百年成功经验对于新时代共青团工作发展的启示性意义。视角具体,"切入口"小,有助于作者把问题谈得更加深入,更加透彻。

任园脑瓜子灵,很快就沿着这一基本思路形成了组稿的方案。

我们商讨了组稿的一些细节问题。任园执行力也很强，很快就成功邀请到孔祥成教授、上官酒瑞教授等年轻有为的学者撰文。孔祥成教授、上官酒瑞教授十分重视这方面的研究。他们都翻阅了数十万字的资料，认真思考、写作。

到 2021 年底，一组"纪念建团一百周年专题"的 3 篇优秀论文进入了《青年学报》2022 年第 1 期的编辑流程之中。这 3 篇优秀论文是：任园、杨文晴的《中国共青团"为党育人"的百年演进——基于"学校"视角的考察》，孔祥成、刘浩霆的《党的"助手"：共青团初心的生成与百年功能演进》，上官酒瑞、康毓婷的《基于"后备军"的党团关系百年演进及启示——从政治与组织关系角度的考察》。

2022 年 2 月 15 日，元宵节。一大早，《青年学报》微信公众号发布了 2022 年第 1 期的目录。不少学者点赞。还有知名专家私信我，希望能看到纸质版。

学术期刊的编辑部不仅是一个按部就班组稿、编稿的地方，更应该是一个紧密关注社会、学界动向，时时开展广泛深入研讨，准确把握好选题、组织优秀作者撰文深入研讨的公共学术空间。好编辑应该是这个公共学术空间的优秀服务员、组织者和管理者。几年前，我在一篇文章中提出，好编辑应该是"学术活动家"，应该善于按照"新闻眼光、问题意识、学科尺度"，敏锐准确地把握住问题。这些年来，《青年学报》编辑间学术研讨、策划新选题的氛围越来越好。这无疑有利于青年学者的学术成长，有利于好编辑的涌现。但愿《青年学报》拥有更多好编辑，为中国青年研究事业搭建更好的公共学术空间。

（子行空间，2022 年 2 月 18 日）

写在《"80后"不惑》发表后

2019年10月,在某地参加学术研讨会。某日和青年研究界一位著名学者共进早餐,边吃边聊,说起"世代",说起明年(2020年),1980年出生的人要40岁了。突然,"'80后'不惑"这几个字从我脑海中跳了出来。我立马说,明年,我们组一组稿子,总的选题就是"'80后'不惑",怎么样?

他一愣,随即笑了起来:好,这个选题不错!

会议期间,我抽空在手机备忘录上写了《"'80后'不惑"组稿方案》。在"方案"中,我写道:

"80后"出生于改革开放初期。他们是"独生子女"一代,曾被贴上很多标签:"小皇帝""垮掉的一代""大有希望的一代"……他们是在我国现代化建设伟大成就滋养下成长起来的一代人,集"三千宠爱于一身",又面临着劳动建设、扶老携幼的特殊压力;他们聆听着前辈上山下乡的故事,感受着改革开放的春风;他们在传统文化发掘与重建的工地上长大,又伴随着互联网成长;他们曾经被视为油瓶子倒了也不知道去扶,却又在许多朝阳产业中发挥着不可或缺的特殊作用;他们朝气蓬勃,却又哀叹自己早早"老了"……他们身上积淀了40年来中国社会发展的成就和问题,又事实上开始承担起社会中坚的重任。一定意义上讲,步入不惑之年的"80后"是中国社会改革开放的"活化石"；研究"80后"，不仅是对正在成为历史的40年的回眸，也是对"80后"即将大显身手的未来社会的前瞻和期盼。

为此，本刊以"'80后'不惑"为题，邀请几位不同年代出生的学者，从不同视角展开研讨。

写好以后，我就通过微信转发给几位朋友，请他们撰稿。

对这一选题，他们先都一愣，旋即便心领神会我的想法和这个选题中包含的意蕴。他们都觉得这是一个有意思的选题，也是开展世代研究、当代中国社会发展研究、青年文化研究等重大课题研究很好的"切入口"。这个选题不那么好写，但他们都很有兴趣去反思这40年来中国社会发展、青年一代成长等的历程，思考相关的一些问题，都愉快地应承了。

按照我本来的设想，这一组稿子放在第2期发表。第2期4月份出版，在五四之前，可以作为2020年纪念五四运动时的一个参考。我与作者们约定，2020年1月底交稿。这样的话，我们有2个月时间编辑、印刷，可以从容一点。

天有不测风云。2020年1月23日凌晨，武汉疫情防控指挥部发布1号通告，10时起机场、火车站离汉通道暂时关闭。武汉之外的地方，人们则必须居家隔离。

起初，我没把隔离与这一组稿子的写作和编发联系起来。居家隔离，不正好用来写作吗？我对这一组稿子充满了期待和信心。

没想到，1月底，我联系那位著名学者催稿子的时候，他却告诉我，稿子写好了，但放在家里的电脑中，而他则回了老家，暂时也回不了自己的家了。

这就让我挠头了。我思前想后，又跟同事商量了一下，准备等他回家后,把稿子发给我。这一组稿子延至第 3 期发表。

我告知另外两位作者延期发表的安排。他们表示理解,继续认真思考、写作。

胡献忠是快手、高手。居家隔离期间,他认真写出了近万字的《"80 后"的现代性与改革开放的现代化》。他从 1978 年改革开放以来的国家现代化进程这一恢宏背景下,考察"80 后"青年现代性与国家现代化之间互动密切而又充满张力的过程。他揭示了"80 后"的现代性意识与国家治理现代化进程之间互为因果、相互促进的内在逻辑。文章大气而缜密,既有"80 后"青年成长发展历史的梳理,又有现代化、现代性等概念的辨析。

邓蕾自身是一位"80 后"。写作"'80 后'不惑"这样一个选题,对于她来说,想必既有一定的吸引力,也有一定的挑战性吧。她写得用力、用心。跟她聊起她在写的这篇文章时,她总是很谨慎:还不成熟! 她其实已经写出了初稿,但一遍遍修改和调整。功夫不负有心人。她交给编辑 1 万多字的《"80 后"与父母的代际关系类型》。她比较娴熟地运用社会学方法,处理和运用我们上海青年研究中心等机构调研的数据,梳理和辨析关于家庭内部代际关系的现有中西方经典理论,对"80 后"代际关系的类型和结构进行了考察。她认为,跳出"传统—现代""融合—决裂"等非此即彼的二元对立视角,全面、深入地捕捉复杂的、千差万别的代际关系,对"80 后"代际关系研究及相关政策研究来说十分重要。

那位回老家的知名学者,什么时候才能回家呢? 而第 3 期的编辑、校对工作不得不按期严丝合缝地运转起来。

很快,今年第 3 期琳琅满目地出版了!

"'80 后'不惑"登场了!

"'80 后'不惑"专题不是一次性的,还将继续刊载好文章!

有德高望重的前辈已欣然答应赐稿。

期待中！

（子行空间,2020 年 8 月 25 日）

学报编辑应成为"学术活动家"

学报是学术研究事业发展的重要阵地。在学报工作中，学报编辑的素质水平直接影响着学报办刊的水平，是学报工作推进的基础条件。学报编辑的素质包括很多方面。其中，成为"学术活动家"就是学报编辑应该具有的一种重要素质。

一、何为"学术活动家"？

这里的"学术活动家"并非指那些功夫始终在学术之外的人。那些功夫始终在学术之外的人终日最起劲、最忙碌的是周旋于各种科研管理机构之间，"跑课题""筹经费""忙评审"，而在踏踏实实阅读、思考、研究、撰述等方面，却往往无暇顾及，也无意耗费时间和精力。这样的人意在"活动"，而无意于"学术"，不在本文所说的"学术活动家"之列。本文所指"学术活动家"具有特殊的内涵。

（一）"学术活动家"首先是学有所长的学者

学报编辑首先应该是术业有专攻、学有所成的学者。他/她在某一专业领域有着较为深厚的积累、较深的研究，熟悉本专业领域学术研究的老问题和新问题、本专业领域重要理论和方法的来龙去脉、重要学者的思想和成就、代表性学术共同体的研究风格和特色、本专业与现实社会和现实生活的具体联系等等。

相对于一般学者，学报编辑应该对知识生产和科学研究的规律和规则、过程和要求等等，具有更加自觉的意识，更加熟悉乃至精通。一定意义上讲，学报编辑不仅善于"鱼"，更精通"渔"之方法和诀窍。他们非常善于从自己研究的经验和体会中，总结和提炼出一些具有普遍性的学术研究的理论和方法。这就意味着学报编辑应该具有十分扎实的学术基本功。有此扎实的学术基本功，他才会具有良好的感觉。这意味着一种鉴别学术研究成果的慧眼和鉴赏力，对于学报编辑工作来说极其重要。有了这种良好的感觉，他就能够对他人学术研究成果的水平和质量作出迅速而准确的把握；能够跟相关研究领域的专家学者进行广泛深入的学术对话，与专家学者之间会有更多的共同语言和兴趣；能够在选题、组稿过程中，创造性地选择和把握"切入口"，形成选题。总之，学报编辑首先是学有所长的学者，这是其作为学术活动家的基本前提。

（二）"学术活动家"的基本素养

除了具有十分扎实的学术基本功、鉴别学术研究成果的慧眼和鉴赏力以外，学报编辑还应该具有具有一些其他基本素养。

一是了解和熟悉学报业务相关研究领域内的重要学术概念、命题、问题、理论、方法的来龙去脉和研究的现状，知道哪些是已经达成共识的，哪些是老生常谈的，哪些是争论不休的，哪些是尖端前沿的。同时，"学术活动家"十分熟悉学术界当下的状况，对学术研究中普遍存在的倾向和问题有清醒的认识和把握，能够进行有针对性的学术批评。

二是了解学术界与其编辑业务相关的研究领域内，有影响力的学者和成果，熟悉学者们的长短处和特点，甚至也熟悉学界的"潜力股"——那些具有较大潜力，但尚未引起整个学界高度关注的学术新星。

三是具有较强的人际交往能力,善于与人沟通,尤其是善于与人进行学术沟通,在学界有一定的学术影响力。

(三)"学术活动家"的特殊素养

编辑作为一种"学术活动家",还应该善于按照"新闻眼光、问题意识、学科尺度"这样一种基本原则,敏锐准确地把握住问题。所谓"新闻眼光",是指他密切关注社会现实,对当下发生的新闻事件很敏感;所谓"问题意识",是指他面对每天难以计数的海量信息、五花八门的新闻事件,善于甄别,善于从一些偶发的新闻事件中捕捉寓含着的社会问题;所谓"学科尺度",是指他善于运用相关学科的理论和方法,从学科视角审视这些新闻事件,提炼出一些具有较高学术价值的问题,从而形成好的研究选题。

在此基础上,他应该拥有较为广泛的人脉,能够及时邀约到合适的作者,并且能够迅速和作者进行沟通,达成共识,组织开展深入的研讨,协力推出优秀学术论文。

比如,2014 年 12 月 31 日深夜,上海外滩发生踩踏惨剧。这一惨剧有很大的偶然性,但死难者主要是年轻力壮的青年,特别是大学生。其中,占主体的是外省市户籍的在沪大学生,这就折射出了一连串深层次的社会问题。比如,青少年生命教育的问题、社会环境的优化问题、中国社会对人的生命价值的尊重问题等等。很多问题平时也许蛰伏于喧嚣的世事之中,但踩踏惨剧却把这一连串的问题严峻地摆在了社会的面前,要求学术界予以深入的研究。某刊 2015 年第 1 期即将于 1 月下旬出版。这一惨剧发生后,该刊主编果断调整版面,联系作者,邀约编发了相关学术论文,对社会新闻事件,及时作出了学术的反应。这样的努力无疑有助于提升学术期刊自身的社会影响力。

二、何以要成为"学术活动家"？

学报编辑努力成为"学术活动家"，这是学报不断提升办刊水平、推进学术研究事业的必然要求。

（一）编辑是公共学术空间的具体管理者

学报是学术研究的重要阵地、成果展示的重要平台。值得注意的是，这个阵地和平台不是缺乏管理的自由市场，而应该是有规划设计、有遴选淘汰的公共学术空间。

主编统领的编辑队伍是公共学术空间的具体管理者。对学报这一公共学术空间的内容和形式进行规划设计、遴选淘汰，主要由主编统领的编辑队伍完成。如何更好地进行规划设计和遴选淘汰，这固然与主编的办刊思路和素养直接相关，也取决于编辑的基本素养和特殊素养。一般情况下，主编作为学术期刊的灵魂人物，对期刊的办刊方向、特色、选题、文章风格、装帧设计等等，都有着一以贯之的追求和要求。主编的这些追求和要求，只有落实在编辑的具体编辑行为中，才能转化为现实。编辑成为"学术活动家"，将有助于其与主编之间进行有效的沟通。通过沟通，编辑能充分准确地理解主编的意图、办刊的要求，从而在把握选题、遴选作者、组织稿件、编辑稿件等各个环节，体现学术期刊办刊的方向、特色等。一定意义上讲，这就是对公共学术空间管理作用的一种发挥。

（二）编辑工作体现着学报对学术研究的重要引领作用

现实生活中，学者们关注的视线、研讨的议题，常常被学术期刊所牵引。这说明，学报作为重要的学术研究平台，对于学术研究的关注点、热点有着潜在的重要引领作用。一定意义上讲，这种引领作用也许就是所谓"议题设置"效应的体现。这些年，"议题设置"常常受到学界和社会的质疑,但是,学术期刊对学术界研究关注点和热点的引领作用却是不可否认,也不可或缺的。我们需要摒弃的不是"议题设置",而是盲人摸象、自说自话、不顾现实、不讲大局、不合时宜的议题霸权。

学报对学术研究的引领作用主要体现在两个方面:

1. 对学术关注点和热点的引领

学报对学术研究的重要引领作用首先是通过对学术关注点和热点的推介体现的。2014 年初,我们《青年学报》推出一个专题——"社会工作理论与方法本土化十年回顾"。之所以推出这个专题,是因为十年前上海市专业社会工作者队伍诞生时,学术界提出,实践需要理论的指导。在上海开展社会工作,同样离不开社会工作理论和方法的指导。社会工作理论和方法主要是外来的西方理论和方法。这就要求社会工作者紧密结合上海社会工作的实际情况,在实际运用理论和方法的过程中,努力探索和实现外来理论与方法的本土化。因此,十年前专业社会工作启动,本土化也同步启动。转眼间,十年过去,本土化取得了哪些成绩? 积累了哪些经验? 有哪些需要汲取的教训? 这就需要总结和研讨。这样的总结和研讨对于社会工作的健康发展来说,无疑具有十分重要的意义。当时,我们浏览了许多学术期刊,特别是社会学、社会工作、青少年研究类的学术期刊,发现还没有期刊研讨这样的议题。因此,我们决定开设这一专题,邀请学界著名学者展开研讨。我们找到上海市社会工作领域的著名专家文军、顾东辉、费梅苹撰文。起初,我们担心这些学者撰述繁忙,无暇为我们这样不知名的期刊撰稿。但思考后,我们认为这些学者都有很强的事业心,热心研讨学术领域内有重要理论、实践价值和历史意义的议题。而"十年回顾"恰恰是这样的议题,一定能够吸引这些学者的学生关注。因此,我们和这些学者取得了联系,得到了他们的支持,顺利编发了他们高质量的文章。文章发表后，在社会工作理论和实践领域引起了较多的关注，也有效扩大了我们学报在该研究领域的影响。

毫无疑问，学术期刊对于学术研究关注点、热点的重要引领作用是通过编辑体现出来的。编辑要发挥这样的作用，就必须成为"学术活动家"，善于推出合适的议题（选题），吸引高水平学者们的关注，激发他们研究的热情。

2. 对学术研究现状的批评

学术批评主要指通过对学术研究的状况和成果的分析和研究，揭示学术研究取得的进展、成就，对学术研究的过程、学术研究队伍中存在的缺憾和问题进行梳理和分析，以检视学者们对问题的把握是否准确精当，研究的方法是否科学合理，对问题的分析是否深刻、精辟、到位，思考和策略是否恰当、可行，从而促进学术界正视、解决相关问题。某种意义上说，学术批评就是给学术研究的实践号脉、诊断、开方。这对于促进学术研究的健康发展，其积极意义毋庸赘言。比如，20 世纪 90 年代以来，所谓"实证研究"方法在青年研究领域成为一大主流。然而，很多实证研究中出现了研究对象缺席或沉默，研究青年却与青年无涉，没有现场感的情况。为此，《青年学报》2014 年初推出一个专题，邀请一些学者由黄海近年出版的两本专著《灰地》与《灰人》切入，对当下青年研究领域使用较多的问卷法、交谈法和文献法等研究方法进行辨析和批评。学者们在文章中提出：青年研究更要立基于方法论层面，在田野中书写，以"田野的灵感"促推青年研究接地气、显灵气。很显然，这样的学术批评是有益的。

学报的学术批评功能主要通过编辑实现。编辑对学术界取得的研究进展和成就，对存在的问题往往都有自己的认识和把握。优秀的编辑不会局限于单一的学科、单一的问题、单一的方法，而善于从学术界整体及其发展角度，审视来稿，把握其中蕴含的亮点或问题,通过其与作者之间的互动和沟通,传递他所理解的学术研究的"应然"。毫无疑问,这对作者今后在选题把握、方法运用、表达方式、文字风格等各方面都会形成十分重要的影响。这种"应然"的传递,其实就是一种及时、有针对性的学术批评功能的体现。此外,编辑也可以根据学术研究的现状,适时撰写学术批评文章,以引起学界的关注和重视,以及调整优化的努力。所有这一切,都要求学报编辑必须努力成为"学术活动家"。

(三)成功经验的启示

学术期刊界,一些名栏、名刊之所以引人注目,与其作者多名家、精品充版面的办刊成绩直接相关。之所以如此,固然与这些名栏、名刊所拥有的优势有关。比如,一些学报背靠名校,分享着名校作为学术高地的巨大声望带来的种种优厚的学术、办刊资源。这些学术、办刊资源常常是显性和隐性的。这就使这些学报具有了一种先发优势和"先赋地位"。但是,创业难,守成更难。在当今学术期刊竞争日趋激烈的形势下,这种优势和地位的维护却并非那么简单,而是一个时时困扰着编辑们的问题。一定意义上讲,守成更需要编辑们具有"学术活动家"的能力和魅力。事实上,不少名栏、名刊之所以成为名栏、名刊,总体上都与其整个编辑队伍的"学术活动"能力很强直接相关。这些名栏、名刊的编辑人员的综合素质往往相对较高。有些编辑自身也是在学术界有一定影响力的学者,学术朋友多,拥有很多选题、组稿的优势条件。同时,这些学术期刊往往也很善于"借脑",通过邀请一些著名学者主持栏目等途径,借用其学术影响力和学术活动力,遴选好的选题和作者,编发优秀的学术论文。总之,无论是"创业"还是"守成",都需要学报编辑们努力成为优秀的"学术活动家"。

三、"学术活动家"是怎样炼成的？

（一）要努力拓宽学术视野

老话说："文史哲不分家。"这说的是学术之间往往是相通的。不同学科和专业之间，往往有着内在深层的逻辑联系。当今的学术期刊编辑大都拥有较高的学历，接受过某个学科和专业比较系统的学术训练。对于大多数人来说，求学期间所学专业、所涉及的领域往往只是一个切入口和载体。通过这个切入口和载体，他们习得和掌握了学术研究的基本方法和能力，也为把握不同学科和专业之间的内在逻辑联系奠定了基础。这就为他们日后旁涉其他学科和专业创造了良好的条件。学术期刊的编辑，特别是年轻编辑，应该沿着在校期间的学术训练拓出的道路，持续不断地参与学术研究，力争取得更好的成绩。

走上编辑岗位后，编辑要根据业务的要求，尽量对自己的学术研究进行适当的调整：或者由求学期间的学科和专业出发，进一步拓宽学术研究的面；或者根据期刊研究的领域范围，调整研究的方向；或者在本学科研究领域和编辑业务所涉及的研究领域之间进行嫁接。例如，社会工作专业学科背景与青少年工作研究的嫁接，医学专业背景与青少年生理发展、身体健康、青春活力的嫁接等等。

这种调整是必须的。一方面，求学期间所学的学科和专业知识更具有学术训练切入口和载体的意义，却未必就是人们终身从事的研究领域和内容。学术训练必须以某一种学科和专业为载体，而把握、分析和解决各种现实、学术问题，却难以"一招鲜吃遍天"，仅靠某一种学科、专业的理论和方法即可搞定，事实上需要运用多学科、多专业的理论和方法。这正如各种武术套路的训练只是为了练基本功，而搏击实战却需要灵活运用多种武术套路一样。因此，学报编辑走上工作岗位后，应该充分认识到自己所学学科和专业在知识系统上的有限性，及时旁涉多学科，不断拓宽学术研究的面，以适应岗位的需求；另一方面，学科、专业的分类本身是一种人为的产物。现实生活中，知识生产和学术研究往往被限定于某个学科、专业的框架下进行。如果长期局限于某种学科、专业，势必会造成学术视野的狭窄。在当今不同学科和专业相互渗透、交叉，人们越来越倾向于运用多学科、多专业理论和方法，协力多视角地分析和解决问题的现实状况下，学报编辑唯有尽可能广泛地涉猎多学科、多专业的理论和方法，才能有效拓宽学术视野，才能更好地与不同学术研究领域的专家和学者进行学术对话，才能为自己融入相关学术活动创造必要的条件。

日常生活中，学报编辑要养成良好的阅读习惯，坚持浏览、了解社会新闻，以及时把握社会生活的风云变幻；同时，坚持浏览、阅读相关学术期刊，及时把握当下学术界关注的热点问题、优秀作者的即时状况，及时把握相关研究领域最新的研究成果。日积月累，不断拓宽学术视野。

（二）要建立"学术活动家"培养机制

从现状看，学报作为学术期刊，难以实施企业化管理，完全走市场路子，自负盈亏。其办刊经费一般由主办单位拨付。而主办单位拨付办刊经费的主要依据是对学报工作的价值定位。如果把学报仅仅视为学校的一个"赔钱货"部门，主办单位往往按照"吃不饱饿不死"的尺度拨付经费，那么学报所获得的办刊经费往往只能限于维持学报的基本运转；如果把学报视为本校教师发表论文的一块"自留地"，学报获得的办刊经费则是福利性的；如果把学报视为学校主办的、学术研究的一个"社会性平台"，体现了学校在学术界的影响力和号召力，学校将以打造学校自身"学术名片"

的态度,努力增加办刊经费、配备编辑队伍,对学报工作予以有力支持。因此,主办单位的办刊价值定位至关重要。这里,一方面需要主办单位的领导调整和优化办刊价值定位,给予学报工作更大的支持;另一方面,则需要学报自身不断提升办刊水平,不断为扩大学校在学术界的影响力和号召力作出贡献,以有为换有位。很显然,学报编辑成为优秀的"学术活动家"是前提。

学报的主办单位要充分认识到学报编辑队伍的素质在提升办刊水平和扩大学校学术影响力方面的巨大作用。在此基础上,努力创造和改善条件,为学报编辑广泛参与各种学术活动,包括学术研讨会、报告会、学术沙龙、学术培训等,提供有力的支持。毫无疑问,提供充裕的专项资金、灵活机动的政策,以支持学报编辑人员参加各种学术活动,乃是关键所在。

与此同时,编辑部既要充分考虑到编辑自身的学术背景,又要更多着眼于编辑学术视野的拓宽,在栏目形成、发育、建设的过程中,注重促进编辑学术背景与学报业务之间的嫁接,注重促进编辑自身专业深化与领域拓展之间的结合。编辑部这方面的努力,无疑是重要且不可替代的。

(《出版与印刷》2019 年第 1 期)

也谈扶持青年学人问题

近读仲伟民、黄海等学术期刊界专家关于扶持青年学人的议论①,有几句话不吐不快。

仲伟民说:"扶持年轻学者是学术期刊的重要责任,几乎家家期刊都会这么说,但毫不客气地说,很多期刊只是流于口头,摆摆样子而已。拒发博硕生的论文,就是一种非常典型的做法。"仲伟民还进一步深入分析了"很多期刊"拒发博硕士的论文的根本原因——目前的学术体制和评价机制不鼓励学术期刊的此种做法。

很显然,仲伟民、黄海等专家是主张扶持年轻学者的。在这一点上,我跟他们有高度共识。谁都是从年轻时候过来的。高水平学者也是从青年学人一步步成长起来的。青年学人代表着学术研究的未来。所以,扶持青年学人,就是在塑造学术研究的未来。另外,我们对待青年学人的稿件应该与他们一样,都是择优刊载。但我们并不刻意隐瞒作者的身份。这是因为我们并不认为作者身份有什么可以被歧视的。

在共识和大致相同的做法之外,我还有一些不同意见。学术期刊自然应该扶持青年学人,但是,也得看看青年学人需要得到学术期刊什么样的扶持。刊载青年学人的研究成果,自然是学术期

---

① 仲伟民、黄海等专家的议论,请见:《扶持青年学人是学术期刊义不容辞的责任》,https://mp.weixin.qq.com/s/ddw3f4koAVpUtkbJZO5m1w.《探索与争鸣》2022 - 01 - 13。

刊扶持青年学人的最高形式。然而，学术期刊刊载学人的研究成果是有门槛、有标准、有要求的。在符合政治标准的前提下，学术水准自然是学术期刊衡量和取舍刊文的主要标准。一般来说，青年学人投来的学术论文中，大多在选题、概念、论点、论据、论证、基本逻辑等方面存在着很多问题，甚至有很多硬伤，质量上佳者不多。当然，也有一些青年学人提交的论文中不无可取之处。如果学术期刊编辑提出一些具体到位的修改意见，相关作者依计而行，认真修改，是可以帮助这些青年学人不断提升论文的水平，直至符合期刊的相关标准和要求，得以发表的。

笔者多年编辑学术期刊的经历显示，有些青年学人希望得到的扶持主要是学术期刊提出的具体、明确、到位的论文修改建议。通过这些建议，这些青年学人不仅可以更好地修改论文，而且可以从中受到学术研究和论文写作方面的启迪。多年来，我们通过提出具体、明确、到位的论文修改建议，与青年学人顺畅互动，编发了不少青年学人撰写的优秀学术论文，为促进他们的学术成长尽了一份力，担起了扶持青年学人的期刊责任。

但是，也有相当一部分青年学人对学术期刊的要求很简单，也很直接，就是刊发他们的文章就是了。至于具体、明确、到位的论文修改建议，他们并不需要。可以说，大多数来稿的青年学人收到我们提出的修改建议后，就黄鹤一去不复返，杳无音信了。个别文章日后某一天可能会在其他刊物露脸。翻阅一番，就会发现作者另投他刊之时，对文章并未做过相应修改。

这可真是此处不留爷、自有留爷处了。

对这样的青年学人，该如何扶持呢？

学术期刊应该扶持青年学人，这是学术期刊应有的学术责任感。但是，履行这种责任，不仅要求学术期刊编辑有责任感、责任心，也需要青年学人有学术修炼的意识，坐得住冷板凳，少一点急功近利。遗憾的是,这些年来,青年学人中急功近利者并不比早已不年轻的学人中少。所以,学术期刊要更有效地扶持青年学人,不是喊喊口号就行的,更需要学术期刊的主编和编辑以更锐利的学术眼光、更敏锐的学术嗅觉、更和善的学者心肠、更坚韧的学术耐心,去面对青年学人。

对那些黄鹤,不知道学术期刊该怎么扶持?

（子行空间,2022 年 1 月 16 日）

20 年了，写好也不容易

——写在《"素质教育"：想说爱你不容易》之后

1999 年，《中共中央国务院关于深化教育改革全面推进素质教育的决定》（以下简称《决定》）颁布，正式提出"素质教育"这一概念。此后，顶层设计，社会关注，勉力推进，声势浩大。当时，我心中就有些疑问：自古以来，教育不都旨在按照经济社会发展要求培养受教育者的相应素质，不都是素质教育吗？既然如此，这个"素质教育"有什么特殊的涵义和意义呢？翻阅《决定》，我看到除了有"创新精神和实践能力""四有""全面发展"和"社会主义事业"等文字以外，没有发现对"素质"和"素质教育"等概念的特殊内涵作出明确具体解释和界定的文字。

"素质"和"素质教育"是文件中的核心概念。在对核心概念缺乏必要的具体界定的情况下，教育部门，尤其是基层学校的校长老师们该如何去具体实施呢？果然，叶澜先生指出：学校生活中素质教育的常态基本上是"雷声不大，雨点甚小"。在很多人的眼中，素质教育就是暑期夏令营和出国游学。素质教育只在兴趣与活动中，不在正规的课堂内。很多学校通常强调重视过去被忽视的一些科目（至少是与升学无关的科目），增加兴趣小组、社团等课外活动或选修课，增设一些校外基地，举办体育节、科技节、艺术节，乃至"素质教育汇报演出"等，以此作为素质教育的重要举措，甚至作为学校特色。在学校日常工作中,通常将"素质教育"与"应试教育"分为两摊,更有甚者将两者对立,只抓"应试"不抓"素质"者也不在少数。其实,早在 2009 年,就有学者尖锐地指出:"在素质教育政策呈现一派繁荣的景象的同时,我国素质教育政策执行失效也已经成为一个不争的事实。"

当时,我就很想从逻辑角度,特别是概念分析角度吐槽"素质教育"理念。但如何下笔? 真是兹事体大,牵扯面太广,逻辑关系很是复杂,难以说清楚。一直想写,却总觉得笔力不够,心中无底,便拖延了下来。一拖就拖了 20 年。

我自嘲:拖延症都起于困难,以及克服困难能力之不足。

顺便说一下:孩子做作业、做事情拖延,往往都与困难和能力不足相关。所以,一味怪孩子拖延,除了加重孩子的负担以外,于事无补。要紧的,还是去看看孩子有什么具体困难,想办法帮他们解决。困难没了,孩子也不拖延了。不信,试试看!

当然,20 年来,偶尔还会想起这个问题,还是想写出来。陆陆续续地,搜集到了不少材料。对文件,我也不再限于吐槽,而对"素质教育""政策执行失效"有了更多的理解和谅解:"素质"和"素质教育"等概念的特殊内涵并非预设的,而有赖于人们在广泛深入的探索和实践中进行建构。

这个酷暑,没有山水,"不忘初心 牢记使命"主题教育活动贯穿始终。参加教育活动之余,捡起 20 年前的这个问题,艰难地写起来。一个暑假,写得艰难。"素质教育",想说爱你不容易! 其实,写《"素质教育":想说爱你不容易》这篇文章,也很不容易。不容易,才耗了我 20 年。

惭愧的是,20 年后,很不容易写出来的文字,依然让我不太满意。至少,对这个标题,我就不太满意。然而,取个好标题,同样不容易！

　　方家教我！

（子行空间,2019 年 9 月 5 日）

题目如此,不"南"也难!

看到一张手机图片。图片上的内容是一位高中语文教师布置的作文"题目":

> 现代社会,人似乎应该是越自由越好,最好什么都是可选的,人人可以追求利益的最大化;但真实情况却是人并不总单纯追求利益,那些不可选的东西不仅仅是人身上的枷锁,还往往提供给人一种安全的依附感。这种对"依附感"的需要普遍存在,对此你有怎样的认识?请写一篇文章,谈谈你的思考。
> 要求:(1)题目自拟;(2)不少于800字。

有朋友问我:刘老师,如何评价这道作文题?

我说:乱七八糟,思维混乱。

朋友说:可不是嘛。我觉得孩子太"南"了。

面对这样的作文题,孩子不"南"也难!

"现代社会,人似乎应该是越自由越好,最好什么都是可选的,人人可以追求利益的最大化。"除了"现代社会",其他社会中的人,不也是"越自由越好"?什么是自由?凭什么说是越自由越好?"似乎"是不确定吗?"最好什么都是可选的",谁说的?"人人可以追求利益的最大化",这就是自由的体现吗?

"真实情况却是人并不总单纯追求利益,那些不可选的东西不仅仅是人身上的枷锁,还往往提供给人一种安全的依附感。"这句话有三层意思:一是"人并不总单纯追求利益",何以见得? 二是"那些不可选的东西不仅仅是人身上的枷锁",不可选的东西指什么? 出身? 爹妈? 长相?"不仅仅是人身上的枷锁",又是什么意思? 三是"还往往提供给人一种安全的依附感",什么是"安全的依附感"? 何以见得"还往往提供给人一种安全的依附感"?

自由—选择—不可选择—枷锁—安全的依附感……几乎每一个词的涵义都是云里雾里的。这一堆云里雾里的文字凑在一起,让人难以明白命题教师在想什么,要表达什么;让学生不清楚怎么做才能符合他/她的要求。我说这样的题目乱七八糟,思维混乱,不是胡说,不是贬低!

这样的作文题目是个案吗?

高中生思维活跃。当今高中生更是见多识广。但是,由于高中生阅历尚浅,由于对各种知识信息尚处于囫囵吞枣、来不及消化阶段,实事求是讲,教师给当今高中生出作文题,不是一件容易的事情。可以想见,出这个作文题的老师也是搜索枯肠,憋了不少时间,费了不少暗力。问题在于,老师的枯肠内究竟有多少存货? 存货是杂乱无章地堆放着,还是井井有条地码放在枯肠内? 顺便再问两句:出高中生作文题前,有集体备课吗? 有的话,这个集体,又是一个什么样的集体?

文字混乱不堪,是思维同样混乱不堪的外显。以如此混乱不堪的文字作为思维材料,高中生们又能训练出如何天朗气清、一片澄明的思维? 以其昏昏,欲使人昭昭,不知其可也。

看看这个云里雾里的作文题,再看看今日不少硕士、博士混乱不堪的文字,大概不难揣摸到其中内在的联系吧!

（子行空间,2021 年 2 月 8 日）

一切从实际出发

——"四史"学习体会之一

近一段时期以来,学校强化了教师的政治学习。每周五上下午各一场政治学习活动,或听报告,或作交流。今年政治学习,学"四史"是一大重点。党委要求教师们撰写学习体会。

认真学习了一些"四史"材料,从字里行间读出的,还是"一切从实际出发",还是"实事求是"。唯有不作假,不搞面子工程、政绩工程,不用百姓生命财产生存发展权利为官员积攒政绩埋单,才是"一切从实际出发",才是"实事求是",才能呼唤和创造出民富国强的喜人局面。

学习"四史"活动开展以来,通过集中学习、自主学习等多种途径,我体会到,学习"四史",我们固然要记住种种历史事实,但更重要的,还是要从种种历史事实中,特别是从我们党带领全国各族人民艰苦卓绝,不断从胜利走向胜利的历史事实中,领会、学习、把握马克思主义的世界观和方法论。这是我们学习"四史"的核心要求之一。马克思主义的世界观和方法论具有极其丰富的内涵。在我看来,其中最重要、最具有现实意义的,是"一切从实际出发"。这既是一种世界观,也是一种方法论。近百年来,我们党"一切从实际出发",走出了一条把马克思主义与中国革命、建设实际相结合的发展之路。南昌起义、苏区斗争、五次反围剿、遵义会议、二万五千里长征、全民抗战、解放战争、社会主义建设、改革开放，一系列重大事件中，我们党正是依靠"一切从实际出发"，才不断走出危难之境，拨乱反正，走向胜利。

学以致用。能不能准确把握百年未有之大变局的整体状况，准确把握以大数据与人工智能为代表的生产力的快速发展，给资本主义和社会主义带来的深刻变化以及复杂的竞合关系，能不能学会"一切从实际出发"把握问题、分析问题和解决问题，把这样一种方法论运用在日常的学习和工作中，这是检验我们学习"四史"成效的重要标准。

"一切从实际出发"具有十分丰富的内涵。第一，"一切从实际出发"要求人们坚持唯物主义关于物质第一性、意识第二性的根本原理；第二，"一切从实际出发"要求人们认识到客观世界不以人们的意志为转移，有着自己的本质和存在、运行的规律；第三，"一切从实际出发"要求人们不能从主观意愿出发，不能从本本出发，而要从客观存在，且不断运动、变化着的事物中，努力把握其本质和规律，从而真正认知和把握客观事物；第四，"一切从实际出发"要求人们透过现象看本质，辨析和把握现象、问题背后的深层次原因，以及诸多原因之间内在的逻辑关系，从而为解决问题奠定坚实的事实与逻辑基础；第五，"一切从实际出发"要求人们针对问题背后的客观原因，对症下药，破解问题，推动各项工作的发展。总之，"一切从实际出发"就是实事求是，是马克思主义一贯坚持的基本原则。

要做到"一切从实际出发"，人们就必须深入实际，调查研究，全面了解各方面的情况。毋庸讳言，现实生活中，人们常常主观行事，恰恰疏于、懒于调查研究，全面了解各方面的实际情况。比如，去年五四期间，《后浪》之所以在网上引起热议，被青年吐槽，其关键原因就在于制作者忽视了对当今青年群体现状全面准确的了解和把握。"前浪"对"后浪"倾泻溢美与激情，而对"后浪"正"深陷其中"的迷茫、忧伤、压力、痛苦,却只字未提。面对"前浪"对"后浪"苦恼的选择性失明,"后浪"难免无感,不领情。这一现象背后的原因之一,就是对当代青年——所谓的"后浪","前浪"并不真正了解,更多只是想当然以为当代青年涉世不深,几句好话就可以让他们热血沸腾了。不了解青年,而一厢情愿地向青年致敬,只能是自说自话,甚至难免自讨无趣。今年五四期间,没有《后浪》引发议论和风波,但微博上有"唇枪舌剑"。"腾讯张军"说:"当我们忙着做各种致敬青年的策划时,青年们正在睡觉。"青年们并不接受对他们这样的认知。"叶扬雨清"反唇相讥:"你们腾讯的老年人,就会搞些无病呻吟的策划。天天想着骗点击赚流量,一天不炒作会死,还是一天不抄袭会死?"

说青年们在睡觉,显然过于主观臆断、片面武断。而青年则把"致敬"等与"骗点击赚流量"联系起来,虽然多少有点"糙",有点绝对化,然而,谁能否认一些以"致敬"的名义,以"讨好"的词句试图跟青年搭腔"套近乎"的背后,没有隐藏着"割韭菜""种草"的企图呢?

再比如,多年来,人们对青年思想引领中单向灌输问题的批评不绝于耳。其实,单向灌输并非毫无可取之处。青年思想世界中不会自发产生马克思主义思想,不会自动生成马克思主义方法论。这就需要前辈对青年进行教育,而教育过程中,单向灌输是一种基本的手段和途径。很多时候,对青年进行思想引领,是离不开单向灌输的。问题在于,很多时候,人们并不了解青年思想世界的实际状况,不了解青年所思所想,甚至不了解青年已经看透了"讨好"背后的本质。在这种情况下,人们必然把不准青年所思所想的脉搏,必然难以击准青年心中的痛点和痒点,必然无法把马克思主义的思想理论、党的方针政策准确全面地传递给青年,必然无法对青年进行有效的引领。

2010年，团中央曾经要求各级团组织进行分类指导和引导。当时的文件提出要针对"大学生""进城务工青年""企业青年""农村青年""其他领域的青年"等不同青年群体的现实状况，进行分类引导。毫无疑问，这样一种要求背后，暗合了"一切从实际出发"的精髓。然而，值得追问的是，对青年如此分类的依据是什么？在这样分类之前，有没有扎实靠谱的调查研究作为基础和依据？同样需要追问的是，十多年过去了，分类指导的实际效果究竟如何？实事求是看，现实状况不容乐观！

对现实状况不了解，就无法"一切从实际出发"。在这方面，社会科学研究，特别是青年研究中，普遍存在着不"接地气"的现状。不"接地气"，说到底，就是不能一切从实际出发。这在青年研究的许多选题当中表现得特别明显。许多青年研究的选题，往往是拍脑袋、自说自话的产物。一些研究者研究的不是真问题，而是伪问题；不是明确的具体问题，而是笼而统之、模模糊糊的问题。

不能"一切从实际出发"，背后隐藏着的，不仅有能力短缺问题，更有作风不佳问题。"一切从实际出发"呼唤扎扎实实调查研究的优良作风。在这方面，廉思教授给我们做出了很好的榜样。从2007年在北京唐家岭调研后来被称为"蚁族"的青年群体起，十多年来，廉思团队逐渐形成了自己的风格和特点。他们对此作了极其精彩的总结："服务人民找问题，俯下身子做调研，把握规律提建议，凝聚理想建团队"的研究宗旨；"资料就在背包上，调研就在大路上，案台就在膝盖上，成果就在大地上"的研究作风。很显然，这样的作风值得我们学习、效仿！

（子行空间，2021年5月16日）

再说"一切从实际出发"

下午在微信公众号"子行空间"发了一篇学习"四史"的体会文章《一切从实际出发》。发出文章以后,出门散步。

走在熙熙攘攘的街道上,突然想到一个问题:强调"一切从实际出发",是因为有很多人做不到。然而,事实上,也有很多人是能够做到"一切从实际出发"的,比如那些喜欢搞形式主义,喜欢搞面子工程、政绩工程的官员,谁能说他们不是一切从实际出发呢?只是他们所关注的"实际",是他们自己升迁的实际、升迁的具体需求等等。对这些升迁的具体需要,他们心里门儿清。什么时候该做什么?怎么做?在什么地方、什么人身上用力?做到什么程度?要达到什么样的效果?对这一切,他们其实是清清楚楚的。对自己手中有多少资源,上级领导有什么喜好、在关注什么、讨厌什么……对这一切,他们早已了然于胸了。他们会看人兑汤、"对症下药"的。谁能说他们不是一切从实际出发呢?

当然,他们所注重的"实际"是一己的私利,而不是人民大众的需求,不是为人民服务必须具体考虑的实际状况、主客观条件等。一些人其实就是从积攒政绩的实际需要出发,热衷于面子工程、政绩工程的。可见,我对"一切从实际出发"的理解还是比较肤浅的,还要进一步思考从什么样的"实际"出发等问题。也就是说,对"实际"这个概念,我还要做更加细致的界定。

我在《一切从实际出发》这篇文章里面,从五个方面对这个命题作了界定：

> 第一，"一切从实际出发"要求人们坚持唯物主义关于物质第一性、意识第二性的根本原理；第二，"一切从实际出发"要求人们认识到客观世界不以人们的意志为转移，有着自己的本质和存在、运行的规律；第三，"一切从实际出发"要求人们不能从主观意愿出发，不能从本本出发，而要从客观存在且不断运动、变化着的事物中，努力把握其本质和规律，从而真正认知和把握客观事物；第四，"一切从实际出发"要求人们透过现象看本质，辨析和把握现象、问题背后的深层次原因，以及诸多原因之间内在的逻辑关系，从而为解决问题奠定坚实的事实与逻辑基础；第五，"一切从实际出发"要求人们针对问题背后的客观原因，对症下药，破解问题，推动各项工作的发展。

很显然，这五个方面中，并不包括对"实际"这个概念的界定。事实上，横看成岭侧成峰，远近高低各不同。每个人的视角和利益诉求不一样，所以，每个人眼中的"实际"也是不一样的。

焦裕禄在兰考大量栽种泡桐树，是"一切从实际出发"的。据说，焦裕禄到兰考后，走访了当地农民。从老农口中，他听说"挖穷根种花生，要想富种桐树"。很快，他起草了《关于城关区韩陵公社进行巩固集体经济发展农业生产第一步工作情况的报告》。他在《报告》中分析了种泡桐的有利条件："第一，泡桐树是根生天然育苗，刨一棵生百棵；第二，不用投资，不用治虫打药；第三，栽桐树技术性不强，五六年就可以成材，见效快，受益大；第四，以林促农，旱天它能散发水分，涝天又能吸收水分；第五，当地社员有种桐树的习惯，不用做工作。"可见，焦裕禄眼中的这个实际，就是兰考的地理、气候、土壤、产业、人口、百姓生活艰苦、百姓过好日子的朴素愿望等各方面的现实状况。这样的"实际"关乎人民群众福祉，显出了焦裕禄作为共产党干部的高风亮节。

相对而言，一些喜欢也善于搞形式主义的人，他们眼中的"实际"则包括快速升迁的目标；影响自己升迁等利益的人士；以最小的投入，最好看的形式，取悦上级的最便捷的具体途径、渠道和方法。在荒山上涂绿漆搞"绿化"之类弄虚作假，欺骗上级考察组的官员，他们正是从实际出发的：第一个"实际"，就是上级官长的爱好、关注点；第二个"实际"，就是荒山范围太大，难以一下子呈现满山绿化的实际效果，涂上油漆后，立马就可以远看绿油油；第三个"实际"，就是上级考察组的官员可能比较懒，不大愿意汗流浃背地爬山，零距离查看绿化的效果，而喜欢走马观花，远眺一番绿色的山坡。对上级组织的种种考察往往走马观花、蜻蜓点水的"实际"，这些喜欢也善于搞形式主义的官员心中是有数的。他们把"实际"情况摸得透透的。

越是老辣的官场老油子，越是对这些"实际"如数家珍。面对上级考察组，他们的所作所为，谁能说他们不是"一切从实际出发"的呢？所以，简单讲"一切从实际出发"，那些喜欢也善于搞形式主义的人，一定是心里偷着乐的：强调"一切从实际出发"，不正是在表扬我们吗？

多年来，我一直讲对概念要进行严格的界定，这是学术研究的基本规范和基本要求。但在写这篇小文章的过程中，我只关注了对"一切从实际出发"的界定，却忽视了对其中的"实际"这个概念进行界定。对概念界定，做得还不够细啊！

（子行空间，2021 年 5 月 17 日）

没有调查，就没有发言权
——关于"躺平"的闲言碎语

近期，青年群体中的"躺平"现象和议论，引起舆论哗然、社会关注。有媒体说年轻人年纪轻轻就想"躺平"，很可耻。类似的批评声不少。不少年轻人未必已经"躺平"，也未必准备"躺平"，但他们对媒体的种种批评并不买账。

窃以为，一些对青年"躺平"现象和议论的批评有些草率。毛泽东说过，没有调查，就没有发言权。在对青年中的"躺平"现象和议论上，全社会恰恰缺少调查，缺少研究，自然也就缺少发言权，更缺少批评权。

青年并不是一夜之间要"躺平"的。实际上，很多年前就已经露了端倪。比如，近十年前，就有"80后"说自己已经老了。当时的《人民日报》还以《莫让青春染暮气》(2013年5月14日)为题发表过评论。后来，青年中流行所谓的"佛系""葛优躺"之类。这些现象背后，寓含着同样的内涵：累了，做不动了，不想玩了。从"80后"老了，到"佛系"，到"葛优躺"，再到今日之"躺平"，青年群体中早就一次又一次发出了一些信号。然而，面对这样一些信号，除了一些劈头盖脸、居高临下、语重心长、大道理连篇的批评，全社会有多少人投以了特别的关注？有多少学者进行了深入的调查研究？大概不多吧！批评青年"躺平"现象和议论的人，阅读过多少青年研究的成果？大概也不多吧！

一个人，"躺平"一阵子是可能的，一辈子"躺平"，却基本是不可能真正做到的。所以，对青年要"躺平"，不必如临大敌。应该做的，倒是进行深入细致的调查研究，搞清楚一些实际问题。比如，"躺平"的真实涵义是什么？"躺平"的表现形态有哪些？"躺平"的特点有哪些？哪些人在"躺平"？要"躺平"的青年，已经"躺平"的青年，各自有什么特征？他们年纪轻轻，为什么要"躺平"？"躺平"背后的主客观原因有哪些？

这些问题不搞清楚，就对青年"躺平"现象和议论说三道四，甚至大加批评，显然缺少点科学精神，至少有点轻浮。

现如今，大家都在学习"四史"。在我看来，学习"四史"不仅仅是要了解一些党史、革命史、建设史等方面的知识，更重要的目的，还在于学习和掌握先辈们"一切从实际出发"的世界观和方法论。中国近百年来的历史事实已经证明，只有"一切从实际出发"，我们国家和民族才能不断校正前进的方向，不断走向新的胜利。既然都在学"四史"，那就应该努力学会运用"一切从实际出发"的世界观和方法论。要"一切从实际出发"，首先就得通过调查研究，搞清楚"实际"是怎么样的。通过调查研究，搞清楚当下与青年"躺平"现象和议论相关的种种实际问题，这大概可算一种学以致用的努力吧，也可算对学习成效的一种检验途径吧。

通过调查研究，搞清楚当下与青年"躺平"现象和议论相关的种种实际问题，这是一项宏大的工程，不仅需要青年研究界发力，更需要全社会形成合力予以支持。问题是，除了简单的批评，全社会做好调查研究的准备了吗？青年研究界还有多少人能够集中精力去做这方面的调查研究？青年研究界又有多少能力整合多学科力量，去破解那些实际问题呢？

（子行空间，2021 年 6 月 17 日）

"青年发展规划"研究十问

制定青年发展规划,意在为未来数年青年发展开"处方"。然而,开"处方"的依据何在? 医生开"处方",须以对病症和病因的准确把握为前提。为未来数年青年发展"开处方",同样需要准确把握青年发展的现状、青年自身的需要,以及青年及其发展面临着的问题。而要准确把握这些内容,无疑需要开展广泛深入的青年研究。深化青年研究,这是制定和实施青年发展规划的基本前提。

深化青年研究,就是要通过严谨的调查、学理的分析,全面准确地把握当今社会中青年群体、个体生存发展的现状、特点、困难、需求,以及困难和问题背后的多方面原因等。在此过程中,我以为要特别关注、辨析、深入研究以下几个方面的问题。

第一,我们要看到一个事实:有没有规划,青年都要长大。那么,制定发展规范的意义何在? 什么叫发展? 长大是不是发展? 能不能等于发展?

第二,制定青年发展规划,体现了国家、社会对青年发展的需求。这些需求中,体现了多少青年自身的需求? 这里涉及人是手段还是目的这一问题。希望青年成为建设者和接班人,这主要体现了国家对青年发展的要求,体现了党政立场。就此而言,青年在这里具有一定的工具性意义。然而,事实上,青年既是建设者和接班人,也应该是有着独特生存发展需求的独立个体。一定意义上讲,青年只有首先成为一个独立个体,才能更好地去建设、去接班。

因此,要深入研究国家和青年自身在"发展"方面的立场等方面的实际状况,看一看其间是否存在差异? 有哪些差异? 差异产生的原因何在? 差异的影响何在? 如何消弭差异,使青年成为手段和目的的有机统一体?

第三,如何准确把握青年的现状? 青年的现状主要包括人口、教育、健康、就业、婚恋、生育等方面的现实状况。其中,把握青年人口情况,要搞清楚区域内青年人口的基本盘、优势盘、特色盘、短板盘。

第四,如何从青年发展视角,准确把握青年中存在着的问题和青年面临着的问题?

第五,如何准确把握青年多元化、多层次的需求?

第六,促进青年发展的过程,就是一个整合资源予以支持的过程。在促进青年发展过程中,应该给予青年什么样的资源支持? 资源的形态有哪些? 资源的来源是什么? 区域内有哪些基本资源? 哪些优势资源? 哪些资源短板? 应该有什么样的政策法规支持青年发展所需资源的整合和供给?

第七,促进青年发展,既需要国家管理体制机制的支持和保障,也需要社会力量的支持和推动。前者涉及科层制垂直权力系统自上而下的运作,后者则涉及社会方方面面资源和力量的横向协调与整合。前者主要着眼于管理职能的发挥,后者则主要依赖治理的作用。《中长期青年发展规划》明确共青团在推进青年发展规划落实过程中,具有督促和协调作用。这种督促和协调主要就是一种治理的形式。那么,这种治理如何发挥应有的作用,取得良好的效果? 在强化管理的同时,治理如何紧紧跟上?

第八,促进青年发展,亟须强化法制支撑。如何在梳理促进青年发展现有法律法规的基础上,加大支持和促进青年发展法制建设的力度?

第九，如何提升青年发展监测评估数据和青年真实获得感之间的匹配度？

第十，在推进青年发展规划方面，共青团组织肩负着特殊的使命。毫无疑问，服务青年是共青团组织的基本职能。推进规划实施是共青团组织服务青年的一个重要方面。两者之间不是"两张皮"的关系，而是后者包含于前者的关系。共青团组织如何以充分发挥督促、协调作用，推进青年发展规划落地为抓手，更好地服务于青年，从而真正实现引导和组织青年听党话、跟党走的目标？

（子行空间，2020 年 12 月 23 日。根据 2020 年 11 月 10 日"中长期青年发展规划理论研究座谈会"上的发言整理而成）

珍惜团训班讲台

很珍惜给团干部开讲座的机会！

作为一名老教师、青年研究者、一本青年研究学术期刊的主编，这些年来，我一直关注青年和青年问题。当代青年是一个由不同年龄层次组成的群体。在当今中国社会生活中，这个群体呈现出许多特点，显得烟雨朦胧，让人说不清，道不明。

你说他们朝气蓬勃，但是前些年，有些青年（"80后"）说自己老了。最近一段时间，有些青年干脆就"躺平"了；

你说他们不关心政治，不关心国家大事，但是在大是大非面前，很多年轻人说"此生无悔入华夏"。据说在地铁上，有一些青年学"毛选"；

你说他们不想好好工作，甚至啃老，但是当今中国社会中的很多新业态，就是由青年创造的；

你说他们年纪轻，应该多向前辈学习，然而，他们以实际行动让全社会明白，什么叫"文化反哺"……

要搞清楚当代青年群体有些什么特质，他们在想些什么，他们想做些什么，他们的思维方式、行为方式等有什么样的特质，不是一件很容易的事情。这就使当代青年群体成为社会特别关注、国家特别关切的一个特殊群体。因为他们代表着未来。

然而，在搞清楚当代青年的特质方面，青年研究的作为和贡献似乎离社会和国家的要求还有较大的距离。最近十多年来，廉思、马中红、田丰等青年研究专家及其研究团队，推出了一些青年研究的优秀成果。除此之外，青年研究界还有哪些优秀作品，在帮助社会、帮助国家了解和理解青年，在推进政策制度建设等方面，发挥了积极的作用，引起了社会和国家特别的关注呢？有，但似乎不多。

原因在哪里？我认为，主要原因还在于青年研究还不够接地气。不少青年研究者在走向田野、走近青年方面做得还很不够。不少青年研究者所研究的，或许还只是他想象中的青年。不少青年研究成果，还满足于自说自话。

作为一位老编辑，我非常希望看到很多接地气的研究成果，非常希望接触到知青年、懂青年、爱青年的研究者。团干部自身是青年，整天处在青年群体之中，比一般青年研究者更知青年、更懂青年，更容易接青年群体的"地气"。

我审读过无数由团干部撰写的学术论文。毋庸讳言，很遗憾的是，大多数稿件都难以刊发。在我看来，关键问题还在于很多干部在学术研究的规范、能力等多方面，特别是在选题把握、概念使用、实证研究、逻辑规范等方面，还缺少必要的训练。不少团干部不知道学术研究的基本规范、要求，也不知道学术期刊的具体要求。他们和我们期刊编辑之间，处于信息不对称的情况之中。所以，给团干部开讲座，使我有机会直接和大家面对面，零距离接触。在这个过程中，我可以听到你们的想法，也可以把我所理解的青年研究是怎么回事儿、学术研究有哪些基本要求和规范等内容讲给你们听。

这样的机会很难得！所以，我很珍惜！

（子行空间，2021 年 6 月 2 日）

团干部要增强科学思维能力

共青团十八届五中全会提出,"要充分认识科学思维、理性思维对于抓落实的重要意义"。会议通稿中还进一步提出,"要实现思维理念革新,以定量、精准的思维方式代替笼统、感性的认知习惯";"不断强化系统思维,尽快适应科学抓落实的工作需要"。其中,特别提到,"以定量、精准的思维方式代替笼统、感性的认知习惯"。可见,共青团十八届五中全会对思维方式问题高度重视,特别关注。

一、科学思维是团工作的重要支撑

什么是思维方式? 思维方式指的是人们看待事物的角度、程序和方式方法等。思维方式隐匿于人们的思维深处,直接影响着人们"想什么""做什么"以及"如何做"。在千万年生存发展的实践中,人类发展了功利思维、科学思维、艺术思维、宗教思维等多种思维方式。其中,科学思维方式对于人类生存发展具有特殊的意义。自古以来,人类种种科学发明和创造、对世界和自身的种种新发现和新认知,各项事业和工作的推进,离不开科学思维方式的作用,甚至人类油盐柴米酱醋茶的日常生活,也离不开科学思维方式的支撑。

科学思维方式追求的核心价值是"真"。其基本模式是"实事求是"；其基本特点主要表现在以客观事实为原材料、注重概念的清晰和明确、注重推演过程的严谨等多方面。在现实生活中，科学思维方式要求人们对问题抓得准，对问题之间的内在关系理得清；对概念的使用不会引起歧义；对问题背后的原因分析得深刻到位；在原因分析的基础上提出的对策建议，既对症下药，成效显著，又可操作，可复制；提出的观点有新意、有扎实的依据。团十八届五中全会强调的"定量""精准""系统"等要求，恰恰就是科学思维方式的题中应有之义。只有坚持用科学思维方式"定量""精准""系统"地思考问题、推进工作，各级团干部才能落实团十八届五中全会的要求，带头有效提升"调查研究能力、模型建构能力、统筹调度能力、制度执行能力"等能力的水平，从而促进团工作水平的不断提升。

二、思维水平制约工作水平的提升

共青团十八届五中全会特别关注思维方式，主要就是针对共青团工作中反映出来的"笼统、感性的认知"，不够系统等思维问题。多年来，在破解"提高团的吸引力和凝聚力、扩大团的工作有效覆盖面"这"两大战略性课题"方面，共青团组织积极作为，然而，毋庸讳言，其成效离党的要求还有较大距离，还需要团组织不断自我革命，进一步改革完善。其中，优化各级团组织和团干部的思维方式，是当下亟须解决的问题。

现实生活中，一些团组织往往热衷于喊出缺乏事实和逻辑支撑的"一套话"。这些话里包括不少新名词、新概念。但对这些新名词、新概念的内涵与外延，他们却不作严谨界定，而是随意使用，常常让团员青年云里雾里，甚至引发歧义，难以在工作范围内达成高度共识，凝聚力量，协力推进工作；一些团组织缺乏实事求是精神和态度,在对古往今来历史脉络、上下左右现实状况甚少调查研究、精准把握、系统思考的情况下,便"一场戏"式匆匆忙忙推出一些花花绿绿的活动和项目,"一阵雨"式噼噼啪啪、轰轰烈烈地开展活动和项目。实践证明,如此作为,常常工作靶心对不准,工作举措不对路,虎头蛇尾,最终工作成效不如意。所有这些"一套话""一场戏""一阵雨"问题的产生,都与一些团干部思维方式不科学,思维水平特别是科学思维水平不够高直接相关。

三、强化科学思维方式的教育培训

科学思维能力是教育培养的结果。思维方式有问题,原因自然在于思维能力教育培养方面存在着问题。随着高等教育的日益普及,近年来,团干部的整体学历水平越来越高。不少团干部拥有硕士,甚至博士学历。然而,学历水平与科学思维水平之间,并不能简单画等号。学历水平高了,对问题的把握能力、对问题之间内在逻辑关系的把握能力、对问题背后种种深层原因的把握能力等方面的水平未必就水涨船高。团工作中存在着的一些问题背后,恰恰潜藏着一些团干部科学思维能力不够强这一症结。

科学思维能力不够强固然与很多学校现如今不开设"形式逻辑""思维科学"等课程有关,但更与教育尚未从根本上跳出所谓"应试教育"的窠臼直接相关。在书山题海、"标准答案"等的挤压下,学生还有多少独立思考的空间?还有多少培养科学思维能力的机会?团干部总体上是青年中的佼佼者,但不可否认,并非所有人的科学思维能力都很强。

要提升团工作水平,就必须增强团干部的科学思维能力。而要增强科学思维能力,就必须从以下几个方面入手:

强化教育培训。在团干部教育培训的课程中,增加科学思维方式教育培训的内容。邀请对思维科学有深入研究和丰富经验的专家学者，系统讲授科学思维的理论与方法，为强化团干部对科学思维方式的理论自觉打好基础。

强化调查研究。在团干部中大兴调查研究之风，结合各地团组织调研课题的推进等工作实际，促进团干部通过调查研究，学会把握青年的现实状况和共青团工作中的种种实际问题，学会界定和使用概念，学会从问题背后辨析和把握深层的原因，学会提炼和明确观点，学会整合来自理论和实际的种种论据，学会严谨地论证观点，学会提出有针对性、可操作、可复制、有实效的对策和建议。

强化实践训练。科学思维能力是一种"程序性知识"。"程序性知识"的习得离不开大量的实践训练。只有通过大量的实践训练，相关的概念、理论、规则才能被转化为分析和解决问题的实际能力。科学思维能力的培养同样离不开实践训练。要促进团干部在工作谋划、项目论证、工作推进、工作总结全过程的每一个具体环节中，有意识地强化科学思维方式的训练。

（《中国青年报》2021 年 4 月 8 日，第 5 版）

让青年研究融入培训课堂

2020 年 8 月 31 日举行的"共青团干部教育培训和理论研究工作座谈会",提出"要针对团干部教育培训工作中存在的组织要求与学员愿望脱节、讲授方式与学员基础脱节、教学内容与工作实际脱节、教学与研究脱节等'两张皮'问题,全面深化团干部教育培训的组织方式、教学内容、教学方法和评价机制,坚持分层分类,做到因材施教,不断提高团干部教育培训质量";"要聚焦共青团思想引领的现实问题、政策倡导的基础问题、社会倡导的逻辑问题、共青团工作基本经验等加强应用理论研究,有效融入和完善团干部教育培训工作体系。"

一方面要解决"两张皮"问题;另一方面,要加强研究,特别是青年研究。座谈会上提出的这些意见,无疑是切中时弊、切中肯綮的。但是,毋庸讳言,对上述两方面意见之间内在的逻辑关系,似乎还需要进一步厘清。这是因为,团干部教育培训工作中之所以存在着多方面的脱节,恰恰是因为对"思想引领的现实问题、政策倡导的基础问题、社会倡导的逻辑问题、共青团工作基本经验等",无论是培训组织者,还是培训的具体实施者,也就是授课教师,都缺乏系统深入的研究。不少授课教师有精深的思想理论学术基础,却未必懂得当今团员青年思想世界的现实状况,未必了解青年中的各种文化圈层,更不了解其中的种种话语系统和价值理念;未必了解共青团工作的实际状况,更不了解团干部们创造出的引领青年服务青年的种种成功经验；未必了解青年教育、婚恋、就业创业、社会参与等方面的现行政策，更不了解这些政策及其实施过程中存在着的种种问题、背后的原因、改进的措施。

与此同时，一些参与授课的共青团工作者，他们往往有较为丰富的实践经验，知青年、懂青年，却未必都能够把经验上升到理论，从逻辑上、理论上把很多来自实践的宝贵心得，甚至具体攻略讲清楚，从而帮助学员答疑解惑，提炼出日后工作上的借鉴和参考。很显然，研究，特别是青年研究不够是因，"两张皮"则是果。要解决"两张皮"问题，就必须加强研究，特别是青年研究。

近年来，廉思等青年研究者的讲座能够受到各地团干部的热烈欢迎，与他及其团队多年研究"蚁族""工蜂""蜂鸟""青椒"等青年群体，与他所讲授的内容主要就来自他青年研究的成果直接相关。

实践证明，加强研究，这是不断提高团干部教育培训质量的基本保障！

加强研究，就是要强化对当今青年的现实，特别是其思想世界的现实状况的研究，了解青年文化圈层，体味青年困惑烦恼，熟悉青年话语系统和价值理念；就是要强化对共青团工作实际的研究，把准共青团工作中面临着的种种问题、深层原因，在此基础上，形成切实可行的创新之策；就是要强化对青年发展需求、资源配置、政策制度支撑等方面的现实状况、问题、原因等的深入研究，努力形成破解之策。

加强研究，一方面要鼓励和促进培训组织者和授课教师积极参与青年研究，更好地知青年、懂青年；另一方面，则要大力鼓励青年研究者积极参与团干部培训工作。要鼓励青年研究者在团干部培训课堂上发布自身在青年研究方面取得的最新优秀成果，以促进团干部培训内容的新陈代谢。同时，促进青年研究者从学员的反馈中,进一步知不足,懂优化;进一步知青年,懂圈层;进一步知"萌化",懂"转化"。青年研究更接青年现实和共青团工作的地气,无疑有利于青年研究自身的强身健体。刘俊彦指出:"据中国青少年研究会统计,我国从事青少年研究的专业机构不足百个、专职从事青少年研究的科研人员不足千人。[①]"在当下青年研究依然是"小众研究"的情况下,如果团干部培训的课堂都不能为青年研究展示研究成果、进一步贴近青年工作和共青团工作实际搭建平台,何谈青年研究成果的转化,何谈作为学术研究的青年研究与共青团工作实践之间的紧密结合?

培训组织者眼中有青年研究的新成果,心中有高水平的青年研究者,显然是关键。

(《中国青年报》2020 年 9 月 10 日,署名:刘宏森　张恽)

---

① 刘俊彦:《不仅鼓与呼,更能起而行:关于青年研究与青年工作的思考》,《青年学报》2018 年第 1 期第 14 页。

卷 四

谛观学术

光靠逻辑课教不出逻辑

微信群里有一篇题为《汉语教育缺逻辑》的文章,围观转发者不少。在这篇文章中,作者指出:

> 数十年来,逻辑常识教育的缺席,使社会呈现出一种思维上的病态。艰深的数理逻辑,自然不必人人修学。但作为通识教育的普通逻辑课缺席数十年,实在是不应该的事情。这种缺席也必然造成严重的负面影响,使社会呈现出一种思维上的病态。诉诸情感、诉诸传统、诉诸暴力、诉诸自然等反逻辑的谬误,在社交媒体上随处可见。很多公共话题的讨论,因参与者缺乏基本逻辑常识而沦为无意义的骂人口水战。

作者讲的现象确实是存在的。很多人说话、做事、写文章的时候常常不讲逻辑,这种现象并不鲜见。我每天都要审阅大量的来稿,对很多学术论文中存在的逻辑问题,感触甚深。不少文章中,议题游移、概念混乱、观点不明、论据匮乏、文不对题、思维框架残缺等问题,算得上比比皆是。很多人的文字如此,很多人的口头表达更是如此。之所以说口头表达更是如此,是因为文字表达前有打腹稿、后有修改润色的机会,而口头表达则没有这些机会。所以,相对于文字表达,口头表达更容易在逻辑上问题频出,甚至千疮百孔。

在大家都以残破逻辑进行思维、行为的时空中，逻辑上出点儿问题，大都是被习以为常、视而不见的。大家在逻辑上都出点问题，很多事情就边界不清了，很多道理就模糊、含混了，就是是非非剪不断理还乱缠杂在一起了。问题多了，就债多不愁虱多不痒了，就这样模糊着过、含混着做吧。很多事情不就是在这种日复一日年复一年、低水平重复着做、重复着错中，缓缓变化，甚至"发展"着的嘛。据说国人思维有所谓"诉诸后果"等特点。下面的对话可谓代表：

> 甲：明天会下大雨吗？
>
> 乙：可不能下大雨，不然地里的小麦可就遭殃了。
>
> 甲：我就担心小麦呢。
>
> 乙：如果麦子收不上来，咱这日子怎么过啊。日子还得过，明天不会下大雨的。
>
> 甲：总得让人活下去啊。明天天气会好的，不会下大雨的。
>
> 乙：明天不会下大雨的。

本来要讨论的是"会不会"，是关于事实的判断，结果变成了"能不能"，关于价值的判断。这就把原本要探讨的问题给搞混了，甚至忘记了，讨论就变成了一笔糊涂账。这样的糊涂账至多只能给达成共识的甲乙双方一点点心理上的安慰。天要下大雨，是谁也管不了的。

社会呈现出的"思维上的病态现象"，阻碍着很多事业的发展，让人们之间常常产生许多莫名其妙的纷争，过得不开心，害处多多。因此，加强一下逻辑教育很有必要。不过，要改变社会呈现出的"一种思维上的病态现象"，靠"逻辑常识教育"似乎远远不够。不开逻辑课,确实是很多人不讲逻辑,包括一些领导,甚至包括很多学者也不讲逻辑的重要原因。然而,以前很多学校是开过逻辑课的,很多人以前是学过逻辑课的。这些人是否很讲逻辑呢?换句话讲,社会上有些人,言行中有种种"诉诸情感、诉诸传统、诉诸暴力、诉诸自然等反逻辑的谬误",是因为他们以前没有学过逻辑课吗? 由此可见,开不开逻辑课,只是社会生活中"一种思维上的病态现象"产生的原因之一,只是一种必要条件,远非充分条件。并非一开逻辑课,很多人不讲逻辑的问题,就迎刃而解了,还要看逻辑课,怎么个开法。

逻辑课堂上,教师会按照教材教授很多关于思维规律的知识、规则等内容。这些内容主要是一些"陈述性"知识。不过,逻辑本质上则是一种"程序性"知识,是在人类思维过程中体现出来的。一般来说,"陈述性"知识转化为"程序性"知识,必须经过严格、长期的训练。把逻辑知识转化为逻辑能力,使这种逻辑能力成为思维的一种品格,同样需要严格、长期的训练。训练的主要途径,简而言之,是抓问题、摆事实、讲道理。在讲道理的过程中,辨析概念,作出判断,进行推理,梳理事物之间内在的逻辑关系。教育心理学中的"变式练习",阐述了这样一个经过训练、把知识转化为技能的过程。

然而,现实生活中,逻辑课的课时一般都比较少,往往以对种种"陈述性"知识的介绍为主。教完种种"陈述性"知识以后,逻辑课教师往往已经无暇带领学生开展实际训练了。这需要其他课程的老师,带领学生按照基本逻辑的要求进行训练。因为课程的具体内容虽然有别,但它们必须谨守的逻辑规则和要求,没有二致。可以说,带领学生通过经典理论和方法的分析与把握,通过把握问题、界定概念、把握论据、作出判断和推理等多方面长期的实际训练,帮助学生学会在谨守逻辑规律的前提下,运用界定概念、判断和推理等多种具体逻辑方法，分析问题和解决问题，这是所有课程和教师的责任。推而广之，也是整个社会的责任。尤其是各级官员，说话办事讲逻辑，所作所为经得起检验，也能对普通百姓形成良好的示范。所以，把提升学生逻辑水平这样一副重担，只是压在逻辑课及任课教师身上，显然是想太多了。至于说"汉语教育缺逻辑"，把缺乏逻辑教育的板子打在汉语（语文）课及任课教师身上，既不实事求是，也对汉语（语文）教师不公。汉语（语文）教师表示不服。

众所周知的是，缺乏逻辑教育已经成为许多年来教育的一大缺憾。在围绕应试目标开展教育的大背景下，"标准答案"超标安居于课内课外几乎每一寸土地上，而独立思考、逻辑教育，恰恰没有多少存身的空间。如此教育出来的教师，又能在帮助学生提升逻辑能力方面，有多少实实在在的作为呢？如此教育出来的研究者，又能奉献出多少逻辑谨严的学术研究成果呢？

一般过过日子、做做报告，逻辑上出点问题，影响可能不会很大，但做学术研究，若也不讲逻辑，不能努力消除逻辑上出的问题，哪怕是小问题，必然会使人们对世间某些规律的认知跑偏，甚至偏得离奇。这是因为，学术研究以"真"为核心价值，以"求真"为己任，以"实事求是"为基本模式和准则。一旦违背了这种基本模式和准则，悖逆了这种核心价值，学术研究就不可能有学术可言，就不可能研究出什么靠谱的结论来的。所以，以学术研究为志业者，必须好好学习"逻辑"。

自然科学领域的学者们研究学术问题，必须具备极强的逻辑能力。同时，还需要很多仪器设备，有些仪器设备，还非常复杂，非常昂贵。比如测量高能粒子，科学家们需要对撞机等设备。相对而言，社会科学学术研究对仪器设备的要求不那么高。社会科学领域的研究者们依凭的主要还是他们的大脑，确切地说，是他们所拥有的科学思维能力。逻辑,则是科学思维能力的本质与核心所在。

　　值得追问的是,社会科学领域的研究者们,其科学思维能力水平如何? 在将逻辑知识转化为逻辑能力,训练和增强自己的科学思维能力方面,有多少清醒的意识,下过多少实实在在的苦功夫?

　　　　　　　　　　　　(子行空间,2020 年 12 月 24 日)

学术与功利

　　学术研究能不能追求实用目的？对此，多年来，人们一直有两种意见。一种意见认为，人类的实践活动总是为满足人类自身的需求而展开的。满足人类自身的需求就是实用目的。学术是一种人类的实践活动，也应该满足人类自身的需求。因此，学术应该追求实用目的。另一种意见则认为，"学术不能追求实用"。对此，李伯重进行了归纳："学术不能追求实用，原因即如梁启超所言，倘若'不以学问为目的而以为手段'，则动机高尚者，固然会以学问为变法改制的工具；但是动机低下者，则亦会以学问为博取功名的敲门砖，'过时则抛之而已'。不论哪一种作法，都会导致学者将其关注的焦点转移到学问本身之外，从而使得研究离开学术。"①其主要论据是搞学术研究如果考虑实用，会直接影响到学术的质量和水平。因此，学者应该"为学术而学术"。

　　学术研究能不能追求实用目的，这是一个值得深入研究的老问题。

　　很多学界人士皓首穷经，以一生之力研究一些学术问题，总是有所图，有所追求，"为了"什么的，也就是有目的的。"为学术而学术"其实也是有目的的。顺便说一句："为学术而学术"中，两个

---

　　① 李伯重：《提高学术水平须先理解何为学术》，《光明日报》2005 年 8 月 4 日第 5 版。

"学术"严格意义上讲并非同一个概念。前者是一个名词性概念，指的是一种（功利）目的，后者则是一个动词性概念，指的是一种行为，即人们进行"学术研究"之意。无论是什么样的目的，学术总是有目的的。目的直接涉及价值。不明确目的，其实也就是不明确价值。一个学者一辈子做学问，搞学术研究，如果没有什么目的，或者不清楚学术研究的目的，他大概难免会迷惘、迷失。事实上，学者们并非不清楚自己研究的价值，有可能的只是一些学者不能立马言简意赅地说清楚自己研究的价值而已。尤其是一些基础性理论研究的学者，往往难以说清楚自己研究的具体价值。很多基础性理论研究的价值，往往是在很多后续实际运用过程中，才逐步打开，逐步被后人认识和把握的。比如，爱因斯坦的狭义相对论推出后，"全世界只有 12 个人看得懂①"，然而，事实上，问世几十年来，相对论已经成为现代物理学的两大支柱之一（量子力学是另一大支柱），为人类了解世界，了解宇宙的变化，奠定了不可或缺的理论基础。林文俏指出，"爱因斯坦相对论也深刻影响了近百年来世界哲学的发展。《相对论的意义》出版不久，就引起各个哲学流派的强烈反应，出版了不少论著。"②同时，也为现代科技的飞速发展奠定了扎实的基础。没有相对论，大概难有宇航事业的发展，甚至也没有 GPS 导航技术的广泛应用。由此看来，断言"学术不能追求实用"，有些简单和武断。

要搞清楚学术能不能追求实用目的，需要我们改变思维方式。

首先，重新理解"实用目的"概念的涵义。所谓"实用目的"，本质上就是人们所追求的一种功利价值。在实际生活中，人们所

---

① 李伯重：《论学术与学术标准》，《社会科学管理与评论》2006 年第 4 期第 50—51 页。

② 林文俏：《相对论的意义：影响世界百年》，《南方日报》2016 年 1 月 7 日第 A22 版文化周刊·读书。

追求的实用目的有直接、间接，短期、长期之分。直接实用目的、短期实用目的及其所包含的价值，往往可以很快，甚至可以立竿见影地体现出来，容易被人们迅速把握住。而间接实用目的和长期实用目的及其所包含的功利价值，往往需要较长的时间长度和多种环节、载体，慢慢地，甚至是在人们不知不觉中体现出来的，所以，容易被人们忽视。很显然，实用目的和功利价值被忽视不等于就没有。因此，人们应该否定的并非学术本来就有的实用目的和功利价值，而是对学术急功近利的态度和行为。因为反对急功近利而否定学术有实用目的和功利价值，不免如倒洗澡水的时候把孩子也给倒掉，有些笨伯。

其次，不能仅仅用静态的眼光，更要用动态的眼光看待学术有没有实用目的和功利价值这一问题。所谓动态的眼光，就是要把学术看成一个过程。既然学术是一个过程，那么就有"过程之中"和"过程之外"之别。所谓"过程之中"，是指学者潜心学术研究时所进入的一种特定状态。在这种特定状态中，占据了学者整个心灵的，乃是各种意味深长的现象，从现象之中把握本质和规律的冲动，辨析概念的涵义、爬剔梳理事物之间内在逻辑关系的专注。一句话，此时学者"关注的焦点转移到学问本身"。在这种特定状态中，学者所追求的就是把道理想明白，豁然开朗，一片澄明（这些其实也是一种功利价值），而不应也不会过多考虑他的研究能给他带来多少"工分"、经费、报酬、奖项等世俗目的。

然而，"过程之中"这样一种特定状态，只是学术过程的一个方面，在这一特定状态之外，即"过程之外"，包括学术研究"之前"和"之后"，学者又必须考虑学术的实用目的和功利价值。从"之前"而言，学者得关注世界、人生和社会，努力从这个世界、人生和社会中汲取思考、研究的素材，从这个世界、人生和社会中的种种未知中、种种不完善中，寻找研究的选题。这样一种关注，本质上也是一种实用目的、功利价值的关注。缺乏这样一种关注,学术研究不仅必然会成为无源之水、无本之木,也会面临意义模糊,甚至意义缺失的窘境;从"之后"看,学者完成了某些研究工作以后,他还得关注这个世界、人生和社会对他研究工作的反应,关注他研究的成果对于这个世界、人生和社会不断走向完善的实际意义。因此,如果说"过程之中"学者必须"无功利"的话,过程之外,无论是"之前",还是"之后",他都得考虑他的学术研究的实用目的——价值和意义。

学术研究能不能追求实用目的,要回答这样的问题,我们一要改变静态的思维方式,二要深入学术研究的动态过程之中。

顺便说一句,对"艺术无功利"之类命题的辨析,同样一要换思维,二要深入艺术创作的动态过程之中。

（子行空间,2018 年 6 月 19 日）

"专业"和"问题",如何摆布?

因为一直要组稿,常和一些年轻人交流一些现实问题,特别是对一些青年现象和问题的看法。我始终认为,青年研究要把"以青年为本"作为价值取向,贴近青年生存和发展的实际,把握青年生存发展中的问题,注重从中把握微观实际的研究选题,分析种种具体现实问题背后的深层原因,对青年生存发展提出切实可行可操作的对策和建议。如此,才能有效避免闭门造车自说自话,使青年研究更好地回应青年和社会的需求。但一些年轻人却说,这个问题虽然很重要,却不是我的专业问题。言下之意,他/她不会去研究非(他/她)本专业的问题。

术业有专攻。这是没错的。然而,研究专业问题为了什么?专业的涵义有很多方面,但对于我所接触的这些年轻人来说,专业主要是指:专门的学问;高等学校或中等专业学校所分的学业门类。现如今在高校工作的年轻人基本都有硕士以上的学历,一定意义上讲,他们都已经成为所谓的专业人士。然而,对于他们来讲,这却不是他/她不研究非本专业问题的理由。

在我看来,很多年轻人要想明白一些问题:

首先,在本专业领域内,他们还只是一个初学者,对相关的理论和方法,还只是初步掌握,甚至只是初步了解,未能真正窥其堂奥。他们以初学者的能力是难以直接去研究本专业中的一些前沿性、疑难杂症性学术问题的。即使勉力研究本专业领域内的一些学术问题,也往往难免拾人牙慧,炒炒冷饭。很多年轻人毕业后的主要学术研究内容,往往是跟着导师或其他学术前辈编编教材,或在课堂上讲授本专业一些课程的"概论"。这样看起来是在"搞专业",却实在不能理解为在搞专业学术研究,至多是使他们有机会复习、消化一些在校期间所学的内容。极少有人真正能够"温故而知新"的。

其次,人类生活中,值得学术研究者关注的问题五花八门,层出不穷。人类发展学术事业,其根本目的是帮助人类更好地认识、把握世界,促进人类更好地在世界上生存和发展。因此,关注现实生活,把握和研究人类生活中的种种现象和问题,这是学术研究者的基本责任,也是学术研究者取得生存发展空间的契机。

再次,激进建构主义代表人物冯·格拉赛斯菲尔德认为:对世界的任何描述都与观察者有关,都是从观察者的经验得出的,因此,解决问题和达到目的的路径就不止一条。人们专业有别,但面对的问题却是一样的。专业可能只是意味着看待和把握这些问题的不同视角和方法。不同的专业会使人们掌握和拥有把握世界的不同方法,对同样的世界形成不一样的"经验"、认识和解决方法。因此,仅仅死抱着所谓的"本专业"研究,却不去直面现实,从现实生活中把握具体问题,通过专业学习习得的把握世界的特殊视角和方法,也许就被束之高阁而没有用武之地,专业学习也许就是一种浪费。

最后,冯·格拉赛斯菲尔德认为,知识若是有助于解决具体问题或能够记录有关经验世界的一致性解释就是适当的,就是有"生存力"的。因此,一切知识都是个体在认知过程的基础上,在跟经验世界的对话中建构起来的。年轻人毕业后,更多关注现实问题,注重从现实问题中把握研究的选题,注重运用专业理论和方法,对种种现实问题进行广泛深入的研究,这从根本上有助于他们不断在具体研究过程中，更好地建构起自己的专业理论和方法的系统。

质言之，年轻人通过完满的学历教育，获得了满肚子由基本到"高级"的某个学科专业的知识。然而，若其"知识"不能"有助于解决具体问题或能够记录有关经验世界的一致性解释"，那么，它们只是一些"死"的（陈述性）知识，而缺乏冯·格拉赛斯菲尔德所说的有"生存力"的知识。遗憾的是，现在很多年轻学者缺乏的正是有"生存力"的知识。

（2021年5月，撰写《如何有效开展青年研究——学术规范与论文写作》时偶感）

话说"引经据典"

引经据典是人们写文章时经常性的做法。它的好处有很多。

第一个好处是表明作者是看过很多书,知道很多圣贤、名家之言,很多人物掌故的。比如,包拯一直以刚直不阿的清官形象著称,但在重重阻力之下、层层危难面前,他也产生过动摇。《陈州粜米》的唱词中就引经据典了一番:"有一个楚屈原江上死,有一个关龙逢刀下休,有一个纣比干曾将心剖,有一个未央宫屈斩了韩侯。"面对这些前车之鉴,包拯也想"从今后,不干己事休开口","不如及早归山去,我则怕为官不到头,枉了也干求。"不知道很多人物掌故,没有丰富的历史知识,是难以这样引经据典,难以淋漓尽致地表达出包公内心深处既悲壮又无助的真实心理状态的。

第二个好处是承续了传统。自从有了意识,有了文化创造,人类对世界和人生的各种认识和感受就不断充实,累代叠加,可谓源远流长。我们今天所遇到的许多事情,古人和世界上其他地方的人其实也都遇到过。比如,置身于飞速发展的当今社会中,面对很多新的事物、新的麻烦,我们今人常常会愁肠百结。其实,古人早已体验过各种愁绪,并精妙地表达过。比如,李煜说"愁"像一团乱麻,"剪不断理还乱",还像绵绵不绝的"一江春水向东流"。李清照说她的"愁"太沉重,要把小船压沉,"只恐双溪舴艋舟,载不动,许多愁"。当我们惊叹于古人体验之准确表达之传神时,这实际上也就说明古人的体验和表达中,有很多我们后人可共鸣处,也有难以企及之处。若只知道今人之"愁"，而不知道古人早愁，还以为把"愁"比喻成"一江春水向东流"是今天的新发现，难免会贻笑大方。一定意义上讲，引经据典使我们得以站在前人的肩膀上，顺利表达自己。引经据典实际上就是我们在借用前人的方式和语言思考、体验和表达。

引经据典不仅在抒情性写作中被广泛采用，在学术论文中也被广泛采用。这些年，人们都很重视文献的研读和综述。许多学术文章往往都会辟出相当篇幅的专门章节，对相关研究领域中大家巨擘的思想、观点和论据等进行一番梳理、归纳。这其实就是一种引经据典。其好处就是要求研究者大量研读前人学术研究的成果，对学术研究已经取得的进展、存在着的问题有较为全面深入的了解和把握，也对现有研究留下的空白心中有数。

但是，引经据典也要适可而止，不能过滥。引经据典过滥，也有不足之处。

第一个不足之处是容易掉书袋，令读者挠头。《滕王阁序》中用典很多，几乎一句一典。"冯唐易老，李广难封。屈贾谊于长沙，非无圣主；窜梁鸿于海曲，岂乏明时？所赖君子安贫，达人知命。老当益壮，宁移白首之心？穷且益坚，不坠青云之志。酌贪泉而觉爽，处涸辙以犹欢。北海虽赊，扶摇可接；东隅已逝，桑榆非晚。孟尝高洁，空余报国之情；阮籍猖狂，岂效穷途之哭！"这样的文字对得工整，旁征博引，才华横溢，但要读懂它却委实不是一件容易的事情。读者非得饱学，非得具有宽厚的知识背景，方能理解王勃之心。语须通俗方传远。用典太多，语必"不俗"，难以被更多人理解。无形中，这些文字就会拒人于千里之外。

第二个不足之处是引经据典太多，却常常忽视了对自己特殊认识和感受的表达。别人的认识和感受是别人的东西，不等于自己的认识和感受。而写文章最重要的还是要表达自己的认识自己的感受。人们是不是可以仔细咂摸一下，自己心中的愁与李煜"剪不断理还乱"的"愁"有哪些相同，又有哪些相异之处？笔者孤陋寡闻，似乎还没有看到今人写"愁"的佳句，但更多看到的则是一旦写"愁"，就去古诗文中引经据典的做法。如果仅仅是引用别人的认识和感受点，却忽视了表达自己的认识和感受，那就只能是本末倒置，这样的文章篇幅再大，作者名气再大，也没有多少意义。这种引经据典的做法，不仅在诗文当中不少见，在很多学术研究论文当中也比较普遍地存在着，甚至可以说是非常严重地存在着。最明显的例子就是不少论文在文献和经典的综述方面，花了很多的功夫，占了一半，甚至一半以上的篇幅。而表达自己特殊认识和感受的空间却很小。笔者编辑学术期刊多年，常常读到这种本末倒置卖弄学问的文章。

说卖弄学问，其实有点冤枉这些作者，因为他们往往本来就没有什么学问，何谈卖弄！学问学问，一是要学，学习很多前人留给我们的好东西；二是要问，要运用前人教给我们的理论和方法，直面世界和人生中的真问题，努力分析、把握和破解它。这才是学问。在当今网络极其发达的时代，罗列，甚至全文复制种种前人的经和典，是一件手到擒来的事情。所以，纵然那些文章中引经据典，却未必就是作者真正学到的东西。被引用的很多词句，在很多引用者的大脑皮层中大概没有留下过多少痕迹。"学"实际上没有学到多少，那么"问"呢？那些文章的相当一部分篇幅已经被引经据典占去了，又能有多少余地留给对真问题的把握、问题之间关系的梳理、问题背后原因的分析、问题破解的具体方略呢？所以，那样的文章也不会以学解问的。如此引经据典的文章，拉大旗作虎皮，以经典吓唬人，不仅违背了学术的本意，也败坏了学术的基本伦理。对它们，我们是要高度警惕的。

经和典是我们为学的重要基础。有此基础，对很多问题我们才能做到心中有数，否则，难免少见多怪。因此，引经据典是需要的，但又是有基本规矩的。

其一，不可喧宾夺主。经和典作为我们为学的基础，是我们自己对世界和人生的认知与感受出场的背景。背景过于活跃，难免喧宾夺主。餐厅的大师傅做得一手好菜，是不必费心思专门告诉每一个食客，他借鉴了多少经典菜谱的。

其二，不可断章取义。每一部经典都有自身的内在逻辑。围绕这种内在逻辑，一部经典便构成了一个独特的语境和话语系统。经典中的一些话语，都是内在逻辑的一个有机组成部分。若把只言片语从语境中抽离出来，往往就会破坏其内在逻辑，抹去其应有之意。所以，引经据典必须慎之又慎。若断章取义引用经典，无论作为论点，还是作为论据；无论是作为大前提，还是作为小前提，都难免片面，甚至难免谬误。如此能够推出什么样的结论，也只有天晓得了。

顺便说一句，断章取义其来有自，要么是学艺不精，要么是别有用心。

（子行空间，2017 年 10 月 17 日）

警惕"文献综述"

研究者在确定选题之前,必须大量阅读和梳理相关文献,了解相关领域内有哪些重要的选题、重要的研究者、重要的研究成果,把握既有研究中存在着的空白点、问题等,从而判断选题之新与旧。既有研究中存在着的空白点、问题等中,则寓涵着可能的选题空间。事实上,不少研究者往往就是通过文献阅读和梳理,从一些旧选题中,把握住一些需要重新审视,或者接续研究的新选题的。

这种阅读和梳理相关文献的功夫是学术研究中的基础性工作。但是,这种基础性工作是否都要直接在论文中体现出来? 这倒是需要探讨的。厨师做菜之前,当然需要了解食材的性质、制作的方法,然而,他要端给食客的,只是盘中的美味佳肴。他对食材性质、制作方法等方面的了解和领悟,是没有必要也没有必要端上桌子的。食客也没有必要知道厨师对食材性质和制作方法等究竟了解和领悟到了什么程度,只需要品尝菜肴是否可口。

现如今,不少学术论文都要花费很大篇幅搞所谓的"文献综述"。对这种做法,有人美其名曰"学术规范"。这是规范吗? 或许这只能说明论者是看过不少资料的。有些学术论文中,"文献综述"甚至占到 2/5 以上的篇幅,而作者自身对问题的分析和把握,却浮皮潦草,戏曲圆场般随意比划几下。

这正如厨师喋喋不休说明自己做这道菜是有所本的。然而，食客烦不烦啊！黄花菜都凉啦！读者阅读文章，是想从中把握到论者自己对某个问题的见解的，正如食客想用自己的口舌品尝美味一样。黄花菜凉了，美味就大大打了折扣。"文献综述"多了，作者自己的思想就被冲淡了，甚至被淹没了。

有些"文献综述"叠床架屋、稀里哗啦，做得也很不怎么样，让读者看得云里雾里，无暇再去考究作者自己有什么新的思想。这样一来，这大篇幅的"文献综述"倒起了烟雾弹的作用，让作者功夫的肤浅、思想的苍白，在影影绰绰中显了份神龙见首不见尾的玄虚，显了份画鬼易画马难的狡黠。

见到大篇幅的"文献综述"，要提高警惕。

（子行空间,2021 年 5 月 23 日）

概念不是那么好玩的！

概念及其界定和使用，是一个值得高度关注的问题。

网上有个段子：前几天去杭州游玩，走到"岳母刺字"的雕像前，听到一个中年男子说："也就岳母干得出来，亲妈不能干这事。"

段子是人编出来的，事是虚的，理却是实的。这个段子中的"梗"是"岳母"二字前后出现过两次。前者指的是"岳飞他妈"，后者说的则是"老婆她妈"，字面上完全一样，却不是同一个概念。把"岳飞他妈"与"老婆她妈"放在一起，这就形成了一种超常搭配，超出了人们一般的经验和预期，使人意外，情不自禁发笑。

然而，发笑之余，人们还是要想一想：字面上完全一样，却是两个概念，表达了不同的意思。显然，这里通过所谓"偷换概念"开了个玩笑，让人捧腹。不过，日常生产生活中却不能常常这样玩笑。玩笑多了，人们之间的交流就难以顺畅进行下去，就会使生产生活本身也成为玩笑。概念的使用是人类生产生活中的一种寻常现象。概念涵义界定得清楚，使用得当，人类的生产生活就能顺利进行，否则，概念涵义不清，必然引发人们对概念所指对象理解上的差异，纷争和异议必然由此产生。

比如，中央电视台开展评选"感动中国年度人物"活动，有利于发挥先锋模范的带动作用，推进社会主义精神文明建设。然而，什么是"感动中国年度人物"？这就需要在活动之初便明确"感动中国年度人物推选标准"。这个标准，实际上就是对"感动中国年度人物"这个概念内涵和外延的界定。不界定清楚，就会搞成"国家精神奖"之类不明不白的奖项，非但不能让人心悦诚服，学习效仿，反而会引发争议与批判。好在央视有关部门对"年度人物"作出了定义：人物事件发生在本年度，或者人物在本年度引起社会广泛关注。本次活动以"感动公众、感动中国"为主题，推选人物须具备以下一种或几种特点：

（1）为推动社会进步、时代发展作出杰出贡献，获得重大荣誉并引起社会广泛关注；

（2）在各行各业具有杰出贡献或重大表现，国家级重大项目主要贡献；

（3）爱岗敬业，在平凡的岗位上做出了不平凡的事迹；

（4）以个人的力量，为社会公平正义、人类生存环境作出突出贡献；

（5）个人的经历或行为，代表了社会发展方向、社会价值观取向及时代精神；个人在生活、家庭、情感上的表现特别感人，体现中国传统美德和良好社会风尚①。

这样的界定总体上还有一点抽象。比如，什么叫"杰出贡献""重大表现""突出贡献""特别感人"？这些都难以量化，不太好把握。但是，很显然，有这样的界定比没有界定要好多了。

再比如，垃圾分类推行过程中的一大难点是明确垃圾分类的标准。多年来，我国在垃圾分类方面，主要按照"可回收""不可回收"这两种分类标准分类垃圾。然而，究竟什么叫"可回收""不可回收"垃圾，普通百姓往往并不明确其内涵和外延。所以，要推进

---

① 《"感动中国年度人物"推选标准》，央视网，2014 年 12 月 30 日，http：//news. cntv. cn/2014/12/30/ARTI1419910334482245. shtml。

垃圾分类,就得使人们明白不同垃圾的涵义。浙江金华农村因地制宜,走出了一条行之有效的"两次四分"法垃圾分类处理的新路子。"据介绍,'两次四分法'即农户把垃圾按'会烂'和'不会烂'进行分类,将'不会烂'的垃圾再按照'好卖''不好卖'的标准进行二次分类。垃圾分拣员在农户分类基础上,让'会烂'的垃圾进阳光堆肥房发酵堆肥,'好卖'的垃圾回收处理,'不好卖'的垃圾则进入垃圾填埋场、焚烧厂处理,有毒有害的进行特殊处理。①"

概念不是那么好玩的! 概念界定是否清楚,使用是否得当,会对人们的生产生活产生很大的影响。而在学术研究过程中,概念界定及使用,具有更加基础性的地位,发挥着十分重要的作用。这是因为,人们想表达的理论、思想等,往往都凝聚在一个概念当中,概念是理论、思想最基本的一种载体。缺乏概念这一最基本的载体,一切学术研究都难以进行。学术研究都需要首先明确其内涵和外延,把这个概念的基本涵义、基本表现形态、基本特性(点)、基本功能、历史由来等讲清楚,也就把这个概念中所包含的理论和思想也表达清楚。因此,界定概念的过程,事实上就是人们对概念所指事物认知水平提升的过程,就是基本思想和理论展开的同步过程。一定意义上讲,学术研究最重要的成果之一,往往就是对概念内涵的新阐发,甚至产生新的概念。因此,概念及其界定和运用对于学术研究的进行起着至关重要的作用。从根本上说,学术性往往首先就体现在对概念的使用上。学术研究成果的学术水平,一定意义上就取决于概念界定和使用的水平。

(子行空间,2020 年 2 月 18 日)

---

① 方立新、李坤晟、谢云挺:《浙江金华: 市民向农民学垃圾分类》,中国经济网,https://baijiahao.baidu.com/s? id=1634124314482863858&wfr=spider&for=pc。

"蚁族"：从比喻到概念

2015 年 10 月上旬，应邀出席某省首届青少年发展论坛时，我第一次见到廉思。我对廉思说，"蚁族"这个词用得很好，非常传神、到位。廉思说：谢谢刘老师！但有人说"蚁族"这个词不是学术概念，不够严谨。

学术语言的主要元素是概念。人们进行理性认识和学术研讨之时，都必须使用概念。概念是反映对象特有属性的思维形式。概念的基本特点是其涵义——内涵和外延——也即其所指对象必须非常明确清楚，没有歧义。而概念涵义的明确、无歧义，是人们进行理性认识和学术探讨的重要基础与基本前提，这也是学术研究严谨性的重要表现之一。概念的形成，一定是人们经过诠释、研讨和界定，达成对其内涵与外延"同一性"共识的结果，标志着人们对某种自然和人类社会现象的认识已从感性认识阶段上升到了理性认识阶段。毫无疑问，作为人们对世界和人生理性认识的产物和成果，概念在人们把握、思考很多历史性和现实性问题时，发挥着很大的功能，具有很强的适用性。

然而，这种适用性是相对的。概念通过反映对象的特有属性反映现实生活，而现实生活日新月异，新现象、新问题层出不穷。赫拉克利特说："太阳每天都是新的。"历经无数代学者反复使用、界定的一些既有概念固然很严谨，固然很规范，但面对日新月异的现实生活，面对纷纭复杂的种种新现象和新问题，它们却往往有心无力,左支右绌,捉襟见肘,难以描述和揭示新现象、新问题的特征与特质。比如,现实生活中,由于我国劳动力市场转型、就业形势发生变化、教育改革举步维艰、房价过高、人们的就业观念滞后等多种原因的共同作用,北京等大城市出现了"大学毕业生低收入聚居群体"。对这样的群体,人们缺乏一个既有的合适概念指称他们。这就对人们深入了解和把握这个群体产生了很大的影响。于是,及时提出新的合适概念,就成为对这样的群体进行学术研究之必须。

面对新情况,文学语言往往体现出一种特殊的优势、作用和魅力。文学语言的鲜明特征之一是形象生动。而形象生动主要来自比喻、象征等具体手法的运用。就"蚁族"而言,它首先是一种修辞手法——比喻。一般情况下,一个比喻都包含本体、喻体、喻词等几个要素。其中,本体是需要被解释的对象,类似于定义中的"被定义项",喻体则是解释本体涵义的部分,类似于定义中的"定义项"。作为一种比喻,"蚁族"体现了文学语言的鲜明特点:形象生动,能够激发人们更多乃至无限的想象,具有解说的更多可能性等。

文学语言和学术研究并非水火不容。在学术研究中,尤其是在面对一些新的现象和新的问题之时,使用一些文学语言,不仅可以,而且必要。这是因为一些新的现象和新的问题是人们所陌生的。如何帮助人们迅速把握这些"新"的陌生对象? 一个很重要、很管用的办法,就是尽可能召唤人们种种既有的经验,帮助人们通过相似的既有经验去把握"新"的对象。《围城》中方鸿渐失恋后的心理难为人所知。钱钟书通过比喻,借助于"仿佛害病的眼睛避光""破碎的皮肉怕风"两个喻体,以及人们相关的经验,极其传神地表现了方鸿渐失恋的这种特殊心理:"鸿渐只希望能在心理的黑暗里隐蔽着,仿佛害病的眼睛避光,破碎的皮肉怕风。"在当今社会生活中，"大学毕业生低收入聚居群体"还是一种新的社会现象，人们对此可能还比较陌生。但有对蚁居的观察经验在前，在这些"大学毕业生低收入聚居群体"与"蚁族"之间建立一种新的联系，也就是说这些"大学毕业生低收入聚居群体"就像"蚁族"一样，便能有效地帮助人们借助于对蚁居（喻体）的既有经验，认知和把握住"大学毕业生低收入聚居群体"（本体）的基本特征和基本特质。

面对现实生活中的种种新现象和新问题，人们不必用既有概念削足适履地指称它们，而应该充分发挥想象力，灵活运用艺术思维方式，通过比喻等具体方法，推出新的喻体——意象，以努力提升学术研究及时迅速应对日新月异的现实生活的能力。安德鲁·海伍德指出："如果寻求所有人都接受的普适价值的'传统'研究多被摒弃，那么，顽固坚持科学自身就能提供揭示真理的说法也将无容身之地。今天我们所看到的政治学研究之所以硕果累累且令人振奋，就是因为它包含了多种理论取向和不同分析流派。[①]"学术研究不仅要包含多种理论取向和不同分析流派，也要善于融科学思维和艺术思维方式于一炉。只有善于整合、灵活运用艺术直觉、想象、意象塑造和概念分析等多种具体的思维方法，学术研究才能更加灵动地面对瞬息万变的现实生活，才能更加从容地应对种种新现象和新问题，才能有情怀、有温度、有才情，而不八股、不冰冷、不干瘪。在这方面，廉思创造"蚁族""工蜂""蜂鸟""洄游""青椒""路由器"等喻体—概念的经验，值得借鉴。

当然，在科学研究中，运用喻体—意象指称新的现象和新的问题还只是充满启发性的第一步，接下来还有很多细致的工作要做。需要指出的是，一个定义中，被"定义项"和"被定义项"的外延必

---

① 安德鲁·海伍德著，张立鹏译：《政治学的思维方式》，中国人民大学出版社2014年10月版第17页。

须相等,否则有定义过宽或过窄的问题。然而,喻体和本体之间,却往往难以做到这样一种"相等"。比如,说"姑娘长得像花一样"。这里,姑娘是本体,花是喻体。很显然,用花比喻姑娘,一般情况下是取了花的娇嫩鲜艳之意。然而,现实生活中,除了娇嫩鲜艳以外,花还有很多其他特点。世界上的花也有很多种。不同的花,也各有其特点。因此,说"姑娘长得像花一样",确实很生动,却又是所指并不十分明确的:是说姑娘像牡丹花般雍容,栀子花般清香,玫瑰花般鲜艳而带刺,还是像罂粟花般艳丽却又携带了与毒品有关的种种负面信息因子?所以,一个比喻中,喻体涵义往往不明确,又因为这种不明确,使人们对本体的特征和特质有了解说的无限可能性。毋庸讳言,这也许既是文学语言的特殊魅力之一,却也是文学语言常常被学术研究拒斥的重要原因之一。学术研究终究是以概念涵义的明确、无歧义为前提的。因此,人们"天才"般地运用一个形象生动的词汇(喻体)指称新的现象和新的问题之后,就要"工匠"般地对这个词汇的涵义进行多方面的诠释和界定,使之成为内涵与外延明确、无歧义的严谨概念。

诠释和界定主要包括以下几个方面:这个词汇的基本涵义包括哪些?在相关语境中,其所指对象的基本表现形态有哪些?在相关语境中,其所指对象的基本特点有哪些?其所指对象的特殊功能、意义和价值有哪些?其所指对象的来龙去脉是什么?等等。

事实上,廉思对"蚁族"已经作了多方面细致而严谨的诠释和界定:

从年龄上看,"蚁族"中95.3%的人属于"80后",主要是一个"80后"群体;

从地域上看,"蚁族"大规模生活在北京、上海、武汉、广州、西安等城市中的"大学毕业生聚居村";

从群体特征上看,"蚁族"群体和蚂蚁有许多相类似的特点:

高智、弱小、群居；

从社会影响上看，"蚁族"还没有形成社会学意义上的"社会阶层"，往往被淹没于"青年农民工""流动人口""校漂族"等群体中，既没有被纳入政府、社会组织的管理体制，也很少出现在学者、新闻记者的视野之中，是一个极少为人所知、被漠视和淡忘的群体；

从其社会价值看，"蚁族"身上承载着我国社会城市化、人口结构转变、劳动力市场转型、高等教育体制改革等多方面的压力。在主流话语中缺失话语权，却并不代表他们在现实生活中不重要！

……

通过廉思这样的诠释和界定，"蚁族"还会引发什么歧义吗？"蚁族"还不是一个内涵与外延已经很清晰、很明确的概念吗？

（子行空间，2019 年 12 月 24 日）

简论比喻和艺术感觉

读钱钟书先生的作品,倾倒于那些妙趣横生的比喻之余,我常常自问:这些绝妙的比喻仅仅显示了钱先生语言艺术的高妙吗?不同样也显示了钱先生良好的艺术感觉吗? 比如,《围城》中,钱先生说:"张太太上海话讲得比丈夫好,可是时时流露本土乡音,仿佛罩衲太小,遮不了里面的袍子。""(唐小姐想)把方鸿渐忘了就算了。可是心里忘不了他,好比牙齿钳去了,齿腔空着作痛一样"。这里没有条分缕析,没有逻辑形式的判断、推理、定义,而有对具体物象及其各自特征的直觉,对事物之间新的联系的顿悟。大致说来,这些绝妙的比喻中包含了一种对世界和人生的艺术感觉。比喻不仅仅是一种语言的技巧,更是人们艺术地把握世界和人生的成果。只有经过艺术感觉的孕育,绝妙的比喻才会诞生。因此,我以为,我们应该把比喻和艺术感觉联系起来,在这种联系中探讨比喻的奥秘。

一

比喻求新,促进人们由比喻出发,形成对新的(或者"旧"的)对象新的感受、新的把握。值得我们关注的是,比喻求新,却要借助于对既有经验材料的调动才得以实现。我们不认识唐晓芙小姐其人,更不了解她对方鸿渐那欲忘不能的心中曲折。这种"曲折"乃是我们所陌生的。钱先生的高妙在于，他调动了我们对拔牙的经验，让我们像体验牙痛一样去体验唐小姐心中的感受。这里包含了一句潜台词：可以用体验"拔牙"的方式去体验唐小姐彼时彼地的心态。某位女学者曾有妙喻："单眼皮是一幅未加装裱的字画。"这里的"单眼皮"乃是我们熟悉的对象。但这个比喻却让我们对它产生了新的感受。原因在于这个比喻调动了我们对"未加装裱的字画"的既有经验。对于没有拔牙经验的人来说，唐小姐心中的曲折乃是难以感同身受的。同样，没有理过"乱麻"（或者其他类似的东西）的经验的人，也是难以真切地领会"剪不断、理还乱"之妙的。

可见，比喻的前提是对某种类似的既有经验的借用与调动；创造比喻的前提是创造者对世界和人生具有丰富的审美经验；领会比喻的前提则是相应既有经验的被调动。比喻如摆渡，既有经验如小舟，只有借助于既有经验这小舟，比喻才能渡人，驶向陌生的彼岸。

二

严格说来，比喻在"表现"上传神，而在"再现"上则不精确。李煜的"愁绪""恰似一江春水向东流"。这"一江春水"流量多大？流速湍急否？这些都被忽略不计了。比喻中的喻体，乃是由简笔写意化了的审美经验，而非由"精确""全面"的"科学"经验所构成的。这也就是说，被比喻搅动的经验不是其全部，而只是某种局部，对对象某种特征的经验。李煜的"愁绪"无休无止，绵绵不绝，多像那"一江春水"的长流不息；这种"愁绪"又说不清道不明，理不出头绪来，似那"剪不断、理还乱"的乱麻；李清照的"愁"太沉重，如同"双溪舴艋舟"也"载不动"一样，使人不堪负载。同样是写"愁",却有了这许多奇妙特别的比喻。这一事实说明,比喻调动的不是对某一对象的全部既有经验,而只是对该对象某一特征的既有经验。比喻乃是主体特征与喻体中的对象的某种特征的契合与类似。没有对事实的敏锐的观察和体验能力,没有对事物特征的直觉的把握能力,以及由此而形成的丰富厚实的既有经验的库存,是难以创造并领会绝妙的比喻的。

逻辑学关于"定义"的篇章中规定,定义中不可包含含混的概念和语词,不可包含隐喻。这是因为,定义作为一种科学的把握世界和人生的具体方式,力求对对象本质把握的精确,而比喻则是一种艺术的把握世界和人生的方式。它力求传神表现对象特征,而不求完整无缺地"再现"对象。因此,比喻往往只有"局部"的真理性。

三

世界是普遍联系的。科学创造的使命之一,便是揭示事物之间的种种联系,原因与结果、现象与本质等等,并以公式、定义、命题等形式表现出来。这些公式、定义、命题,都意味着对事物之间联系的新发现。那么,作为一种艺术创造的比喻呢? 它也意味着对事物间联系的新的发现与新的把握吗? 回答应该是肯定的!

钱钟书先生形容某人说话颠三倒四、慌不择言时,说他的"词句散失得如大爆炸下流离失所的难民"。当他把"词句散失"与"大爆炸下流离失所的难民"在"杂乱无序"这一共同点上联系起来时,这种联系不正是一种新的发现、新的把握的产物吗? 从这种联系中,我们不是感受到了一种新颖、微妙而又极富启发性的"言外之意"吗? 苏东坡"月有阴晴圆缺,人有悲欢离合"的词句中,暗含着比喻。把月的"阴晴圆缺"与人的"悲欢离合"联系起来,这里不正包含了一种新的发现吗? 当然,这种新的发现,其具体内涵不像科学发现那般的精确、清晰，尚有待于后世不断的"投射"与"建构"。不过，苏轼对"月""人"联系的这种新的发现与把握，却为后世的"投射"与"建构"提供了基础。"速成学校如速冻食品充填着人们求知的胃"这样的比喻中，包含了对"速成"与"速冻"在"求速"上的联系的新发现。同时，也似乎发现了"求速"背后某种共同的、社会转型期的社会文化心态。

比喻求新，新就新在为本体寻找新的喻体；新就新在本体和喻体之间在事物的共同特征之间建立新的联系。

比喻需要想象。想象之于比喻，其作用主要体现在对事物的"共同"特征之间的新的联系，以及这种联系所"挥发"的"言外之意"的发现上；对于受话者来说，比喻乃是一种提示，提示人们调动有关的既有经验，在想象中"建构"种种新的"言外之意"。比喻离不开想象。

四

流沙河说，想象"不过是一个人在生活中获得的种种印象之再组合而已"。想象力之强弱，取决于对生活现象的敏感程度，对生活现（印）象的再组合能力。不过，比喻固然需要想象力的作用，但更需要决定着想象力的"母体"的作用。这个母体，便是孕育了并包括想象力在内的艺术感觉（能力）。

限于篇幅，我们只能就艺术感觉说其大概：艺术感觉的表现形态是直觉、顿悟、想象的飞扬；它专注于事物的感性特征，视之为某种精神性内涵的载体；其强烈的主观性使之得以时时冲击人类认识的常规和定式；其非功利性使人在极其自由的状态下尽情伸展其锐敏的触角，捕捉一切"有意味的"现象，积存为丰厚的审美握验。良好的艺术感觉是比喻诞生的先决条件。由此，我们便可理解这一事实：比喻大师往往是语言艺术家——文学家。

近年来，常有人抱怨我们的语言的贫乏、乏味，表现之一便是比喻的陈旧。有学者认为这一状况与汉语词汇量较小有关。他们引经据典地指出，汉语和英语相比词汇量要少几倍。这种说法乍听有理，却忽视了一个基本事实：同样是使用汉语中的这些词汇，为什么语言艺术家们的语言总那样生动、新鲜、传神、内涵丰富？可见问题不在于词汇的多少，正如棋手竞技的胜负不在于棋子的多寡一样。语言的贫乏主要还得归因于语言（词汇）重组能力的低下。语言是思维和表达基本的媒介。"表达不好"，其实乃是"思维"与"艺术感觉"不"好"的结果。因此，语言贫乏绝不仅仅是语言水平问题，更是思维能力、艺术感觉能力匮乏的问题。

在文化"快餐"盛行的今天，人们常常囿于利害的考虑，而难以自由尽情地伸展其感知世界的触角；对事物的感情状态、感情特征的直觉为对利害本质的计较所取代；对事物间的种种新的联系的发现、把握为对货银联系的急切辨认所挤兑：颠来倒去反复操弄的有限词汇：牛市、熊市、红包之类，一一对应于心中日夜盘算的几张票子几个位子……难缓功利考虑的迫切与偏执，人们怎能以艺术感觉去把握世界和人生呢？怎能有真正的艺术创造呢？又怎能以作为一种艺术创造的比喻去丰富我们的语言呢？

我们的语言曾经那样丰富、生动，因为我们秉承了优秀的语言艺术传统。然而，我们再也不能在李煜之后近千年的今天，仍在重复他那"恰似一江春水向东流"的比喻；我们也不能再以"蜿蜒的白练"比喻我们可爱的江河了。老调不可重弹！而要不重弹老调，便需要我们不断磨砺和增强我们的艺术感觉，以良好的艺术感觉作为创造妙喻的动力之源。

（《修辞学习》1997 年第 3 期）

新闻报道与学术研究

.

　　出于职业习惯,新闻记者往往对一些"有意味的"现象和社会普遍关切的具体问题较为敏感。因此,学术研究者们要关注时事新闻,特别是与研究领域直接相关的一些新闻报道作品。这不仅有助于学术研究者,比如青年研究者自身紧密关注现实生活,使学术研究更加接地气,也有助于青年研究者们从新闻报道中把握学术研究的选题、视角和"切入口"。因此,新闻记者是青年研究者的亲密合作伙伴。

　　比如,有篇题为《"机器换人",换出就业新空间》的特写稿,提醒人们关注"在机器趋于信息化、智能化、自动化的今天,'机器换人'"这样一种具有鲜明时代特征的现象,深入思考这样一个问题:如何面对就业岗位被机器取代这样一种不利状况,努力打开新职业的大门? 记者以郭彪和杨鑫的成长历程与感受为"切入口",展示了产业的发展对人们提出的不断强化培训、大幅度提升劳动者的科学文化素质和技术能力水平这一迫切要求。对于青年成长发展来说,就业创业具有特殊的重要意义。因此,对于青年研究来说,青年就业创业始终是一个值得特别关注的重大选题领域。关于"'机器换人',换出就业新空间"的特写,一定意义上向学者们提供了审视这一重大选题的多种具体视角。

　　比如,在"机器换人"的情况下,青年就业创业面临着哪些具体的问题和困难? 如何保障青年的合法权益? 如何帮助青年充分发挥比前辈更加熟悉数字化环境和互联网等方面的优势,根据行业发展的需求,学习充电,成为适应"机器换人"时代要求的新一代职业人? 青年研究者可以根据这篇特写提供的线索和视角,进一步广泛深入地了解和把握"机器换人"与青年就业创业的现状、问题等。在此基础上,逐步聚焦一些特殊的具体视角,深入开掘下去。

需要指出的是,新闻记者在采写新闻稿件的前后,特别关注"新闻价值"。李良荣认为,所谓新闻价值,即事实本身所包含的引起社会各种人共同感兴趣的素质,包括5个"性":时新性(事件发生离公开报道的时间越短,新闻价值就越高)、重要性(事件与当前社会生活和广大人民群众有密切关系)、接近性(地理上接近、心理上接近)、显著性(名人+普通的事=新闻;普通人+不寻常的事=新闻)、趣味性(奇闻逸事、富有人情味、高尚的生活情趣、能引起人们感情上的共鸣)。这5个"性"中,"时新性"是必要要素。"任何一个事件,只要具备了时新性再加上其他任何一性,就有成为新闻的可能,就可供新闻单位选用。[①]"由此可以清楚地看到,新闻记者们采写新闻报道时,往往更加注重抓住"有意味的"个案,并力图以这些个案引起读者的特别关注。

很显然,郭彪和杨鑫的成长历程与感受是鲜活的,然而,它们毕竟还只是个案,其中能有多少普遍性、典型性、未来性、前瞻性,还难以得到确证。"郭彪的成长和感受,道出了近年来中国工业机器人行业发展的特征。"此种以点带面式的过渡,提示人们由个案这一个点出发,举一反三地理解和把握相似的社会现象。然而,从学术规范上讲,通过个案这一个点反映某种普遍的社会现象,其内在的逻辑依据及其充分必要性还远远不够。因此,学者们必须充

---

① 李良荣:《新闻学概论》,复旦大学出版社2002年版第263—264页。

分意识到,新闻报道可以为学者们面向现实开展研究提供初期的线索,有助于学者选择和提炼"切入口",但从学术研究规范上讲,新闻记者所撰写的相关作品中所涉及的一些个案,究竟有多少普遍性,有多少典型性,能否充当严谨可靠的论据,还需要通过广泛深入的调查研究进行认真验证。

（子行空间,2020 年 2 月 16 日）

"融梗"："窃书"的当代变种

一、"超越"孔乙己

孔乙己偷书被吊打。他争辩道："窃书不能算偷……窃书！……读书人的事，能算偷么？"明明是偷，孔乙己却说成"窃"。这大概是因为"偷"字名声太臭。相对而言，"窃"字人们用得比较少，显得古雅些，"窃"的又是书，属雅物，他又是个读书人，臭味因此减弱不少，窃书似乎便好听了起来。

近期，在议论《少年的你》原著涉嫌抄袭东野圭吾的作品《白夜行》一事时，人们使用的不是抄袭一词，而是一个近年生造的词汇——"融梗"。什么是"融梗"？目前还没有标准的答案。其大概意思是说把别人描绘的细节、创作的故事等足以成为"梗"的东西，用自己的语言和方法，融入自己的文艺作品中。本来，抄袭跟偷一样贬义，见不得阳光，但一用"融梗"，抄袭竟一下子凭空就消减了很多贬义。这或许跟"融"这个字的特点有关。"融"可以跟不少词搭配：圆融、融合、融资等。与"融"搭配而成的词汇，往往都散发出一点平和、和顺之类的意味。于是，有了这个"融"字的"加持"，"融梗"听上去就多了那么一点雍容。这就跟孔乙己"窃书"的自我辩护路子同构了。

孔乙己只是想让自己不至于太难堪而在字面上做文章。今日一些绝顶聪明之人，则善于通过"洗稿"、生造"融梗"一词等手法，尽可能不着痕迹地洗白自己的抄袭行为。他们不光在技巧上远胜孔乙己，心理素质比孔乙己也要好上很多。"窃书"的孔乙己会"涨红了脸，额上的青筋条条绽出"，今日抄袭者则云淡风轻，优雅随意地吐出一词——"融梗"。

二、"融梗"就是窃取

"融梗"中的"梗"不是植物的枝、茎，也不是阻塞等意思，而是指桥段、笑点等。所谓"桥段"，大致上是主意、计策的意思，主要指电影电视里情节安排的伏笔或包袱等。笑点大致就是指笑料。简言之，"梗"是艺术作品中一种特别引人注目的创意。"融梗"的核心就是拿来——"融合"他人的创意。

创意来自人们的灵感。灵感是人们长期观察、感悟、思考的产物，可谓"得之在俄顷，积之在平日"。然而，"积之在平日"，却未必一定就能"得之在俄顷"。灵感很"任性"，往往可遇不可求。在当今社会生活中，创意作为创新、创造的核心要素，其作用和价值越来越大，是越来越稀缺的资源。因为是稀缺资源，一闻到一丝一缕好创意的味道，人们都会两眼放光，蜂拥追逐。

一般情况下，创意更多还只是火石上迸出的一星微弱火花，常常需要其他人参与进来，协力添加细绒，一点点把火花吹大吹亮。从字面上看，"融梗"具有一种参与、合作的意义。问题在于，你"融"了别人"梗"的作品，实际上已经成为"你们"共同的作品。"融梗"其实也是一种"融资"。别人的创意就是一种被你融合的稀缺资本。既然是一种"融资"，"融梗"者自然就有相关利益分配的义务和责任。然而，现实生活中，抄袭别人创意者，往往并不承认自己抄袭，有的甚至连"融梗"都不愿意承认。其实质，就是实现对创意者利益最大限度的窃取。多年来，围绕"融梗"的种种纷争,大抵均因为"融梗"者窃取他人的资源和利益而产生。

在这方面,"回家"故事被多次"融梗",却并未引起纷争的事实,意味深长,值得深思。1973 年,《纽约邮报》刊登了"回家"的故事。此后,受"回家"的启发,欧文·莱文等人创作了民谣歌曲《老橡树上的黄丝带》。1977 年,山田洋次与朝间义隆拍摄了电影《幸福的黄手帕》。2007 年,美国拍摄了美国版《黄手帕》。显然,《老橡树上的黄丝带》《幸福的黄手帕》《黄手帕》一定意义上都"融"了"回家"故事之"梗"。艺术家们并不讳言"回家"之"梗"对自己创作的"第一次钟摆"的特殊意义,同时,他们都融入了各自的创造。这样的"融梗"反而成就了一段艺坛佳话。

三、"融梗"是创新之敌

10 月 30 日,《新京报》载文指出:"'融梗'比洗稿还要高级,因为它复制的是创意和智慧,而不是简单的文字。"相对于简单的文字抄袭,"融梗"要做到更加巧妙无痕,事实上要耗费相关人员大量的时间和精力。然而,"积之在平日",孜孜于形成新创意,一方面往往有相应的专业素质要求,另一方面,新创意可遇不可求,所以,相对于"融梗",形成新创意可能要耗费人们更多的时间和精力。因此,通过所谓"融梗",融梗者能够更加快捷地得到更加丰厚的利益。这是抄袭、"融梗"行为屡禁不止,各种"山寨"之作充斥于社会生活很多角落的主要原因,更是我们许多行业原创能力不足,在国际交流和竞争中容易被"卡脖子"的根本原因。

抄袭是创新之大敌,所谓"融梗"正在毁灭原创。为此,多年来,人们采取了多种方式打击种种抄袭行为。在学术研究领域,"查重"软件不断优化,大显身手,让抄袭行为无从逃遁。这些年来,不少学人,甚至一些知名学者纷纷在这个问题上折戟。相对而言,艺术创作中,哪些是原创,哪些是抄袭,更多处于模糊地带,人们常常难以划出一道泾渭分明的界限予以明确。这片模糊地带,便成了抄袭者的乐园和给自己涂脂抹粉的梳妆台。待在这片模糊地带,"融梗"者们快捷窃取他人创意带来的全部效益,乐此不疲,不愿收手。如何消除这片模糊地带,需要人们不断加强研究,不断强化法制建设,同时,充分发挥网友作用,打击"融梗",鼓励原创。

(《社会科学报》2020 年 2 月第 1692 期第 6 版)

理论与实践：搀扶着一起向前

一直听说"理论是实践的先导"。恕我读书不够，至今未能确定这句话的原始出处。不过，这句话还是很有道理的。这是因为，人的行为根本上受思维支配。人们的实践必须在一定理论的指导下进行。所以，缺乏理论指导的实践，往往难免盲目。

问题在于，能够指导实践的理论，又是从哪里来的？似乎一直还有这样一句话，叫作"实践出真知"。能够指导实践的理论，自然应该是真知。理论应该来自人们的实践，是对人们的实践进行总结、归纳、提炼的产物。总体来说，理论指导实践，实践哺育理论，这大概是很多事业不断推进、很多理论不断完善的一种基本规律吧。

这就出现了一个先有鸡、还是先有蛋一类的问题：理论指导实践，理论却又来自实践。一般情况下，人们不大会想此类谁先谁后的问题，而是有鸡尽管吃鸡，有蛋尽管吃蛋。但遇到一些新工作、新事业需要在理论指导下推进，却又因其是新工作、新事业，而缺乏现有理论、更缺乏成熟理论的指导时，谁先谁后，就成为一个令人挠头的问题。

比如，1999 年，国家推出了关于实施"素质教育"的意见。一时间，到处都在轰轰烈烈忙着开展素质教育。但不久却显出了疲累冷清之相。之所以如此，不是学校和老师们不想搞"素质教育"，而是因为大家普遍对"素质教育"如何开展困惑不已，亟须得到关于"素质教育"的理论的指导。这种理论指导，首先就是要帮助实践者们搞清楚"素质""素质教育"等概念的内涵，明确"素质""素质教育"等的质的规定性。讲清楚"素质""素质教育"等概念的内涵——质的规定性，无疑特别重要。这是因为，古今中外教育发展的实践说明，素质是个历史的概念，不同的时代和社会都有对受教育者不同的素质要求，都按照经济社会发展要求培养受教育者，使之具有相应素质。因此，严格意义上讲，教育都是素质教育。既然教育都是素质教育，那么，今天所倡导的这个"素质教育"，其特质是什么？如果不明确其特质，那么，学校和老师们该怎么做，才能使"素质教育"有别于古往今来的素质教育呢？

然而，恰恰是对"素质""素质教育"等概念的内涵，文件以及其后连篇累牍的理论研究文章，并没有讲清楚。理论上讲不清楚，学校和老师们，还有家长们，自然在"素质教育"的实践中显得比较茫然了。

近期又有"劳动教育"一例。自从今年 3 月 20 日国家颁布《关于全面加强新时代大中小学劳动教育的意见》以来，全国各地都在展开青少年劳动教育的理论研究和实践。但是，青少年劳动教育究竟教什么、怎么教、在哪教、谁来教，对这些问题，虽然中办、国办的"意见"，教育部的"指导纲要"，以及一些省市颁布的"实施意见"等文件，针对青少年的基本特点，本着因材施教的基本原则，对不同学段青少年劳动教育的内容，以及家庭、学校、社会等各方面的责任等，都提出了指导性的意见。值得注意的是，这些指导性意见是原则性的，留下了进一步思考和阐释的较大空间。对于实践领域的人们，比如学校及教师来说，还有很多具体的实际问题尚须进一步明确。比如，劳动教育要纳入考试范围吗？若劳动课程纳入考试范围，是不是和减负有冲突？劳动教育应该占几个课时？劳动教育教什么样的内容，采用什么样的教材？应该通过什么样的途径和形式开展劳动教育？劳动教育的优秀师资在哪里？劳动教育和传统文化教育等其他教育如何融合？家庭、学校、社会之间的劳动教育如何有机衔接？

所有这些问题都是实实在在的具体的现实问题，亟须得到理论研究界的答疑解惑，以免家庭、学校、社会等实践领域茫然。然而，事实上，理论研究者们对这些问题都没有现成答案。答案还需要研究者们从对劳动教育实践经验教训的总结、归纳和提炼中产生。

实践需要理论指导，理论需要实践哺育，两者互为前提，其间关系有些缠杂。我以为，要破解这样一种缠杂局面，形成以理论指导实践、由实践哺育理论的良性循环，首先需要理论研究者根据相关工作的一般规律和原理，提出一些较为具体的推进方案和实施方法，供实践领域人士参考和借鉴；其次，理论研究者必须紧密关注实践领域的现实状况，及时帮助实践领域人士总结经验，准确把握种种具体问题，尤其是相关实践领域的特殊状况和问题，深入分析问题背后的原因。在此基础上，协同相关实践领域人士，针对相关工作中的一些特殊情况，研讨形成行之有效、具体、可操作的办法。

在以理论指导和推进实践方面，理论研究者大有可为，责任重大，必须先行一步。同时，理论研究者必须努力沉潜于实践之中，从实践领域的种种经验和教训中，验证理论的效能，把握、弥补乃至修正理论的不足。理论研究者和实践领域人士必须相互搀扶，理论研究者提出的种种理论，比如关于青少年劳动教育的种种理论，才能真正接上劳动教育实践的地气，才能真正发挥劳动教育实践"先导"的作用；劳动教育实践才能在不断完善的理论的指导下，在培养更多优秀时代新人方面，作出更大的贡献。

（子行空间，2020 年 12 月 16 日）

不善"转化"的教师不如巧农民

近日看到一篇《把"烫手山芋"变成"有机宝贝"》的文章。文中说,堆在田里的秸秆是"烫手山芋",既不能烧也无处可扔。河北省隆化县探索形成了系统化的秸秆利用办法。一是把秸秆转化成肉牛的饲料。玉米秸秆中碳水化合物、蛋白质和脂肪含量达30%以上,2公斤的玉米秸秆增重净能相当于1公斤的玉米籽粒,是发展肉牛产业的重要饲料。根据这一特点,隆化县充分发挥"中国肉牛之乡"的品牌优势、直供港澳的品质优势、饲养量48万头的规模优势,积极推进秸秆养牛,每年消耗本县秸秆23万多吨。二是把秸秆当成有机肥。肉牛是秸秆转化成肥料的小型化工厂。肉牛养殖产生的粪便,经过科学加工,制成有机肥,不仅能为农作物提供全面营养,还可以增加和更新土壤有机质,促进微生物繁殖,改善土壤的理化性质和生物活性,是发展绿色有机农业的必备法宝。值得一提的是,在此过程中,农户、商人、养牛户、化肥厂各方都赚到了钱,皆大欢喜。把玉米秸秆转化成肉牛饲料,又借助肉牛强大的几个胃,把饲料转化为有机肥,变垃圾为宝贝,化麻烦为赚钱的机会,这种转化方法很是巧妙。

转化是个脑力活儿,不是那么容易的。当地人的脑子还是很灵的。

这几年,"转化"这个概念颇让我着迷。几年前,我写过一篇题为《转述与转化》的论文。去年(2019年)又在一篇题为《资源视角下的劳动概念再审视》的论文中,说起过"转化"。在这篇关于劳动的文章中,我对劳动做过一个自己的界定:劳动就是人类投入体力、智力等多种资源,并整合、转化、增值资源,以满足人类自身生存、发展各种需求的人类实践活动。从资源角度看,劳动过程实际上就是资源运行的过程,主要包括:投入(体力、智力等多种)资源,整合资源(采集和配置),转化资源(改造和加工),增值资源等多个环节。其中,"转化"资源是一种十分重要的劳动形态。而"转化"资源,就是指人们对整合而来的种种资源进行改造、加工,使之具有适应人类具体需求的形态和性质。"随着劳动实践经验的代际传承和持续探索,人类不仅能把多种果实转化成美食、美酒,而且能够把种种矿藏(元素)转化成各种材料,甚至是自然界原本没有的材料,如塑料等,并把各种材料转化成生存发展所需的种种设施和设备;能够在改造加工物质资源的过程中,转化生成各种精神资源,从而发展出科学技术和文化艺术。随着技术的进步和社会的发展,资源的转化成为人类劳动中越来越重要的内容、形态和特色。"

如何对身边的资源进行改造、加工,"使之具有适应人类具体需求的形态和性质",这不光是种植玉米的农民面临着的问题,各行各业其实都有这样的问题。现实生活中的资源,其形态、性质各异,能够直接被人类搜集来满足生存发展需要的,极少,而绝大多数都需要人们对其进行改造、加工,资源才能"具有适应人类具体需求的形态和性质"。

教师教导、培育学生,也是如此。教学大纲和教材等规定的种种内容,以及教师自身肚子里的"货色",即以前所谓的"一桶水",可算是知识资源。这些知识资源不会自动进入学生建构中的知识系统和思想世界之中,需要教师的"教"。教师的"教",其目的就是让学生听得懂、听得进、学得好,使教师提供的各种知识资源能够顺利转化为学生所需的营养，帮助他们建构知识系统和思想世界。如何"教"得好，也就是如何让学生听得懂、听得进、学得好，这首先需要教师对各种知识资源进行改造和加工，也就是要进行"转化"。照本宣科之所以惹人厌，其根子就在于缺乏必要的"转化"。学生，尤其是初高中以上的学生，基本上都能识文断字了。只会照着书本、教案念，这样的教学，学生不听也罢，看书自学就可以了！遗憾的是，照本宣科的教学并不少见。

教师在备课过程中和教学过程中，事实上都面临着一个转化的过程。所谓教案，就是转化的成果：把教材内容和教师自身理解融于一体。问题在于，不少教案往往只是教材内容的抄写版，章节目基本照搬教材，加上一些事例，以及领导人、名人的言论、参考的文献等等。现如今，多媒体技术发达了，一些教案中再加一点音视频内容，便算与时俱进了。这样的教案，很难体现出教师自己对所讲内容的独特思考和把握，充其量只能算是给教材等涂了点口红，搽了点胭脂，喷了点香水。

转化教学内容，需要教师首先吃透教学内容，对教学内容有深入的学术研究，有自己独到的见解。如此，教师才能触类旁通、举一反三，把理论和实际联系起来，以实际状况验证理论的真伪和虚实；才能善于从身边寻常事中找到进入教学内容的佳妙"切入口"。除了吃透教学内容以外，教师还得对自己的学生，有全面深入而又准确的了解和把握。比如，面对今日作为学生主体的所谓"00后""05后"，教师要把握他们已知什么，困惑什么，需要什么，反感什么，喜爱什么。如此，教师才能做到"因材施教"。"因材施教"乃是教育教学的基本原则。因此，既要吃透教学内容，又要懂得学生，还要在此基础上通过教案转化出引人入胜的教学内容来，真不是一件容易的事情。

隆化县的农民既懂得玉米秸秆的营养价值，又懂得"中国肉牛之乡"的市场需求。在此基础上,他们转化出了玉米秸秆变废为宝的产业链,转化出了源源不断的新财源。而现如今的一些教师既缺乏对教学内容的学术研究,又缺乏对教学对象(学生)的学术研究。种瓜得瓜种豆得豆。他们由此既吃不透教学内容,又不懂得学生特点和需求,其不善转化也就顺理成章,其教书育人的成效值得怀疑也就自然而然了。实事求是看,在善于转化方面,一些教师比不得一些巧农民。

把教师教书和农民处理秸秆相提并论,是因为它们都是一种人类劳动,谈不上高低贵贱;还因为它们都需要进行资源的转化,其理一也。

(子行空间,2020 年 4 月 12 日)

"批评与自我批评"和"表扬与自我表扬"

几年前,我曾经写过一篇题为《学术批评:青年研究亟待填补的洼地》的论文。在这篇文章中,我提出:"学者们既要埋头拉车,也要抬头看路——看看身后走过的路,看看脚下走着的路,看看前方可走的路,看看别人走的路。学术批评正是抬头看路之举。"然而,现实生活中,"学术批评却常常处于低语,甚至失语状态,成为青年研究领域的一块学术洼地。"其实,早在我写作小文之前的2007年,田杰就指出:"从青年研究的学术氛围上,还有一个最重要的问题亟待引起重视,即无冲突。"陈亮也认为:我们的青年研究中存在着"批判立场缺席"的痼疾。

当然,也不能说青年研究领域就没有学术批评。我主编的《上海青年管理干部学院学报》(《青年学报》的前身)2013年第2期开办的"阅读青年"栏目,就是一个学术批评栏目。在这个栏目的"创栏号"上,田杰就在评论沈杰《青年对社会变迁的反应》时,直言"《变迁》也有些许不足之处":其一是过于精细的学理爬梳,有可能影响思想的表达;再者是材料的来源比较单一;其三,对中国社会青年世代的划分与理解,作者在实际的分析论证过程中显得有些粗疏和普泛等等。然而,此等直言,在"阅读青年"栏目之外,我这些年很少能够读到。

事实上,学术批评低语,甚至失语,何止青年研究界!君不见,各级各类学术期刊中,学术批评栏目难觅;君不见,社科学界连篇累牍刊发的,极少带火气、带刺的文字,多的倒是予人方便自己方便、你好我好大家好、和气生财的圆融;君不见,衮衮诸公忙来忙去的,不外申报高级别课题,不外花蝶般飘飞绸缪于学界要人、C 刊主编中间。一团和气之中,"批评"伤人,最终害己;"自我批评",则纯属自找不自在型,自己找抽型,聪明人不为也。学术界恰恰多的是聪明人。由此,高水平的学术批评者在整个社会科学界,差不多已经成为珍稀之物,如同澳洲大火中幸存的一些动物,大概已经到了需要一级保护的地步了。

在"批评与自我批评"越来越珍稀的同时,"表扬与自我表扬"之风在学术界却兴盛了起来。有人在撰文论述生态经济学的过程中,大篇幅使用"导师和师娘和谐统一的天人之际图"和"导师崇高感和师娘优美感的统一表"等形式阐述所谓"导师的崇高感和师娘的优美感";有人以导师的学术思想为博士论文研究的选题等等。当然,研究导师的学术思想不是要搞什么学术批评,而是旨在赞颂导师是"文章巨擘道德完人"。很显然,这样的"学术""研究"是以表扬为宗旨,为要务的。说实在话,写作这样的"表扬"文章不容易,一要作者脸皮厚;二要作者笔头好,两者缺一不可。被表扬的导师其实也不太容易,一要默许得恰到好处,能体现导师的涵养和修为,既不能许得太明显,给日后眼尖的学术史家留下考据的草蛇灰线;又不能默得太过分,不着痕迹,让一些拙笨的弟子不明老人家青史留名的心愿。二要善于创造机会,不着痕迹地对有关弟子以示鼓励和表扬。好在学术界恰恰多的是聪明人。作者脸皮够厚,文笔用作吹捧之用,基本管够;导师也极善拿捏默许和赏赐的分寸。于是,聪明人长袖善舞,在社科学术界搅动起阵阵"表扬与自我表扬"之熏风。"山外青山楼外楼,西湖歌舞几时休? 暖风熏得游人醉,只把杭州作汴州。"表扬的和被表扬的沆瀣一气、各取所需,手挽着手儿,直把学术界当成了名利场,借学术研究得个名利双收。

有朋友说：我们国家的智识阶层中，在自然科学领域，我们要为杰出的科技工作者们，打一百分，不怕他们骄傲。如果没有他们的默默耕耘和奉献，我们国家现在仍然是一个经济落后的国家。但是在"社会科学"领域中，智识阶层的另一个阵营，则近乎集体沦陷了。

"近乎集体沦陷"，这是一棍子打死吗？这是危言耸听吗？

2016 年 5 月 17 日召开的哲学社会科学工作座谈会，要求哲学社会科学工作者"努力多出经得起实践、人民、历史检验的研究成果"。赞颂"导师的崇高感和师娘的优美感"，以及导师的学术思想的"成果"，经得起实践、人民、历史的检验吗？

（子行空间，2020 年 1 月 22 日）

速朽的"论文集"

　　参加学术研讨会,报到的时候,照例领到一本会议论文集。很厚,有 570 页,收录长长短短的论文百余篇,作者主要包括相关领域的重要专家学者,还有很多在导师提携下、催促下提交了论文的硕士生、博士生。

　　会场上,却没有多少人阅读这些论文。报告厅里济济一堂,绝大多数脑袋却都低垂着。大多数眼睛盯着的,不是厚厚的论文集,而是各种屏幕,手机的、电脑的。与会的学者们都很忙,忙着在手机上浏览各种信息,忙着在电脑键盘上十指如飞,或写作,或修改论文、课题申报书。高校教师有备不完的课程,填不完的表格,写不完的论文,还有开不完的会,没有什么 8 小时工作制这一说,每天工作的时间也绝不限于 996。开会是拜拜学界大佬、会会学术同行的好时节。不过,大佬都很忙,学术同行也不是闲人。所以,给大佬送过问候和笑脸,跟同行嘘过寒问过暖,说过合作的鸡毛蒜皮后,会场里,一个个被指定的报告人开始慷慨陈词了,大家伙儿就开工在手机上浏览信息,在电脑上做各自要做的事情了。开会,常常只是意味着换个地方备课、填表、写文章。

　　以前,大概是 20 年前了,研讨会也会印发论文集,也比较厚。与会者往往争先恐后去领取。一册在手,往往急急翻阅。会场上,有沙沙写笔记的声音,有唰唰翻书的声音。很多脑袋也低垂着,认真阅读没读完的论文集。那时候,与会者大都能够从论文集中比较完整、准确地了解和把握学界的前沿作者、前沿成果。那时候，学者们没有现如今这么累，更没有今天这么急。很多学者一年，甚至几年磨一剑，向研讨会提交自己深思熟虑的研究成果。现如今，学者们往往只能从备不完的课、填不完的表格、写不完的文章中，抽出空来，写出一篇急就章，掐着截稿最后一秒钟，急急交稿。急急交来的稿件，被急急编印成论文集，其中有多少真知灼见，有多少新的启发和新的突破？天晓得，与会者却不一定晓得。与会的很忙，缺时间，也缺披沙沥金的耐心。所以，很多论文集被草草翻阅几页后，便完成了使命，被留在宾馆客房里，直至客房服务员把它送到可回收垃圾堆上。

这样速朽的论文集今日有多少？

现在的老师们、学者们，为什么那么忙?!

老师们、学者们喜欢这样忙吗？

（子行空间，2019 年 9 月 23 日）

把简单道理说复杂，骨子里坏！

　　面对现实生活当中的一些不良现象，甚至恶性事件，人们很多时候只需要通过众所周知的人生道理、基本人伦、道德规范、法律常识，就能够作出比较准确的判断。很多绕来绕去、曲里拐弯的所谓理论，常常非但不能帮助人们作出准确的判断，反而往往把人们给忽悠瘸了，忽悠"nie（第二声）"了。

　　比如，对近期曝光的张陶打人、吴亦凡迷奸诱奸女孩之类的脏事，虽然人们不太清楚其中具体的细节，但是从媒体发布的种种信息中，特别是十几分钟的监控视频中，人们已经能够"完形"事件的基本轮廓：张陶殴打了两位院士，打得穷凶极恶。至于究竟是因为两位院士不愿推荐他成为国际宇航科学院院士，使他恼羞成怒；还是因为王晋年院士要张陶投资没有谈拢，两人之间起了纷争，挥了老拳。对这些问题，难免公说公有理，婆说婆有理。但是，无论如何，张陶不依不饶打人的过错，如秃头上的虱子——清清楚楚、明明白白，总是不对的，总是坏事，再洗也洗不白的。纵然国际宇航科学院院士不是"正宗"的院士，被他这样殴打，也绝不应该被社会容忍。这些道理，无须曲里拐弯的高深理论，无须引经据典的论证，在正常家庭中受过正常教育的小孩子都懂。

　　有人说王晋年要张陶投资，双方未能谈成，王晋年便使用言语挤兑、刺激张陶，张陶受不了刺激，便大打出手。一个高级领导干部，经不起一刺激、一激将，他的涵养、水平也太差了吧。中国的航天事业由这样的人来参与张罗、操持，一定是不会让人觉得靠谱的。

还有人说，张陶6月初就打了人，却在三名航天员代表中国人首次进入自己的空间站之后东窗事发。航天员进入我们自己的空间站，是我国航天事业蓬勃发展的标志性事件。在这样一种特殊的时刻，爆出张陶打人这一航天领域的丑闻，是有人在带节奏，要给中国的航天事业添恶心、添堵。是不是有人在带节奏，给航天事业抹黑，给国家和民族添恶心、添堵，很难说，还是要有事实依据。很显然，几只苍蝇嗡嗡叫，是无法阻止中华民族在宇宙空间持续腾飞的。当然，张陶打人，确实暴露了航天领域中存在着的一些严重问题。这些问题不清除，中华民族的航天梦，就会受到很多的阻碍和制约。张陶打人，有些意外地打破了一些脓包。既然打破了，为什么不趁机把里面的脓给挤干净呢？声讨张陶，就是挤脓包。这样的道理也很简单。所谓给航天事业添恶心之类的说辞，硬扯到政治层面，上纲上线，其实质乃是讳疾忌医。无论如何，张陶打人违背基本的做人道理，损害了党员干部的形象，本身就绝对不是讲政治的行为。动辄在政治层面上纲上线本身并不讲政治。

再比如，近期都美竹指控吴亦凡"以选演员等为借口，物色、诱骗年轻女性。包括自己在内共有8名受害人，其中有两个女孩至今未成年"。有人说小姑娘在蹭热点，欲借吴亦凡上位。问题是，这种说法究竟有多少依据？也有人说都美竹因为吴亦凡没有兑现对她的承诺，觉得自己偷鸡不成蚀把米，赔了夫人又折兵，因此恼羞成怒，红颜一怒。说法不少，真真假假，云里雾里。然而，清者自清。如果确实是被小姑娘们诬告了，吴亦凡及其团队完全可以报警，拿起法律武器维护自己的合法权益，大可不必对小姑娘们一面恐吓，一面忽悠，威逼利诱无所不用其极。种种事实已经说明，吴亦凡心是虚的，知道自己未经女孩子们同意，就霸占她们的身体，这和偷窃、抢劫没有什么两样。自己对这些小姑娘的所作所为，侵犯了基本人权,践踏了基本的人伦道德、法律规范。谁家父母不是含辛茹苦把女孩儿一点点养大的;谁家父母对女孩儿的人身安全,不是小心翼翼,甚至如履薄冰的。这是人之常情。吴亦凡偷窃、抢劫女孩子身体的行为,一定是有悖人之常情,为法律道德所不允许的。

面对诸如此类的脏事、脏人,不需要旁征博引多少高深理论,不需要滔滔不绝说多少大道理,凭借老百姓掌握的朴素的人生道理,人们就可以做出准确的判断!

面对诸如此类的脏事、脏人,一些人所以喜欢绕来绕去,曲里拐弯,把简单的事情说得很复杂,意在忽悠大众。而忽悠大众,说到底,是别有用心,是想为那些违法犯罪的家伙洗地。而为他们洗地,其实也是为了维护自己的利益——要么,他们和脏人理念价值相同,属一丘之貉;要么,他们和脏人在一口锅里抢着勺子。所以,对一些关于脏事、脏人的云里雾里的宏论、上纲上线的高论,要警惕!

然而,事肮脏,人肮脏,再洗也洗不干净。据说,张陶日前被双开、被批捕了。据说,吴亦凡工作室已完成报案工作,启动了法律追责程序。不过,法律程序刚刚启动,未等法律判决,商家便纷纷终止与吴亦凡的合作。据悉,7 月 20 日下午,欧莱雅男士官微发文,表示已终止与吴亦凡的一切合作。至此,吴亦凡总共 15 个代言,14 个终止合作,1 个暂停合作。行动所以如此迅速,是因为商家要想赚钱,都必须坚守一些简单的道理,比如:

清者自清,吴亦凡绝非白璧无瑕;

择善而处,生意场方能后步宽宏。

（子行空间,2021 年 7 月 21 日）

也说"体制归因"思维

之所以"也说",是因为复旦大学教授苏长和 2013 年 3 月 20 日在《新华日报》发表过一篇题为《警惕"体制归因"思维》的文章。文章写得很好,敏锐、深刻地揭示了社会生活中的一些问题,值得再读,也值得跟着说几句话。

苏长和教授是这样说的:"当前,中国社会存在一股影响较大的群体性思维模式,即将身边以及社会领域出现的任何问题都一味归结为'体制问题'的简单化思维方式。"他举例道:"火车出事是体制问题,校车和校园安全是体制问题,社会出现一些纠纷是体制问题,医患矛盾是体制问题,富人移民潮也是因为体制问题,经济生活中出问题是因为国有企业体制问题,科技创新不行是体制问题,外交上遇见的急事难事是体制问题。"

此类例子几乎可以无限列举下去,因为这种简单"归因"的现象,在我们日常生活中屡见不鲜。比如,有人不按分类要求扔垃圾,被说成"素质"不高;工作中有运行不畅现象,被说成"机制"不灵;说话办事不合领导心意,被说成"政治站位"不高;中国人与外国人之间有了不同意见,乃至纷争,被说成"文化差异"所致。诸如此类,不一而足。

值得注意的是,此种简单"归因"者使用的概念,基本上都是大概念。大概念、小概念,两者间的主要区别在于其外延。大概念的外延大于小概念的外延。"人"是大概念,"好人"相对就是小概念。显然,"人"的外延远大于"好人"。按照概念的内涵与外延之间是反比关系这一规律,"人"的外延更大,其内涵则比"好人"的内涵更小。内涵是对概念所指事物特征和特质进行归纳、分析、提炼的产物。说某人是"人",很简单,而说此人是"好人",则费力得多,必须说清楚何谓"好",此人之"好"体现在哪里等具体内涵。越具体,越需要归纳、分析、提炼之功。很显然,说此人是"好人",在内涵揭示上花的功夫,比说此人是"人"要多得多。

这就是说,用大概念指称事物、对现象和问题进行"归因",相对于用小概念要简单得多,在归纳、分析、提炼等方面省脑子得多。不仅省脑子,用大概念进行简单"归因",还可以遮掩掉这些简单"归因"者在归纳、分析、提炼等方面见识、能力和勇气之不足。归纳、分析、提炼毕竟是需要见识、能力和勇气的。另外,大概念往往天然靠近宏大叙事、大道理。用大概念进行简单"归因",或许还能平添一圈高大上的光环。

近期关于"躺平"的议论就是一例。面对网上热议的"躺平"话题,有媒体拿"奋斗"精神说事儿,大讲大道理:"奋斗本身就是一种幸福,只有奋斗的人生才称得上是幸福的人生。虽然来自外部的压力不容忽视,但与其嗟叹抱怨,不如奋起直追,有志青年大都会正视压力,用奋斗闯出自己的路。一代人有一代人的困难和挑战,没有谁的人生是一帆风顺的,动不动就被小困难打败,时不时受'丧文化'所左右,显然不是一个当代青年应有的气质。如果一遇到压力就喊'内卷',一遇到挫折就想'躺平',我们又怎能改变人生呢?"作者很"鬼",文中并没有直言躺平是因为青年们缺少奋斗精神。但是,文章大谈"奋斗"的意义,还把"奋斗"和"青春"联系了起来:"无论任何时候,无论发展到什么阶段,奋斗始终是青春最亮丽的底色。"谁都能看得出来,作者的基本逻辑其实是很简单的:

躺平是缺乏奋斗精神的表现；

青年热议躺平，甚至践行躺平，就是缺乏奋斗精神的表现；

青年不能不奋斗。

"奋斗始终是青春最亮丽的底色"，话自然是不错的。值得一提的是，作者行文中使用的"奋斗""幸福的人生""外部的压力"等概念，都是大概念，外延大，内涵小。什么叫奋斗？当代青年应该怎么奋斗？什么叫"幸福的人生"？什么叫"外部的压力"？对所有这些概念的具体内涵，文章都没有任何界定。缺乏界定的概念，难免是含混的概念。

讲大道理时使用的大概念可以按需含混，青年在现实生活中面对的，却绝不是什么大概念，而是"挤成罐头的地铁""越来越高的房价""'鸡娃'式的教育"等扑面而来、不可回避的现实，是极其具体、实实在在的矛盾、问题和困难。对这些具体的矛盾、问题和困难，讲大道理的人，有多少实实在在的归纳、分析和提炼呢？关于奋斗的大概念和关于青年现实境遇的就业、房价、"鸡娃"等小概念之间，究竟有多少交集和重叠呢？听了由很多大概念构建而成的高大上的大道理，还有多少青年，能在各种"外部的压力"下，艰难咧开皲裂的嘴唇，费力挤出醍醐灌顶、心悦诚服的笑纹？

按照用进废退的基本规律，归纳、分析、提炼等能力长期被缩水，甚至被省去，长此以往，这些能力必然会退化，甚至根本就发育不起来。苏长和说："简单运用'体制归因'思维对待现实问题，是分析能力下降和智力贫乏的表现。"在以大概念简单"归因"氛围中长大，很多人的分析能力和智力，或许都没有发育起来吧。以这样的分析能力和智力对青年进行说教，青年大概会边"呵呵"、边躺平吧。现在的青年还是很乖巧的，很给面子，很会配合！

（子行空间，2021 年 5 月 30 日）

点评是个好活儿

这些年来，干过不少点评的活儿。1996 年起，讲授"思维与表达训练"，每次课上都要点评学生的练习。一点评，就点评了 20 多年。近年来，主要在科研成果发布会上点评研究成果，在毕业论文评审会上点评毕业论文，在青年演讲赛、辩论赛、微团课展示等活动中担任点评嘉宾，点评立项课题，点评结项课题，在学术研讨会上点评发言等。点评多了，发现点评是个好活儿。

点评之所以是个好活儿，首先是因为听得多。点评前，总是先要听别人说。听别人说，就可以知道别人在忙些什么、学界当下在关注些什么、学者们在研究些什么。一次学术活动通常要两个多小时。这两个多小时当中，可以听到很多人说的话，听到很多新鲜事，听到很多新动向、新趋势。所以，每次担任点评嘉宾，都可以享受到品种很多，营养丰富得甚至于有些过盛的大餐。很多好东西来不及及时吸收，需要会后慢慢咀嚼。做点评是一种非常好的学习的途径，学习的效果比单纯做一个听众要好得多。

一般听众难免偶尔会开点小差，做点评的，却必须全神贯注，耳朵要像卫星锅那样张着大口，不放过一个音符，努力听明白别人在说些什么；边听边要及时对各种信息进行分类；还要立马辨别清楚别人所说的，有哪些是陈词滥调，有哪些是新见妙解；哪些问题是合适的，哪些问题是不合适的；哪些是逻辑上说得通的，哪些是逻辑上说不通的；哪些是符合事实的，哪些是与事实不符的；哪些论据是成立的,哪些论据是不能成立的;哪些论据和论点之间可以无缝对接,哪些论据和论点之间距离是脱节的。点评者必须当场对上述各种问题做出迅速、具体、准确的判断。

现如今,不少科研成果往往有很多图表,看得人眼花缭乱;有很多数据,听得人云里雾里。点评者却必须保持头脑清醒,不能七荤八素,要能从很多数据、很多图表、很多引经据典中,搞清楚这样的研究成果究竟研究了什么问题;对这样的问题,研究者把握的方法是否合理;研究者对问题背后原因的分析是否有道理;研究者的观点能否立得住脚;研究者所提出的对策、建议,是否有很强的针对性,是否切实可行,是否可操作。这些对策、建议,以前有没有人提出过? 如果有人提出过了,他再提,有没有新的东西。所以,做点评这个活儿,是在烧脑子,也是在练脑子,是一种非常好的科学思维训练的机会。

点评辩论赛理应很有挑战性。点评者必须在了解正反双方在审题、概念界定、论据的可靠、论证逻辑的展开、辩驳的技巧等方面表现的同时,准确把握双方各自的优缺点。把握得准确、到位,点评才能让辩手和观众满意。辩手和观众都是聪明人。遗憾的是,这些年来,越来越浓郁的表演味道弥漫于很多辩论场,辩论赛应有的针锋相对、唇枪舌剑则越来越少见。点评时反而不太容易调动情绪。

点评不等于批评。点评者不仅仅是一个批评者,也是一个建设者,指出各种问题的同时,还要立马尽可能提出合理化的建议。这样的点评才是合格的,才是给人启发,受人欢迎的。

一次活动中,主角总是那些演讲者、辩论者、课题发布者、发言者。点评只是一种补充,时间一般都不会长,一般都只有几分钟,长篇大论的点评,有喧宾夺主之嫌。这就形成了一种结构性的矛盾:点评既要尽可能讲得周全、到位,又不能占用时间过长。点评必须全面而又不面面俱到,三言两语而又准确到位,犀利尖锐而又柔软和善。所以,点评这个活儿,既考验耳力,又考验记忆力,还考验辨别力,还考验情商。做点评,表面上是在考验别人,实际上是在考验自己;表面上是点评别人,实际上是在点评自己。

汽车发动机需要瞬间大电流放电才能正常启动。点评如同发动机启动,需要知识、能力短时间内大流量释放。这就要求点评者持续充电,保持电量充足,还要能够瞬间释放。从这个意义上讲,点评使人谦虚;点评催人不断学习、训练。点评是个好活儿。

(子行空间,2021 年 7 月 5 日)

如何不超时?

学术研讨时,很多人发言会超时。

超时,自然与时间不够有关。时间不够,则与研讨会的安排有关。一般来说,学术研讨会往往会安排不少人发言。这就必须对每个人发言的时间进行限制。

发言前,大家都是有所准备的。很多人甚至写成了很有分量,很有质量的文章。文章要有论点,要有很丰富很充实的论据予以支撑。发言就是要把自己的论点清清楚楚地讲出来,并且按照论证的基本逻辑框架把论据一个个嵌进去。这就意味着含金量越高的发言可能越费时间。然而,发言的时间又是有限的。

时间限制是公平的,每个人都一样。有的人会守时,有的人则会超时。其间的区别主要在于对发言内容的加工和处理上,每个人的做法不一样。

超时者中,有极个别人本来就没有好好准备,临时拼凑做个即兴发言,以饭泡粥、粥泡饭的车轱辘话耗费时间。

当然,大多数发言者事先还是准备了比较充实的内容的。只是一些人之所以会超时,是因为他们未能根据时间限制,随机应变,适时剪裁发言内容。上万字论文的内容,几十页PPT,在几分钟内,无论如何是讲不完的。他知道必须有所取舍,忍痛割爱。然而,取啥,舍啥,割啥呢? 每一页PPT都是费力做出来的。很多句子都是不能不说的。直到走上讲台,不少人还未能从千头万绪中确定该说哪些,该删哪些。这样,在讲台上的几分钟,成了一些发言者斟酌保留还是删除哪些内容的过程。大脑紧张斟酌着,嘴巴可一刻也不能停。嘴巴是听大脑指挥的。大脑既要管文章之留与删,又要管嘴巴之开与合,这就苦了大脑,也累了嘴巴。嘴巴往往只在下意识翕动,语句常如钱钟书所谓"大爆炸下流离失所的难民"。纠结未定,铃声就响了。好比将领有些怂包,缺乏杀伐果断,兵士们在出战壕冲锋还是守在掩体后打枪之间无所适从。犹豫迷糊之中,稀里糊涂就做了俘虏。

如何在有限的时间内汇报得简捷又精彩? 照本宣科,还是随机应变,重新整合? 这是一个问题。

做过几十年教师,也参加过很多学术研讨会,听过很多精彩、不精彩的发言,有了一些感受。最大的感受是,千足金、万足金当然很珍贵,但对于消费者来讲,把金块做成形状各异的黄金制品,则更加重要。把金块做成形状各异的黄金制品,需要高超的技艺,需要转化之功。发言也是如此。发言者要在有限的时间内,将很有分量、很有质量的新成果展示给听众,就必须重新整合文章的内容,把文章的内容转化为精彩的发言。主要方法有三种。

一是抓问题,层层剥笋。抓住一个人们普遍关心,或者发言者主要研究的问题作为切入口。发言者的研究成果中,往往会涉及多方面问题。发言者不要把多方面问题都搬上讲台,要舍得割爱,善于取舍,只抓住一个问题展开即可。问题要具体,要明确,不能含混,更不能贪多。选定问题后,由问题的主要表现入手,重点谈谈对问题背后原因的见解。如果可能,再说说破解之策。

二是说论点,层层论证。论点是学术研究最凝练、最显著的成果之一。学术研讨会上,人们往往期盼新论点。发言者要发布新论点,就应该在抛出新论点后,立马把主要精力放在论证上面。论证要有论据支撑。论证的过程主要就是有条不紊推出各种论据,并且进行论据间逻辑关系梳理与整合的过程。当然，论点常有，而新论点不常有。很多时候，人们的论点未必都很新，但如果提出新的论据，进行新的论证，同样可以让人眼前一亮。总之，不管是新论点，还是算不上新颖的论点，有条不紊地推出一个个论据，并且把论据之间、论据和论点之间的逻辑关系分别梳理清楚，使发言内容集中，紧凑，不枝不蔓，足以在有限时间内，让听众明白你在说什么，为什么这样说，这就可以保证发言比较精彩了。

三是讲故事，娓娓道来。讲故事很容易引起听众的关注。不过，值得注意的是，很显然，在学术研讨会上发言，讲故事只是手段，其目的是要引出、说明某种论点和理论。这就要求故事必须与发言者意欲表达的某种论点和理论之间具有内在、紧密的逻辑联系。同时，故事不能冗长，能够三言两语合乎逻辑地引出某种论点和理论即可。讲故事占时太多，难免喧宾夺主。学术研讨会的听众大都绝非泛泛之辈，要听的，主要还是你的论点、论据，以及你对论据间、论据和论点间逻辑关系的梳理。

（子行空间，2021 年 3 月 16 日）

时评短文写作与研究能力提升

对于有志于从事学术研究的年轻人，写作时评短文是提升学术研究能力的一种好途径、好方法。

时评短文的篇幅一般都比较短小，1 000 字左右。不过，除了篇幅比较短小以外，时评短文还有其他一些鲜明的特点：一是选题新鲜，所谈的一般都是新近发生（着）的事件，具有极强的时效性；二是文章必须有鲜明的论点；三是必须摆事实，讲道理，论据过硬，论证符合事实，逻辑自洽；四是行文比较自由，语言比较生动、活泼，嬉笑怒骂皆成文章。

经常写作时评短文，好处多多。

其一，要写好时评短文，写作者就必须密切关注现实生活中的许多新鲜事，包括时事政治，从中获得选题。不断从现实生活中获得选题，假以时日，积累将越来越丰厚，既包括现实材料方面的积累，也包括对种种现实问题看法的积累，还包括把种种现实材料转化为论据的实践的积累。这样的积累无疑有助于写作者接地气，涵养一切从实际出发的优良学风。能够一切从实际出发的作者多了，必将极大改变当下学术研究不接地气等现象。

其二，滚滚红尘中，每时每刻都有新鲜事发生。新鲜事写不完，却也不是什么新鲜事都有必要去关注，去写的。很多新鲜事确实很惹人关注，但如果你的知识结构中缺乏相关的储备，你不清楚此种新鲜事的来龙去脉、基本形态、基本特点、正面或负面的影响等诸多问题，你就可能搞不清楚东南西北，说不出子丑寅卯，甚至会说出外行话。在这种情况下，再热的热点，你也不要轻易去蹭。这就要求人们学会判断，学会选题：能够很好地把握什么样的事情可以写，什么样的事情该怎样写。这就要求作者对自己的知识结构、社会关切等有准确的把握。选题是选出来的，而选题的能力都是一次次通过了解、把握客观事件，刻苦实践、训练出来的。经常写作时评短文，显然为写作者不断提升选题能力，提供了实践的好机会。

其三，写作时评短文有助于写作者快速形成自己鲜明的论点。新闻事件关注者多，众说纷纭，公说公有理、婆说婆有理便成为常态。在这种情况下，时评短文能不能讲出一番新见解，便成为一个直接关系到文章生命力的根本性问题。很显然，缺乏新见解的文章，难免如细沙入水，无声无息。只有具有独特靠谱见解的文章，才可能引起更多人的特别关注，跃然众说纷纭之上。要有独特靠谱的见解，作者要么把握了新视角，要么把握了新论据，要么把握了新关系。

这些年来，读过很多以"××之研究"为题目的文章。这种题目其实很直观地反映了一个实际问题，就是这些文章的作者虽然写了一大堆文字，却缺乏鲜明论点。我曾经跟很多作者说过，无论文章多长，它都应该包含作者的基本论点。能不能用一两句话把作者的基本论点说清楚，一定意义上成为检验作者对问题思考和研究水平的基本方法。题目包括选题和标题这两者。其中，选题指的是研究的大致对象或范围。而标题原则上是对基本论点的凝练表达。"××之研究"一类的题目，实际上只是选题，只是表明了作者所写的大致对象和范围。一篇文章取了"××之研究"这样的题目，已经直观说明，作者显然尚未从自己研究的内容中提炼出基本观点，尚不能用高度凝练的文字表述这种基本观点。

其四，经常写作时评短文，显然有助于写作者提升摆事实讲道理的能力：面对新鲜事，快速形成鲜明的论点；从事实和逻辑等层面把握过硬的论据；把事实和逻辑论据与论点更加严谨、严密地结合起来。这样的练习有些类似演员的小品练习，以及画家的小品创作，是为写作大作品所做的准备。

其五，时评短文既要求文字表述精准明确，也要求文字表述生动活泼。而文字表述的生动活泼，绝不仅仅是加上许多形容词就可以做到的，需要运用包括比喻等在内的多种修辞手法。而修辞手法又绝不仅仅是一种技巧，它涉及作者对切入口的把握，对事物（比如本体和喻体）之间内在关系的把握。这都要求作者善于从风马牛不相及的事物、表象之间，把握住内在的逻辑联系。比如，"大学自然要展示学界大师的大家风范。但以大师们教出来的学子展示大学的理念、特色和魅力，岂不更有说服力？酒家示人的主要是名厨烧出的美味佳肴，却不是名厨本人。这并不意味着酒家在疏忽和轻慢名厨。在这方面，大学和酒家其理一也。"这里的表述比较生动，这与作者在大学与酒家、学界大师与名厨之间，把握住了一些内在联系直接相关。在此过程中，作者一定程度上运用了艺术思维方式。

从根本上说，学术研究能力的核心，就是科学思维能力和艺术思维能力，及其综合、灵活运用的能力。写作时评短文则是科学思维方式和艺术思维方式训练的极佳途径。

补记：这些年，多次与一些高校"青椒"交流学术研究的相关问题。他们中的不少人，尤其是一些行政管理部门的"青椒"，表达了自己在科研工作方面的"焦虑"：没时间搞科研；论文难发表；有人则坦言自己不知道如何搞科研。我建议他们因地制宜，利用碎片时间，经常写一些短文，通过练笔，积累素材、思考，提升科学思维能力。这篇小文章，就是在建议基础上写成的。一得之见，供"青椒"们参考。说到底，唯有持续练习、训练，不断提升科学思维能力水平，才能有效增强学术研究的能力，才能破解科研"焦虑"。

（子行空间，2021 年 7 月 13 日）

后记

有感而发，只书直抒胸臆文字

水到渠成，不受硬挤牙膏煎熬

这本小书是集腋成裘的产物，大都是从我近年来陆续发在微信公众号"子行空间"里的小文章中选出来的。

舞文弄墨的，大都需要发表作品的空间。费心费力写了一些自己对世界、对人生的看法，却难以分享出去，难以让更多人阅读、观看，总让人有衣绣夜行的缺憾。有了微信公众号，人们就可以发表文章、图片、音视频等等，并通过链接推送广为传播。这就提供了一个个人化展示的空间。

要发表文章，编辑关、读者关都不好过，这一直是一件不容易的事情。大多数情况下，人们往往见到编辑皱眉就紧张，见到编辑点头就松了一口气。其实，编辑也是读者，他是代表作者看不见的读者审稿的。当然，编辑不是普通读者，而是受过专业训练，有较高审读、鉴赏水平的读者。他通常一眼就可以看出文章的质量和问题。他的眼光一般代表了高水平读者的眼光。从这个意义上讲，发表文章最重要的还是要能让读者满意。

在自己创办的微信公众号里发表东西，自己成了明面上的编辑，拥有了对自己各种图文信息发表与否的决定权。然而，你事实上还是很在意读者，在意读者的感受和意见。阅读量、点赞量、留言等等，都是读者反应的形式。阅读量、点赞量、留言越多，说明你发表的图文信息的反响越大。虽然阅读量、点赞量和留言等未必绝对可靠，但对于作者来说，所发图文信息的反响显然越大越好。要有大反响，图文信息自然必须是优质的。所以，自媒体时代，虽然人人有了麦克风，人人都可以成为作者、记者、编辑和出版者，却绝非人人拿出的每一种图文信息都是优质的。写出好文章，拍出好图片、好视频，依然是不变的要求。从文章角度看，微信公众号里发表的文字，同样应该追求内容充实、逻辑思路清晰、观点新颖、表达准确生动。无论纸质版，还是电子版，文章的标准都是一样的。

要有优质的作品，就要拳不离手，曲不离口，练笔就是必须的。当然，练笔的实质是思维训练。我越来越认识到，文章不是写出来的，而是"想"出来的。想就是思维。写作实质上就是以文字为基本媒介，传达思维成果的过程。在很多讲座中，我都反复传递这样一个基本认知和理念。这本《后浪可观——一位学者的漫步与沉思》是我近年练笔——思维训练的一部分成果。2016 年 12 月开通微信公众号"子行空间"以来，我努力做到有感而发。几年间，"子行空间"里就有了 250 多篇原创文章。其中一半以上是这些年新写的。联曰：有感而发，只书直抒胸臆文字；水到渠成，不受硬挤牙膏煎熬。有感而发，就是有新颖的思维成果了，才好写文章。水到渠成，就是把事情、事理想明白了，文章才会写得好。

这些文章选题大致包括社会现象、文化现象、青年现象和青年研究问题四大类。为进一步贴近学校"青年学"一级学科（我目前还担任该一级学科负责人）教学、科研、资政工作的实际需要，我从中遴选出了关于青年现象和青年研究问题的近百篇文章，辑为四卷：卷一 览观青年，主要包括笔者对当下青年生活中一些新现象、新问题的分析和把握；卷二 近观青春，主要包括笔者近距离接触、观察青少年的一些记录与思考;卷三　静观青研,主要包括笔者近年对青年研究的一些思考;卷四　谛观学术,主要包括笔者对学术研究基本规范的一些基本观点,对学术研究中存在的一些问题的意见和建议。

取书名颇踌躇。20 年前,我曾经出版过一本随笔、杂文集《风过弦响》(2003 年出版)。本来想沿袭那本书取名的思路,命名为《风过弦响·微言》。与出版社易文娟女士商议后,取了现名——《后浪可观——一位学者的漫步与沉思》。我们处在文化反哺现象日益广泛的时代,后浪喷雨嘘云是当今时代的一个重要特征。同时,后浪生存发展又面临着种种新的问题,值得社会关注。后浪给时代和社会带来的种种影响非常“可观”,令人目不暇接;后浪自身生存发展的状况和问题也需要持续关注。时间长河日夜奔流,一去不返。一茬茬青年层出不穷,生机勃勃。青年研究由此成为一种常研常新的事业。青年研究者唯有持续关注后浪,才能保持对研究对象基本的敏感,才能从持续关注现实的过程中,形成研究的历史视角和历史根基。事实上,这些短文中的很多篇章为我写作相关学术论文预留了火种。

写作这些文章时,我在选题、切入口的把握等方面进行了多种尝试和探索;力求观点鲜明、论据充分、论证过程清晰而合乎逻辑;直面青年研究和哲学社会科学研究中存在的一些问题,努力有理有据地提出自己的见解。我希望这些努力对于年轻写作者具有一定的借鉴意义,能够帮助年轻写作者强化科学思维方式和艺术思维方式的训练。

本书出版时,我大概已经退休。我教书育人的职业生涯从学习写作短文开始,到出版这本短文集结束。本书的出版成为我的退休礼,我很欣慰!

家人和许多亲朋好友对“子行空间”的关注、对我写作的鼓

励,不断强化着我持续学习、思考、表达的动力。衷心感谢
诸位!

感谢学校学术著作出版计划项目对本书出版的支持!

2022 年 9 月